北京市高等教育精品教材

（2014修订版）

市场调查与预测

雷培莉　张英奎　秦　颖/主编

Market Research and Prediction

经济管理出版社

ECONOMY & MANAGEMENT PUBLISHING HOUSE

图书在版编目（CIP）数据

市场调查与预测（2014修订版）/雷培莉，张英奎，秦颖主编 . —北京：经济管理出版社，2014.12

ISBN 978-7-5096-3377-9

Ⅰ.①市… Ⅱ.①雷… ②张… ③秦… Ⅲ.①市场调查-教材 ②市场预测-教材 Ⅳ.①F713.5

中国版本图书馆 CIP 数据核字（2014）第 217518 号

策划编辑：何　蒂
责任编辑：杜　菲
责任印制：黄章平
责任校对：陈　颖

出版发行：经济管理出版社
　　　　　（北京市海淀区北蜂窝 8 号中雅大厦 A 座 11 层　100038）
网　　址：www.E-mp.com.cn
电　　话：（010）51915602
印　　刷：北京晨旭印刷厂
经　　销：新华书店
开　　本：720mm×1000mm/16
印　　张：24.5
字　　数：426 千字
版　　次：2014 年 12 月第 1 版　2014 年 12 月第 1 次印刷
书　　号：ISBN 978-7-5096-3377-9
定　　价：48.00 元

目　录

第一章　市场调查概述

第一节　市场调查与市场营销

一、市场营销及市场调查的含义

（一）市场及市场营销

要明确市场调查的含义，首先要知道什么是市场。市场是社会分工和商品经济发展的必然产物，它有相互联系的四层含义：一是商品交换场所和领域，社会分工越细，商品经济越发达，市场的范围和容量就越扩大；二是商品生产者和商品消费者之间各种经济关系的总和，市场上各种商品的交换关系，形式上表现为物与物的交换，实质上体现着交换双方当事人之间的经济利益关系，也反映一定的社会关系；三是有购买力的需求，通过市场信息反馈，直接影响着企业生产什么、生产多少以及上市时间、产品销售状况等；四是现实顾客和潜在顾客。

现代市场营销把市场形容为"流动的消费者群体"。市场营销是以满足人类各种需要和欲望为目的的活动。为了有效实现组织目标，现代企业都应该具有消费者导向、目标导向和系统导向的营销观念。针对消费者导向，要求企业能识别最有可能购买其产品的个人或组织，同时生产或提供能有效满足目标市场顾客需求的产品和服务。

市场营销核心概念是需求、市场、交易和交换、价值、产品和服务。市场营销遵守"恰当"原理，即在恰当的时间、恰当的地点、以恰当的价格、通过恰当的促销方式把恰当的商品和服务卖给恰当的顾客。这个原理表明，营销经理要对最终影响营销成功的因素进行控制。因此管理者要及时获得关于制定决策所需的信息。市场调查就是提供这些信息的主要渠道。而且识别目标市场的需求，发现和创造营销机会是企业市场调查的基本任务之一。

（二）市场调查含义及重要性

按照美国市场营销协会（AMA）对市场调查的定义："市场调查是一种通过信息将消费者、顾客和公众与营销者连接起来的职能。这些信息用于识别和确定营销机会及问题，产生、提炼和评估营销活动，监督营销绩效，改进人们对营销过程的理解。"市场调查规定了解决这些问题所需的信息，设计收集信息的方法，管理并实施信息收集的过程，分析结果，最后要沟通市场调查所得到的结论及意义。

进行市场调查的前提假设是：市场的存在是相对的、有条件的；市场是变化的，变化是可知的。这意味着在快速变化的市场环境中，只有不断地开展市场调研，才能使企业可持续发展。

通过市场调查不断地测量顾客满意度，使得企业能够不断进行质量改进和顾客满意度的提升，以期降低成本、留住顾客、增加市场份额从而提升企业的市场竞争能力。

市场调查是企业了解市场变化趋势和发现市场机会的有力工具。像 UPS、苹果、Google 和联邦快递这样的企业，在网络营销和顾客服务中都具有前瞻性，他们通过预测市场和顾客的变化，提供满足这些需求的产品和服务，在市场竞争中处于了领导地位。如何发现市场机会，通过许多经典的营销案例就能够说明。如美国鞋业公司想了解某非洲国家的鞋业市场，派了财务主管，最好的推销员和市场营销副总经理分三次去调查市场，得出了三种不同的结论。又如把梳子卖给和尚的故事，第一个销售人员卖了 1 把，第二个销售人员卖了 10 把，第三个销售人员卖了 1000 把。这些故事都说明了市场调查在把握市场机会，发现市场的现实需求和潜在需求，增加顾客的感知价值等方面所起到的重要作用。

另外，随着互联网的发展，大数据已经成为许多行业的时代特点，企业对调查研究内容和研究方法的要求有了很大提高。他们希望调查所提供的网络行为的检测数据能够使其对目标消费者有一个立体的全方位的洞察，甚至想要了解消费者从早晨起床到晚上休息一整天的行为路径，线上的还是线下的都想要非常清楚的了解。

二、市场调查的特点

简洁地说，市场调查就是运用科学的方法，系统地、客观地收集、甄别、选择、分析和传递市场信息，从而了解市场发展变化的现状和趋势，用以协助解决市场营销中的问题，捕捉商机，为市场营销决策提供依据，是伴随市场的产生而出现的一种管理活动。

市场调查的特性，概括来说，有以下几个方面：

（一）目的性

市场调查目标必须明确。市场调查的最终目的是为各类企业解决市场营销问题、发现营销机会、进行有关预测和决策提供科学的依据。不能解决问题的调查是无用的调查。由于当今社会市场需求变化越来越快，竞争越来越激烈，这就要求市场调查讲求效率和适用性，每次市场调查的目标不能过多，因而进行专项调查更有现实意义。如开办企业时的选址调查、消费者心理和行为调查、客户满意度调查、广告测试、流通渠道调查、市场竞争调查、企业形象调查、市场趋势调查等都属于专项调查的范围。

但是值得一提的是，大学和科研机构为了拓展新的知识领域，常常不以某个具体的实际问题为目标，而是为了对现有的理论提供证明等，因此会经常提出一些关于消费者信息的假设，通过调查来验证这些假设的正确性，从而丰富市场营销学方面的理论知识。

通常我们认为企业的调查为应用性调查（Applied Research），大学和科研机构的调查为基础性调查（Basic Research）。

（二）全过程性

市场调查的过程是一项完整的对市场活动、市场状况进行分析、研究的系统工程，是全过程性的活动，它包括调查目标的确定，调查方案的设计（包括问卷设计和抽样），市场调查活动的组织、实施，市场资料的收集、整理和分析，调查结论的得出，以及调查报告的撰写等。在调查活动期间，系统各要素相互联系、相互依赖，共同组成市场调查的完整过程。作为市场调查机构，在这个过程完成时，所提出的报告只有对客户的决策有真正的帮助、可行，并且能够清楚、准确地回答客户提出的问题，才能证明自己的价值，同时还能够构建与客户的良好关系。

（三）科学性

尽管具有直觉和创造性的特质在市场营销中是不可缺少的。但是，在科学方法的指导下进行关键的决策可以减少公司面临的风险。市场调查的目标确定、方案设计、资料收集方法、资料整理方法和数据信息分析方法都要在相关的理论统领下进行。涉及的相关学科包括市场营销学、统计学、消费者行为学、组织行为学、广告学、心理学等。如抽样方案的确定，就要在统计学理论的指导下，根据调查的实际情况来合理地选择抽样方法和样本量。

（四）社会性

市场是社会经济活动的缩影，本身具有社会特性。在市场调查的全过程中，市场调查机构和市场调查人员应当承担对其他人和社会的责任和义务。如遵守法律和信守承诺、不侵犯客户隐私、不虚报低价等。特别是在资料收集阶段，需要调查人员与被调查人员进行有效的沟通、交流，但不能出现耗时过长的采访、不能将一些潜在消费者的名字和地址卖给其他公司等粗暴对待被调查人员的行为。在我国，有些调查机构在选用调查人员时，通常只是临时找一些学生，稍加培训就匆匆上任，结果是拒访率较高，这样得到的调查结果可信度较低，给客户提供了无价值的信息，从而导致纠纷的产生。

三、市场调查的基本原则

（一）实事求是的原则

只有客观反映市场情况，才能真正发挥市场调查的作用，才能促进整个调查行业的规范、发展和繁荣。这就要求调查方在进行市场调查时尊重事实，以事实为依据，收集真实的数据，进行数据的汇总，对这些数据进行系统解读。特别不要受制于某一委托方，不要为得到某一委托方所要求的结果而故意发生一些调查偏差，从而隐瞒事实真相，得到片面性的结论。同时，也应避免对某一委托方做不切实际的宣传。只有这样，才能增加调查机构在所有客户心目中的价值与认同感，让所有客户觉得调查机构做的每一个决策和每一个管理的方法或者措施，都是来源于市场，让客户觉得调查机构提交给他们的数据或者报告，对他们更有价值、更有帮助。

（二）全面系统的原则

市场调查是由市场调查主体、客体、程序、方法、物资设备、资金和各种信息系统构成的复杂系统。受环境的影响因素很多，有宏观因素的影响，如政治法律、社会文化、科学技术、经济因素等；还有中观和微观因素的影响，如行业发展、竞争、企业内部因素等。而各因素之间是相互联系、相互作用的，所以不能单纯就事论事，要把握事物发生、发展及变化的本质，抓住关键因素做出正确的结论。

（三）勤俭节约的原则

勤俭节约的原则使得企业管理者首先需要做的决策是是否要开展调查。在以下情况下企业可以考虑不做调查：①缺乏资源（包括财力和人力等）。②错过了调查时机。③调查成本超过收益。④已经做出了决策等。

在进行市场调查时，由于在调查目标不变的情况下，采用的调查方式不同，费用支出也不同。同样，在费用支出相同的情况下，不同的调查方案产生的效果又是不同的。另外，市场调查的费用与抽样样本量相关。因此，企业一定要根据自己的实力力争以较小的投入取得较好的调查效果。

（四）时效原则

市场调查的时效性表现为及时捕捉和抓住市场上任何有用的情报信息，专项调查就能及时分析，及时反馈信息，为企业在经营过程中适时地制订方案和调整决策创造条件。

第二节　市场调查的类型

一、按调查的范围分类

（一）全面调查

全面调查是指对调查对象全体进行逐一的、普遍的、全面的调查。如人口普查、工业普查、商业普查、建筑业普查等都是全面调查。我国过去几十年和现在的定期统计报表制度，也属于全面普查。其特点是：①资料的准确性、精确性和标准化程度较高，可做统计汇总和分类比较。②普查的结论具有较高的概括性和普遍性。③普查的项目较少，资料缺乏深度。④需要耗费较多的时间、人力和资金。

（二）抽样调查

抽样调查是指从目标总体中选取一定数量的样本作为调查对象进行调查，以此推断总体基本特征的一种非全面性的调查方法。抽样调查的目的是从许多"点"的情况来概括"面"的情况。抽样调查常与问卷方法相结合。其优点是调查时间短、调查对象少、调查费用低。

二、按调查的目的分类

（一）探索性调查

探索性调查也叫试探性调查，是指当研究的问题或范围不明确时所采用的一种方法。探索性调查主要是用来发现问题，寻找机会，帮助企业解决"可以做什么"的问题。探索性调查通常采用不太严格的抽样技术，而且受访对象数量有限。调查方法一般采用文案资料收集法、案例调研和小组座谈会（座谈对象可能是目标客户，产品的使用者或者专家）、个别深度访谈、观察法、互联网调查等，以期对问题做较深入的了解。如某企业发现最近一段时间某产品销售量下降了，企业要寻找销售量下降的原因，可能的原因很多，如竞争对手的策略变化；本企业产品质量下降；价格问题；销售渠道问题；广告宣传力度不够；有替代产品问世；消费者的消费行为发生了变化等。具体原因不明时，企业只能采用探索性调查，在小范围内找一些专家、相关业务人员、顾客等以座谈会形式进行初步询问调查，或参考以往类似的调查资料（外部资料或者内部资料），发现问题所在，才能为进一步的定量调查做准备。又如通用汽车公司计划向美国年轻家庭推出一款名叫 Chevy Venture 的小型面包车，调查的目的首先是了解谁是年轻家庭购买小型面包车的决策者。通过小组座谈会形式进行调查，结果表明：坐在"后排座位"的顾客，即 8~14 岁的孩子通常在购买小型面包车中起着主要的决策作用。

（二）描述性调查

描述性调查，是指进行第一手资料的收集、整理，把市场的客观情况如实地加以描述和反映。它试图回答如谁、什么、何时、何地、什么目的和怎么样等的问题（5W1H）。这些问题包括了被调查者的人口统计学特征、兴趣、偏好、看法和行为方式等。通过描述性调查来解决如市场"是什么"的问题。描述性调查假定调查者事先已对问题有许多相关的知识，并能够事先拟订正规化和结构化的调查方案，提出具体的假设等。通常采用访谈法并辅以大样本量的问卷调查的形式进行的调查。如当通用汽车公司认定目标市场中孩子发挥重要作用，接下来的调查目标就变成："应该如何去影响这些孩子？"进一步的描述性调查表明广告和购物中心促销可能是最好的促销方式。于是，通用汽车公司在一份面向 8~14 岁孩子的《儿童体育画报》的内封上刊登 Chevy Venture 小型面包车广告，并在大型购物中心展示这种车，车内放置录像机播放迪斯尼电影，以此来吸引孩子对面包车的关注。

描述性调查主要有如下内容：①描述有关群体的特征，如给出某些名牌商品的重度购买者的生活方式和行为方式等。②估算在调查总体中存在不同需求的各细分市场人群所占的比例。③确定消费者对产品或服务的态度和满意程度。④确定两种变量之间的关联程度（如广告费和销售量之间的相关程度）。

（三）因果关系调查

描述性研究虽然也可以确定变量间联系的紧密程度，但是并不能确定因果关系。如从描述性调研的资料来看，销售与广告支出有关联，不过有关联并不一定表示两者之间有因果关系。在描述性调查确定了两者变量之间存在相关关系的基础上，因果关系调查是进一步分析何为因、何为果的调查方法。因果关系研究的目的包括：①了解哪些变量是起因（独立变量或自变量），哪些变量是结果（因变量或响应）。②确定自变量与要预测的因变量间的相互关系的性质。

因果关系研究是结论性研究中的一种，其目的是要获取有关起因和结果之间联系的证据，用来解决如"为什么"的问题。即分析影响目标问题的各个因素之间的相互关系，并确定哪几个因素起主导作用。

和描述性研究一样，因果关系研究也需要有方案和结构的设计。要考察因果关系必须将有些可能影响结果的变量控制起来。这样自变量对因变量的影响才能测量出来。研究因果关系的主要方法是实验法。

（四）预测性调查

预测性调查，是指对未来市场的需求变化做出估计，如常用德尔菲法、专家会议法来进行定性预测。用二元变量相关与回归和多元回归分析来进行定量预测等。

三、按收集资料的方法分类

（一）桌面调查法（Desk Research）

桌面调查法又称第二手资料调查法或文案调查法，是指对已公开发布的资料、信息加以收集、整理和分析的方法。

桌面调查法的主要优点是简单、快速、节省调查经费等。特别是通过互联网来查找资料时这些优点非常突出。几乎所有的调查主题都能找到相关的文案资料（第二手资料）。所以，人们总是针对调查目标，先收集文案资料，以便对整个调查项目有一个概括的了解，并通过文案资料来精确定义问题。但是，桌面调查的结果经常缺乏时效性和针对性，这就需要再进一步做实地调查。

（二）实地调查法（Field Research）

实地调查法又称原始资料调查法，是指调查员直接向被访问者询问，从而收集第一手资料（原始资料）的方法。实地调查法可以是定性的调查，也可以是定量的调查。定性调查（Qualitative Research）提供了关于问题背景的看法和理解，而定量调查（Quantitative Research）通常会利用统计分析将数据量化。每当一个新的营销问题出现时，一般都是先进行定性调查，然后再进行定量调查。表1-1列出了定性调查和定量调查的比较。

表1-1　定性调查和定量调查的比较

比较项目	定性调查	定量调查
调查目的	提供有关潜在的原因与动机的定性理解	量化数据并用样本量得到的结果推断目标总体
样本	数量少的无代表性的样本	大量的有代表性的样本
数据收集	非结构化的	结构化的
数据分析	非统计分析	非统计分析
结果	提供最初的理解	建议最终的行动方案

四、按调查的侧重点不同分类

（一）重点调查

重点调查，是指在调查对象（总体）中选定一部分重点单位进行调查。重点单位的标志总量占总体全部单位标志总量绝大部分，这些单位可能数目不多，但有代表性，能够反映调查对象总体的基本情况。重点调查主要适用于那些反映主要情况或基本趋势的调查。如要了解全国钢产量，可选占全国钢铁产量比重较大的几家企业来调查，从而推断总体的情况。

选取重点单位，应遵循两个原则：一要根据调查任务的要求和调查对象的基本情况来确定选取的重点单位及数量。一般来讲，要求重点单位应尽可能少，而其标志值在总体中所占的比重应尽可能大，以保证有足够的代表性。二要注意选取那些管理比较健全、业务力量较强、统计工作基础较好的单位作为重点单位。

重点调查的主要特点是：客观性强、投入少、调查速度快、所反映的主要情况或基本趋势比较准确。

（二）典型调查

典型调查，是指在对所有单位有所了解的基础上，有意识地选择一些具有典型意义或有代表性的单位专门进行调查。进行典型调查的主要目的在于了解生动具体的个体情况。通过对典型单位的调查研究，说明事物的一般情况或事物发展的一般规律。

典型调查的特点在于调查范围小、调查单位少、灵活机动、具体深入、主观性强。

一般来说，典型调查有两种类型：一是一般的典型调查，即对个别典型单位的调查研究。在这种典型调查中，只需在总体中选出少数几个典型单位，如辽宁省企业调查队组织实施的《华夏集团启示录——本溪华夏集团成功改造国企超常发展的调查》，就是该省企业调查队直接派人到华夏集团就国有企业超常发展这一问题而进行的典型调查。二是具有统计特征的划类选点典型调查，即将调查总体划分为若干个类，再从每类中选择若干个典型进行调查，以说明各类的情况。

五、按调查是否连续分类

（一）连续性调查

连续性调查，是指对所确定的调查内容接连不断地进行跟踪调查，以掌握其动态发展的状况。如定期统计报表就是我国定期取得统计资料的重要方式，它有国家统一规定的表格和要求，一般由上而下统一布置，然后由下而上提供。定期统计报表具有定期性和口径、指标、格式、报送时间都统一的特点，所以便于连续、动态对比和横向比较研究。又如对"老年人健康问题的调查"就可以对老年人进行连续的调查，定期调查一次，从而得到老年人慢性病产生的原因、影响因素、控制情况等方面的资料。

（二）一次性调查

随着市场需求变化越来越快，企业针对当前所面临的问题或可能的机会，组织专项调查，以尽快找到解决问题或者发现机会的方法，属于一次性调查。所收集的信息可能被归档，将来作为二手资料供企业参考。企业的很多专项调查都属于一次性调查，如选址调查，新产品命名调查，消费者需求调查，顾客满意度调查，广告效果的调查等。

六、按市场调查的主体分类

（一）委托调查

委托调查，是指委托专业调查机构来代理调查。委托调查有明显的特点：一是客观性，调查单位可以不受企业固有成见的影响而能更客观地进行调查。二是具有专业技能，调查机构由于长期从事调查研究，所以经验丰富，机构内分工较细，专业程度较深。

（二）自行调查

自行调查，是指企业自己成立调查部门进行调查。大部分企业都有自己的调查部门，但是现在企业越来越少地进行自行调查，而是越来越多地将调查活动外包给专业的调查机构。

第三节　市场调查的产生和发展

一、萌芽期：20 世纪之前

有记载的最早的市场调查是 1824 年 7 月由美国的宾夕法尼亚《哈里斯堡报》（Harrisburg Pennsylvanian）报纸进行的一次选举调查。随后又有其他报纸进行了有关方面的民意调查。但为了制定营销决策而开展市场调查有正式记载的是在 1879 年，第一次系统的市场调查是由广告公司艾尔（N. W. Ayer）进行的。该调查的主要对象是本地官员，目的是了解他们对谷物生产的期望水平。调查的目的是为农场设备生产者制订一项广告计划。第二次系统的调查可能是在 20 世纪之初由杜邦公司（E. I. du Pont de Nemours & Company）做的，它对推销人员提交的有关顾客特征的报告进行了系统整理。大约 1895 年，学院研究者开始进入市场调查领域。当时美国的明尼苏达大学的心理学教授哈洛·盖尔（Harlow Gale）将邮寄调查引入广告研究。他邮寄了 200 份问卷，最后收到了 20 份完成的问卷，回收率为 10%。随后，美国西北大学的 W. D. 斯考特（Walter Dill Scott）将实验法和心理测量法运用到广告实践中来。

二、成长期：1900～1950 年

1905 年美国宾州大学首先开设了一门课程，叫做"产品的销售"。从 1911 年开始，美国佩林（Charles Coolidge Parlin）首先对农具销售进行了研

究，接着对纺织品批发和零售渠道进行了系统调查，后来又亲自访问了美国100个大城市的主要百货商店，系统收集了第一手资料并著书立说，后编写了一本《销售机会》的书，内有美国各大城市的人口地图、分地区的人口密度、收入水平等资料，由于佩林第一个在美国的商品经营上把便利品和选购品区分开来，又提出了分类的基本方法等，所以针对佩林为销售调查做出的巨大贡献，人们推崇他为"市场调查"这门学科的先驱，美国市场营销协会（AMA）每年召开纪念佩林的报告会。

在佩林的影响下，美国橡胶公司、杜邦公司等一些企业都纷纷建立组织，开展系统的市场调查工作，1929 年，在美国政府和有关地方工商团体的共同配合下，对全美进行了一次分销普查（Census of Distribution），这次普查被美国看成是市场调查工作的一个里程碑。后来这种普查改叫商业普查（Census of Business），至今仍定期进行。这些普查收集和分析了各种各样的商品信息资料，如商品的分销渠道的选择状况、中间商的营销成本等，它可以称得上是对美国市场结构的最完整的体现。

在佩林的影响下，在美国先后出版了不少关于市场调查的专著，如芝加哥大学教授邓楷所著的《商业调查》（1919 年），弗立得里克所著的《商业调查和统计》（1920 年），怀特所著的《市场分析》（1921 年）。1937 年，美国市场营销协会组织专家集体编写《市场调查技术》等，40 年代在 Robert Merton 的领导下又创造了"焦点小组"方法，使得抽样技术和调查方法取得了很大进展。

三、成熟期：1950 年至今

由卖方市场向买方市场的转变要求更好的市场情报。生产者不再能够轻易卖出他们生产的任何产品。生产设备、存货成本的上涨以及其他一些因素使得产品的竞争力日益下降。这时，通过市场调查发现市场需求，然后再生产适销对路的产品满足这些需求就变得越来越重要了。

20 世纪 50 年代中期，依据人口统计特征进行的市场细分研究和消费者动机研究出现了，市场细分和动机分析的综合调查技术又进一步促进了心理图画和利益细分技术的发展，60 年代，先后提出了许多描述性和预测性的数学模型，如随机模型、马尔科夫模型和线性学习模型。更为重要的是 60 年代初计算机的快速发展，使得调查数据的分析、储存和提取能力大大提高。所有这些都为市场调查的形成、发展和成熟打下了坚实的理论和实践基础。

"民意与市场调查协会"，有 4000 多个成员，遍及 100 多个国家。1976 年，ESOMAR（国际民意与市场调查协会）和 ICC（国际商会）都认为应该有一个统一的国际准则，于是发布了《欧洲民意与市场调查协会国际市场研究标准及道德规范》，其内容详见本书附录一。中国于 2010 年 6 月制定了针对互联网调查的《中国网络市场调研行业工作标准》。

四、全球市场调查的现状及发展趋势

2013 年，全球市场有 2300 亿元人民币的市场规模，其中第一名美国，有 825 亿元人民币的市场规模，第二、第三、第四名在欧洲，日本 GDP 占世界第三位，市场调查排在第五位，中国 GDP 居世界第二位，市场调查排到第六位。美国市场调查行业最发达，这可以从全球排名看出。全球前五位的市场调查公司分别是：①ACNielsen Corp.（美国）。②IMS Health Inc.（美国）。③The Kantar Group（英国）。④TN Sofres plc（美国）。⑤Information Resources Inc.（美国）。但是海外调查所占的比例排名第一位不是美国，而是韩国，这可以从海外电器的市场占有率情况得出结论。如平板彩电的全球市场占有率，第一位是韩国三星，第二位 LG 也是韩国的，合在一起有 40% 的占有率。又如全球智能手机 2013 年排第一位的也是三星，占 30%。调查表明，销售规模越大，认为有必要做市场调查的比例越高（约 96%）。而且主要集中在客户满意度调查和新产品及服务的开发调查方面。

中国在过去 6 年里，市场调查的规模平均以每年 15% 的速度在增长。目前中国市场上有三类业内声誉高的调查公司，第一类是居于世界行业领导地位的外资独资或合资企业，代表企业：ACNielsen（AC 尼尔森）、RI（华南国际）、IPSOS（益普索）、盖洛普等；第二类是国内规模领先的企业或合资企业，代表企业：CTB（央视市场研究）、CSM（央视索福瑞媒介研究）、TNs（特恩斯）、新生代、MsI、思维等；第三类是实力强劲的国内民营企业：北京零点、新华信、慧聪、城予、勺海、赛立信等。由于竞争的加剧，使得外资市场调查及咨询公司凭借雄厚的资金、人才、技术，已经取得绝大部分的市场份额，他们通过合资、收购、兼并等方式完成了我国市场调查业的"洗牌"，将本土具有一定实力的市场调查公司推到了"要么合资，要么二流"的境地。结果是：实力较强的大企业成长为专业的市场研究公司；实力弱小的小企业则演变为专业的调查执行公司或地方代理公司，成为主要服务于专业市场研究公司的下游企业。另外，专业的市场研究公司已初步完成市场细分，专攻自己的目标市场。如 ACNielsen（AC 尼尔森）等公司主要侧重零售研究；央视市场研究、新生代等公司则以媒介研究为其主营业务；CSM、Agb-Nielsen 等主攻收视率研究等。

随着移动互联网时代的到来，客户可能不再只是关心消费者的身份到底是男是女，年龄是 20 岁还是 40 岁，而是更加希望能够对于他的目标消费者有一个立体的、全方位的洞察，甚至从消费者早晨起床之后干了什么，到他一天的行为路径，线上的还是线下的都非常清楚。这就需要调查机构能够和公关公司、情报机构等合作，将各种机构所掌握的数据加以整合。另外，互联网的发展也使得客户对调研的时间周期要求越来越短。所以，调查机构会帮助客户建立如微博、微信等的在线调研平台。

思考题：

1. 简述市场调查与市场营销的关系。

2. 简述市场调查有哪些特点。

3. 对以下的论述做出评价："我在市中心有家餐馆，我每天都接触顾客，我知道他们的名字，他们的喜好。如果菜单中的某种食物没有卖出去，我就会知道他们不喜欢这种食物。我也阅读《现代餐馆》杂志，所以我知道餐饮业的发展趋势。这就是我所需要的市场调查。"

4. 简述二手资料和原始资料之间的区别和联系。

5. 试说明探索性调查、描述性调查、因果关系调查、预测性调查各有什么特点，它们之间有什么关系。

6. 举例说明什么是重点调查，什么是典型调查。

7. 举例说明市场调查应遵循的原则。

案例 1-1　可口可乐的新配方

1886 年亚特兰大药剂师约翰·潘伯顿发明了神奇的可口可乐配方。1975 年百事怂恿越来越多的美国消费者参加未标明品牌的可乐饮料口味测试，并不断传播人们更喜欢口味偏甜的百事可乐的结论。可口可乐的第一位外国人首席执行官——古巴人罗伯托·郭思达在 1981 年上任伊始便宣称，可口可乐已没有任何值得沾沾自喜的东西了，公司必须全面进入变革时代，其突破口便是数十年来神圣不可侵犯、但如今已不适应时代的饮料配方。1982 年可口可乐开始实施代号为"堪萨斯计划"的划时代营销行动。2000 名调查员在十大城市调查顾客是否愿意接受一种全新的可乐。其问题包括：如果可口可乐增加一种新成分，使它喝起来更柔和，你愿意吗？如果可口可乐将与百事可乐口味相仿，你会感到不安吗？你想试一试新饮料吗？调查结果显示，只有 10%～12% 的顾客对新口味可口可乐表示不安，而且其中一半的人认为以后会适应新可口可乐。在这一结论的鼓舞下，可口可乐技术部门在 1984 年终于拿出了全新口感的样品，新饮料采用了含糖量更高的谷物糖浆，更甜、气泡更少，柔和且略带胶粘感。在接下来的第一次口味测试中，品尝者对新可乐的满意度超过了百事可乐。调查人员认为，新配方可乐至少可以将市场占有率提升一个百分点，即增加 2 亿美元的销售额。1985 年 4 月 23 日，行销了 99 年的可口可乐在纽约市林肯中心举行了盛大的新闻发布会，主题为"公司百年历史中最有意义的饮料营销新动向"。郭思达当众宣布，"最好的饮料——可口可乐，将要变得更好"。于是，新可乐取代传统可乐上市。但是，不到两个月的时间，可口可乐公司遭到电话投诉 8000 多个，相伴电话而来的，是数万封抗议信，大多数的美国人表达了同样的意见：可口可乐背叛了他们，"重写《宪法》合理吗？《圣经》呢？在我看来，改变可口可乐配方，其性质一样严重"。作为老对头的百事可乐，更是幸灾乐祸地宣布 4 月 23 日为公司假日，并称既然新可乐的口味更像百事了，那么可口可乐的消费者不如直接改喝百事算了。

问题：

（1）可口可乐在定义研究问题上有缺陷吗？

（2）为什么实验结果和消费者的现实选择有较大差距？

第二章 市场调查方案设计

第一节 市场调查方案设计的意义

一、市场调查方案设计的含义

市场调查方案设计是指在实际调查之前，根据调查研究的目的和调查对象的实际情况，对调查工作总任务的各个方面和全部过程进行通盘考虑和安排，以提出相应的调查实施方案，制定合理的工作程序。

市场调查的范围可大可小，但无论是大范围的调查，还是小规模的调查工作，都会涉及相互联系的各个方面和各个阶段。这里所讲的调查工作的各个方面是对调查工作的横向设计，就是要考虑调查所要涉及的各个组成项目。如对某市商业企业竞争能力进行调查，就应将该市所有商业企业的经营品种、质量、价格、服务、信誉等方面作为一个整体，对各种相互区别又有密切联系的调查项目进行整体考虑，避免调查内容上出现重复和遗漏。

这里所说的全部过程，则是对调查工作纵向方面的设计，它是指调查工作所需经历的各个阶段和环节，即调查资料的搜集、整理和分析等。只有对此事先做出统一考虑和安排，才能保证调查工作有秩序、有步骤地顺利进行，减少调查误差，提高调查质量。

二、市场调查方案设计的意义

市场调查方案设计的意义有以下几点：

（一）市场调查方案设计是调研项目委托方与承担者之间的合同或协议

通常做法是委托方通过征求建议书邀请调查机构提供一份包括投标标书的正式提案。调查机构若想取得竞标，必须拿出充分的时间准备计划书（Research Proposal）或称调查方案设计。在调查方案里包括调查目的、调查方法、具体时间安排（只要标注项目不同阶段的完成日期，包括项目全部完成的准确日期）、可交付的产品、调查费用、调查成员组成等。这样，通过调查方案使得有关方都能按照项目规范执行，有利于避免或减小后期出现误解的可能性。

（二）市场调查方案设计是市场研究者对市场从定性认识到定量认识的连接点

市场调查是为营销决策服务的。因此，在开展一项调查之前要收集所需要的背景信息，了解当前决策者面临的营销决策问题是什么。如在具体调查之前，首先要对该企业生产经营活动状况、特点等有一个详细的了解，然后要明确调查什么和怎样调查，调查谁，解决什么问题，这些研究可能会对决策起到什么作用等。所有这些考虑都是研究者的定性考虑。在此基础上设计相应的指标以及收集、整理资料的方法，然后再去实施。所以说市场调查方案是从定性认识到定量认识的过渡。为了完成一项好的方案设计，需要市场调查机构与外部委托方和机构内部成员之间在从构思到完成的过程中都要始终保持良好的沟通。

（三）市场调查方案设计在市场调查工作中起着统筹兼顾、统一协调的作用

现代市场调查是一项复杂的系统工程，具有系统性的特点。由于影响市场调查质量的因素很多，各因素之间有时是互斥的，所以，要设置和处理好调查过程中方方面面的问题，才能使工作有序地进行下去。就以抽样调查样本量的

确定来说，抽样样本数越多，那么样本指标的代表性越强，但是调查的花费大、调查的时间长。所以在方案设计中就应该兼顾把握程度和费用两方面的因素，提高调查工作的经济效益。

第二节　市场调查程序

一、市场调查程序

建立一套系统科学的工作程序，是市场调查得以顺利进行，提高工作效率和质量的重要保证。市场调查程序如图 2-1 所示。

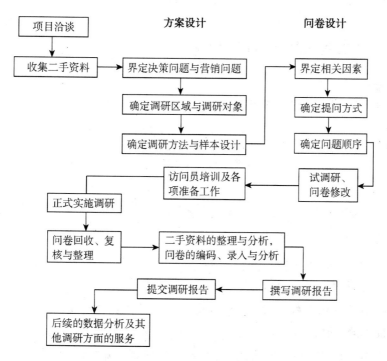

图 2-1　市场调查的程序

在调查机构与委托方进行项目洽谈时，对委托方的营销问题和决策问题要进行进一步界定。如当公司的主要产品销售量下滑了，市场部认为主要的原因是广告投入不够，销售部门认为是公司的销售政策不灵活，生产部门认为是公司的低成本战略使得原材料质量不过关。这就要求调查机构认真准备，收集必要的背景资料，或先进行探索性的定性调查，或找业内专家咨询。在此基础上明确委托方的营销问题，并确定调查目的和调查内容。如果销售量下滑的原因是广告投入不足，那么调查的目标是广告投入及其影响因素，调查内容就变成：目标市场的媒体习惯、与竞争对手的广告投放和效果进行比较，广告投放的成本效益分析等。在确定调查目标时，波士顿咨询集团（BCG）的副总裁安东尼·迈尼斯（Anthony Miles）曾谈到他在确定目标阶段常常力图回答三个关键问题：一是为什么要寻求这些信息；二是这些信息是否已经存在；三是问题确实可以回答吗？一旦研究机构与委托方就研究题目、研究目的与研究内容达成了基本共识，就形成了一个市场调查具体方案。

二、市场调查方案设计的内容

（一）确定市场调查的目标

方案设计的第一步是在背景分析的前提下确定市场调查的目标。这是调查过程中最关键的一步。目标不同，调查的内容、调查对象和调查的方法是不同的。

对于接受委托的调查公司来说，当客户提出了调查的要求后，研究者首先要弄清楚的是以下三个问题：

（1）客户为什么要进行这项调查？即调查的意义。

（2）客户想通过调查获得什么信息？即调查的内容。

（3）客户利用已获得的信息做什么？即通过调查所获得的信息能否解决客户所面临的问题。

实践中，有时客户提出的目的不明确，这就要求调查研究人员收集相关二手资料，做好前期的定性调查工作（如拜访专家、进行小组座谈等），并与委托方反复沟通，达成共识。在目前大多数市场调查中，一项调查的目的通常有好几个，俗话说："对一个问题做出恰当定义等于解决了问题的一半。"所以，研究人员必须对每一个目标及相应要调查的问题有一个清楚的定义。

（二）确定调查的项目

在调查研究目标提出的基础上，接下来就要明确调查的项目。如某航空公司的客流量下降了，公司面临的管理决策问题是：如何提高乘客的忠诚度。通过探索性研究表明：顾客选择航空公司时受以下因素影响：安全、票价、老顾客的优惠项目、时间安排和品牌。但是，问题在于大多数航空公司在这些因素上几乎是相同的策略：相同的时间表、相同的服务项目、相同的价格。最后此航空公司找到使自己与众不同的途径，在餐饮上形成特色。

通过收集二手数据，发现通过提高餐饮服务水平能够增强顾客忠诚度，而且通过定性调查得出乘客对食品的品牌很在意。于是，调查的目标变成了"餐饮对于乘客而言到底有多重要"。调查的项目具体如下：

假设1：对航空乘客而言，餐饮是一个重要的因素。

假设2：乘客喜欢名牌食品。

假设3：乘客喜欢分量足的配餐，但品质必须稳定。

假设4：乘客喜欢新颖的食品。

在确定调查项目时，要注意以下几个方面的问题：①所确定的调查项目应该都是围绕调查目标进行的，为实现调查目标服务的。否则，多余的项目调查就是无用的调查，浪费人力、财力。②调查项目的表达应该是清楚的，通过调查，答案是能够获取的。必要时可以附上对调查项目的详细解释，以确保调查项目的明确性。③调查项目之间一般是相互联系的。有时可能存在着内在逻辑关系或相互的因果关系。所以，在调查项目中，一些假设会被先提出，并希望在今后的调查中得到进一步的验证。

（三）确定调查对象总体

解决调查对象总体即解决向谁调查的问题。这与调查目的是紧密联系在一起的。对于调查对象总体的选择，我们常常会从个人背景部分来甄别，不属于调查范围的对象常常是从事如下工作的人：

（1）本人或者家人在市场研究公司或从事市场信息调查工作。

（2）本人或者家人在统计局（咨询中心、调查队）工作。

（3）本人或者家人在广告公司或咨询公司工作。

（4）本人或者家人在报纸、电视台、广播电台、通讯社等新闻单位工作。

（5）本人或者家人在与委托方竞争的生产企业或相关产品的分销商处工作。

另外，还要根据调查的题目所给定的对象范围，在年龄上对调查总体加以限制等。在问卷调查的甄别部分对不符合的调查对象给予排除。如针对第一章所提到的通用公司家庭面包车市场的需求调查，调查对象总体的年龄就限制在8～14岁。

（四）确定调查时间和拟定调查活动进度表

确定调查的时间就是规定调查工作的开始时间和结束时间。拟定调查活动进度表主要考虑两个方面的问题：一是客户的时间要求，信息的时效性；二是调查的难易程度，在调查过程中可能出现的问题。根据经验，从签订调查协议到交出调查报告的这段时间中花时间的工作大致有以下几个方面：①问卷设计。②问卷印刷。③抽样设计。④访问员的招聘、培训。⑤预调查时间。⑥问卷修正、印刷时间。⑦调查实施时间。⑧资料的编码、录入和统计时间。⑨数据的分析时间。⑩完成调查报告的时间。⑪鉴定、论证、新闻发布会时间。⑫调研结果的出版时间。

最后两个部分并不是每项调查所必须的，但前面的几项内容是必不可少的。要注意所有这些活动要花的时间并不是简单的相加，有些活动可同时进行时，时间计算是以花费时间长的那部分工作时间为准。

（五）确定调查方法和抽样方法

调查方法有访谈法（包括入户访谈、电话访谈、邮寄调查、留置调查、网上调查等）、观察法、实验法、小组座谈会和个别深度访谈等方法。至于具体采用什么方法，往往取决于调查任务和所要解决的问题。选取样本的方法也很多，如按是否是概率抽样可以分为随机抽样和非随机抽样，在随机抽样中又有简单随机抽样、系统抽样、分层抽样、分群抽样等方法可以选择；在非随机抽样中有判断抽样、方便抽样、配额抽样和滚雪球抽样等方法可供选择。选择不同的调查方式和抽样方法，调查结果会有所不同，有时会产生很大差别。如关于我国部分家电产品的市场占有率情况，国内三家比较权威的调查机构由于采用的抽样方法不同导致的调查结果就有明显的差异。允许调查结果有一定的误差，但对于某一个具体的调查来说，如某产品类别市场占有率的排名，不同的调查机构不应该得出不同的结果。这就要求市场调查要有一定的科学性，要求市场调查单位进行规范化运作。

（六）调查费用预算

市场调查费用依调查项目目标和调查内容不同而不同。在美国单项小规模的调查要花约 5000 美元，大规模调查的花费会超过 10 万美元。在我国，小规模的调查一般是几千元至上万元，大规模的调查能到几十万元人民币。由此也可以看出，在我国市场调查的受重视程度还不够。一般来说，市场调查所需花费的费用包括以下几个方面：①方案策划费。②抽样设计费。③问卷设计费。④印刷费。⑤邮寄费。⑥访问员劳务费。⑦差旅费。⑧被调查者的礼品。⑨统计处理费。⑩报告撰写制作费。⑪电话费。⑫市内交通费。⑬税费。⑭鉴定费、新闻发布会及出版印刷费用等。

在进行预算时，要将可能需要的费用尽可能考虑全面，以免将来出现一些不必要的麻烦而影响调查的进度。如预算中没有鉴定费，但是调查结束后需要对成果做出科学鉴定，否则无法发布或报奖。在这种情况下，将面临十分被动的局面。当然，没有必要的费用就不要列上，必要的费用也应该认真核算做出一个合理的估计，切不可随意多报乱报。不合实际的预算将不利于调研方案的审批或竞争。

考虑费用的同时还必须考虑时间。一个调研项目有时需要 6 个月或者更长的时间才能完成。调研时间过长有可能导致决策的延迟从而失去最有利进入市场的时机。

因此，费用—效益分析的结果或是得出设计方案在经费预算上是合算的，或是认为不合算而应当中止调研项目，通常情况下一般并不中止调研，而是修改设计方案以减少费用比，如改用较小的样本，或者用邮寄调查代替入户访谈等。

（七）确定资料整理分析方法

采用实地调查方法收集的原始资料大多是零散的、不系统的，只能反映事物的表象，无法深入研究事物的本质和规律性，这就要求对大量原始资料进行加工汇总，使之系统化、条理化。目前这种资料处理工作一般已由计算机进行，这在设计中也应予以考虑，包括采用何种操作程序以保证必要的运算速度、计算精度。随着经济理论的发展和计算机的运用，越来越多的现代统计分析手段可供我们在分析时选择，如回归分析、相关分析、聚类分析等。每种分析技术都有其自身的特点和适用性，因此，应根据调查的要求，选择最佳的分析方法并在方案中加以规定。

确定提交报告的方式主要包括报告书的形式和份数，报告书的基本内容、报告书中图表量的大小等。

三、市场调查方案的实施

这个阶段的主要任务是设计调查问卷，组织调查人员深入实际，按照调查方案的要求和调查工作计划的安排，有组织地、系统地、细致地收集各种资料。

市场调查资料的收集是耗费人力、财力最多而又最容易产生调查误差的阶段。在此阶段，对市场调查的组织、管理、监督、检查工作都提出了较高的要求。

在问卷设计完成后进入大样本的实地调查之前，往往要进行一次预调查，即抽取小部分调查对象根据调查要求进行访问，然后将获得的资料加以整理、分析。这样可以发现问卷设计中存在的问题，便于对调查问卷进行修改并节省调查时间和经费。另外，预调查还是锻炼访问员和督导水平的好机会。

预调查完成之后，正式的资料收集工作就开始了。资料收集过程包括访问、问卷复核和回访等几个方面。访问是指由访问员对被调查者进行调查。问卷复核是对访问员交回的问卷资料进行检查，以便发现是否有不符合规定的地方。如问卷要求单选而回答中填成了多选等。如果有不符合规定的地方，要对此问题再进行回访，此工作一般可由督导员完成。回访除了消除不符合规定的回答外，还能了解、判断访问员访问过程的真实性。

在市场调查实施完成后，就要对问卷资料进行统计处理（如编码、数据录入、数据运算和输出结果等），并由市场分析人员将数据结果进行分析，最后由研究者撰写市场调查报告。

由于市场调查获得的资料大多数是分散的、零星的，在这个阶段，要求调研人员拥有巨大的耐心，进行细致的审核、订正、分类、汇总工作；要求统计分析人员有较高的专业技术水平、对收集的信息要善于归纳分析、去伪存真，能够从现象上升到本质。

这个阶段的最后环节是市场调查报告的撰写，调查报告是市场调查成果的最终体现，为客户作决策提供科学的依据。调查报告要尽可能简明扼要、清楚易懂。

第三节　调查方案的可行性研究

在对复杂社会经济现象所进行的调查中，所设计的调查方案通常不是唯一的，需要从多个调查方案中选取最优方案。同时，调查方案的设计也不是一次完成的，而要经过必要的可行性研究，对方案进行试点和修改。可行性研究是科学决策的必经阶段，也是科学设计调查方案的重要步骤。对调查方案进行可行性研究的方法很多，下面介绍逻辑分析法、经验判断法和预调查法三种方法。

一、逻辑分析法

逻辑分析法主要是检查所设计的调查方案的内容是否符合逻辑。如某市高、中档商品房市场需求的调查，以调查对象为例，不符合逻辑的调查就是调查对象包含没有经济收入的学生。

二、经验判断法

经验判断法是组织一些具有丰富调查经验的人士，对设计出的调查方案加以初步研究和判断，以说明方案的可行性。如对中小学生教育软件的需求调查，就不要采用电话调查法。经验判断法能够节省人力和时间，在比较短的时间内做出结论。但这种方法也有一定的局限性，这主要是因为人的认识是有限的、有差异的，事物在不断发生变化，各种主客观因素都会对人们判断的准确性产生影响。

三、预调查法

预调查是整个调查方案可行性研究中的一个十分重要的步骤，对于大规模市场调查来讲尤为重要。通过预调查，可以发现调查指标设计是否正确，哪些需要增加，哪些需要减少，哪些说明和规定要修改和补充。使调查方案的制订既科学合理，又解决实际问题。

思考题：

1. 市场调查方案设计的意义是什么？

2. 简述市场调查方案设计中应包含的内容。

3. 如何正确设定市场调研项目的主题？

4. 市场调研设计应当按照哪些步骤进行？为什么说界定调研问题是市场调查中最关键的步骤？谁参与这个过程？

5. 为了调查某品牌的品牌形象，设计一份市场调查的方案。

案例2-1　男装休闲市场需求的调查方案

一、前言

调研公司通过多次与广州××服饰公司沟通，就休闲服装市场调查达成了共识。目前我国休闲服装市场品牌众多，市场竞争激烈，但整个市场又存在以下问题：①品牌定位不清晰。②产品款式同质化现象严重。③产品板型差距大。④市场推广手法雷同等。该服饰公司能否对目前的市场环境有一个清晰的认识，能否在目前的市场竞争状态下找到市场空间和出路，取决于正确的市场定位和市场策略，只有对市场进行深入的了解与分析，才能确定如何进行产品定位，制定价格策略、渠道策略、促销策略，使产品成功介入市场。

在本次调查中，调研公司将集中优势资源，严格把控调研质量，科学实施调研流程，确保调研的顺利完成。

二、调查目的

为了真实地反映休闲服装市场的竞争状况，为××品牌的定位及决策提供科学的依据。具体目标如下：

（1）了解目前男装休闲市场的竞争状况和特征。

（2）了解竞争对手的市场策略和运作方法。

（3）了解男装休闲市场的渠道模式和渠道结构。

（4）了解消费者对男装休闲市场的消费习惯和偏好。

（5）了解男装休闲市场的品牌三度竞争（知名度、美誉度、忠诚度）。

（6）了解消费者对男装休闲产品的认知和看法等。

三、调查内容

1. 宏观市场调查

（1）休闲服装市场的动态及市场格局。

（2）休闲服装细分市场的竞争特点和主要竞争手法。

（3）休闲服装细分市场的发展和市场空间。

（4）休闲服装细分产品的流行趋势研究。

（5）休闲服装细分市场知名品牌的优劣势分析。

（6）主要休闲服装企业分析和研究等。

2. 代理商调查

代理商对新兴市场的一些看法如：

（1）代理商对不同风格休闲品牌的看法。

（2）代理商对市场空间和产品机会的看法。

（3）代理商对新品牌的市场定位的建议。

（4）代理商的市场运作手段和方法。

（5）代理商对产品、价格、款式、种类的需求。

（6）代理商对厂家合作的建议和要求。

（7）代理商对产品组合、市场推广的建议。

（8）代理商目前的市场运作状态与潜在需求之间的差异。

3. 零售商调查

（1）零售商对不同品牌休闲风格的看法。

（2）零售商对当地休闲服装市场的看法。

（3）零售商对产品、价格、款式、种类等的需求及与现有状态间的差距。

（4）不同零售点的产品组合差异性。

（5）当地零售市场的主要竞争手段。

（6）该店销售得好的款式及其原因分析。

（7）该店产品的价格组合方式等。

4. 消费者研究

（1）产品调查。

1）消费者对目前休闲服装产品的评价。

2）消费者对产品质地的偏好趋势。

3）消费者对休闲服装风格的偏好趋势。

4）消费者对休闲服装款式的偏好趋势。

5）消费者对产品组合的要求。

6）消费者对产品色彩的趋势与偏好。

7）消费者对产品图案的选择和爱好。

8）消费者对休闲服装产品的潜在需求与休闲服装现状的差距等。

（2）购买行为调查。

1）消费者购买什么类型的休闲服装（What）。

2）消费者为何购买（Why）。

3）消费者何时购买（When）。

4）消费者何处购买（Where）。

5）消费者由谁购买（Who）。

6）消费者如何购买（How）。

（3）影响因素调查。

1）卖场氛围对消费者购买的影响程度。

2）影响消费者购买考虑的最主要因素。

3）品牌对消费者购买的影响程度。

4）风格对消费者购买的影响程度。

5）价格对消费者购买的影响程度等。

（4）品牌调查。

1）休闲服装品牌知名度测试。

2）休闲服装品牌认知度测试。

3）休闲服装品牌满意度测试。

4）××品牌联想测试等。

（5）广告信息调查。

1）消费者获取信息的主要渠道。

2）消费者获取休闲服装信息的主要渠道。

3）目前休闲服装信息的主要传播点等。

4）媒介接受对称性分析等。

（6）竞争对手调查。

1）消费者对竞争对手风格的认知。

2）消费者对竞争对手产品的了解程度。

3）消费者对竞争对手价格的接受程度。

4）消费者对竞争对手利益点的接受程度等。

（7）人口统计学背景。

1）抽样样本的年龄构成。

2）抽样样本的职业构成。

3）抽样样本的文化程度构成。

4）抽样样本的家庭收入构成。

5）抽样样本的性别构成等。

四、调研区域

以下区域作为调查的主要区域：

广东省为广州与深圳两个城市；省外为海口、福州、上海、杭州、成都 5 个城市。

调研区域点的分布原则上以当地的商业中心为焦点，同时考虑一些中、高档生活小区；各个区域要求覆盖以下各个调研点，以保证样本分布的均匀性和代表性（具体地点由督导到当地了解后决定）。如①商业中心区域。②代理商经销点。③大型商场休闲柜组。④休闲服装专卖店等。

五、调研方法与样本量设计

1. 消费者抽样方法

采用便利抽样和配额抽样的方法。本次调查在各个城市中采取在街头或商业场所向过往或停留的消费者做休闲服装市场的产品测试；从总体样本中按照年龄层作为标志把总体样本分为若干类组，实施配额抽样。

2. 经销商、零售商调研方法

本次调查的深度访谈由调研公司有经验的调研人员按照调查提纲来了解相关信息，通过在商业场所观察不同品牌的销售情况和消费者的购买情况，获得市场信息。

3. 文献法

用于内部资料整理、文案研究等。

每个区域的样本量在300~500例。

六、分析方法

对问卷进行统一的编码、数据录入工作。编码由编码员对已完成的问卷建立答案标准代码表（简称码表），然后进行问卷编码；选择不同地区、不同层次的访问来建码表。

数据录入到电子表格中，并对数据进行计算机逻辑查错、数据核对等检查。

用 SPSS 或 Excel 软件对问卷进行数据分析。聚类分析法分析被访者人口背景、消费习惯、生活方式、个性等；因子分析法分析影响消费者购买的原因、品牌差异性等影响；相关分析法分析影响消费者消费、评价品牌、产品与品牌、产品特性之间的内在关系；SWOT 法分析品牌的内在环境和外在环境，从而明确优势和劣势，认清市场机会和威胁，对于策略性决定有很大的指导作用。

七、组织安排和预算

1. 机构安排及职责

设置项目负责人 1 名，负责项目的规划实施全过程，并对委托方负责；项目实施督导人员 7 名，在负责人的领导下组织开展调研工作，负责对调查员培训、督导问卷访谈、进行数据资料的整理分析、承担调查报告的撰写任务等；聘用调查人员 70 名，接受培训后，按要求完成问卷访谈工作。

2. 调查员的选拔与培训安排

从某高校三年级学生中选择经济类专业 70 名学生，仪表端正，举止得体，懂得一定的市场调研知识，具有较好的调研能力，具有认真负责的工作精神及职业热情，具有把握谈话气氛的能力。培训内容主要是休闲服饰个体调查问卷访谈要求及技术。

3. 实施的进度安排

分准备、实施和结果处理三个阶段。准备阶段完成界定调研问题、设计调研方案、设计调研问卷三项工作；实施阶段完成资料的收集工作；结果处理阶段完成汇总、归纳、整理和分析，并将调研结果以书面的形式——调研报告表述出来。时间分配为：

（1）调研方案规划设计、问卷的设计：7 个工作日。

（2）调研方案、问卷的修改、确认：3 个工作日。

（3）人员培训、安排：3 个工作日。

（4）实地访问阶段：7 个工作日。

（5）资料的审核：5 个工作日。

（6）数据预处理阶段：5 个工作日。

（7）数据统计分析阶段：5 个工作日。

（8）调研报告撰写阶段：20 个工作日。

（9）论证阶段：10 个工作日。

4. 经费预算

包括策划费、交通费、调查人员培训费、公关费、访谈费、问卷调查礼品费、统计费、报告费等，具体金额等略。

八、调查质量的控制

为了保证调查的顺利开展和调查的质量，必须对调查的每一个环节实行严格的质量控制。质量控制包括设计阶段（含调查表的设计）的质量控制、调查员的质量控制、调查实施阶段的质量控制和资料整理阶段的质量控制。

1. 调查方案设计、论证和预调查

调查方案的设计必须要科学可行，指标筛选要慎重，指标解释要清楚，各项标准要统一；在正式确定调查方案前必须经过反复的论证和试调查，其目的是检验调查设计工作的合理性及可行性；正式调查前通过预调查使调查员熟悉调查内容，做到准确、完整地填写调查表格。

2. 调查人员的培训

调查人员的严格挑选和培训是取得准确、可靠资料的不可缺少的前提。培训的要求是：明确调查的目的和意义，了解调查设计的原则和方法，统一指标的含义及填写，明确调查工作的进程等。每一个调查员必须按照统一计划和填表说明的要求执行。人员培训按统一的培训计划、统一培训内容和教材培训。培训结束后，应对培训效果进行考查，考查合格后才能参加正式调查。

3. 明确调查人员工作职责，建立调查质量核查制度

（1）调查质量的核查制度包括：①现场调查中，在每户询问并记录完毕后，调查员都要对填写的内容进行全面的检查，如有疑问应重新询问核实，如有错误要及时改正，有遗漏项目要及时补填。②调查督导要对每户的调查表进行核查验收，从正式调查开始后的当晚检查调查表的准确性和完整性，发现错漏项时，要求调查员应在第二天重新询问予以补充更正，认真核实无误后，方可签字验收。③质量考核小组在调查过程中抽查调查质量，调查完成后进行复查考核，复查考核应在已完成样本数中随机抽取5%，观察复核调查与调查结果的符合率。

（2）质量要求包括：①一致性百分比：用来衡量调查人员调查技术的一致性。要求经过培训后，调查人员调查技术的一致性达到100%。②符合率：复查考核中，项目符合率要求在97%以上。③调查完成率：在出现了三次上门无法调查而放弃该样本时，应从候补样本数中按顺序递补。调查完成率应控制在98%以上。④本人回答率：要求本人回答率不低于70%。

九、附件

附件包括聘用调查员承诺书、调查问卷、调查问卷复核表、访谈提纲等（略）。

问题：

（1）男装休闲市场需求的调查方案对你有哪些启示？

（2）以上调查方案设计有什么问题吗？

第三章　文案调查法

第一节　文案调查法的特点和意义

一、文案调查法的特点

（一）文案调查法的优点

1. 现成资料来源多，涉及面非常广，信息量大

既有来自企业内部的资料，也有来自企业外部的现成资料。既有来自国内的现成资料，也有来自国外的资料。随着 IT 技术的普及和信息化，许多企业在生产经营过程中都会产生大量的数据，政府部门和专业公司也提供大量的有利用价值的数据。这些丰富的二手资料可以帮助研究者明确探索性调查中的调查主题、可以为实地调查提供样本框等。同时，一些管理者所面临的问题，可能曾经有人做过类似的问题，管理者也可以参考这些信息做决策。

2. 文案调查所花时间短、费用低

相对于实地调研来说，不需要设计问卷，培训访问员、寻找访问对象，对一个一个调查对象面谈、数据录入和整理等。因此，可减少不少时间。同时能大大降低人员费用、交通费、管理费等。

3. 不容易引起竞争对手的注意

收集现有的二手资料保密性好，而实地调查会涉及大量相关方如调查人员、调查对象等，容易引起竞争对手的注意，导致竞争对手立即采取相应的对策，干扰调查结果等。

（二）文案调查法的局限性

虽然二手资料有很多优点，但是也存在着一些局限，最主要的缺点是文案调查收集来的信息可能缺乏针对性。从内容上看，因为所收集的资料大多是针对其他目的而形成的，因此，对于目前特定的目标就缺乏针对性；从时间上看，已收集的资料是过去的研究报告，可能已经过时，所以时效性差，不能很好地反映即时市场信息；从收集信息的方法上看，所采集的样本、所使用的收集工具等都与特定目标要求有差别。因此不能完全靠它对市场做出判断。

鉴于文案调查以上方面的特点，我们得出这样的结论：高质量的市场调查也许不能完全依赖现成的文案资料，但必须要有充分的文案资料。充分利用现成资料，可以使实地调查计划制订更周详，从而提高实施可行性；可以明确指明实地调查应调查问题；可以用文案调查资料与实地调查资料进行对比，鉴别和估算实地调查结果的准确性和可靠性。

二、文案资料的来源

市场调查使用的二手资料按其来源分为内部资料和外部资料两大类，外部资料又分为公共资料和商业资料。

（一）企业内部资料

内部资料存在于企业内部，是在企业的正常运行过程中被整理、收集并使用的。内部资料对于分析、辨别存在的问题和机会，制定与评价相应的决策行动方案都是必不可少的。对于现代企业管理来说建立管理信息系统将企业的内部资料全部放入信息系统中的数据库中，便于查、修、删、改等动态管理。

营销内部数据库是一个非常有用的数据库，它是将顾客原始信息（如销售电话记录、销售发票上的信息）转录到计算机中，然后将消费者的购买信息（如产品的购买时间、商品的种类、销售额以及与销售有关的促销活动等）与人口统计和心理测量信息结合，用这些信息来分析重度使用者和轻度使用者的主要特征，并采取相应的行动。内部数据库可能还包括有关竞争对手的情报。客户关系管理（CRM）是数据库营销的一种特殊类型。

企业内部资料主要包括企业生产经营方面的资料和企业已经收集到的市场环境方面的资料。

1. 有关企业本身生产经营活动的资料

（1）销售业务方面。包括与企业业务经营活动有关的各种资料。如订货单（可以从中了解用户的需求量情况、用户的地理位置等）、进货单（可以了解供应单位的情况）、发货单（可以了解运输情况）、合同文本、发票、销售记录、业务员访问报告、广告等。

（2）生产方面。包括生产作业完成情况、工时定额、操作规程、产品检验、质量保证等。

（3）设计技术方面。包括产品设计图纸及说明书、技术文件、档案、试验数据、专题文章、会议文件等。

（4）财务方面。是由各财务部门提供的各种财务、会计核算和分析资料，包括生产成本、销售成本、各种商品价格及经营利润等。可以用它来考核企业的经济效益。

（5）设备方面。包括设备文件、设备安装、测试、使用、维修的各种记录、设备改装、报废文件等。

（6）物质供应方面。包括库存保管、进料出料记录、各种制度等。

（7）企业积累的其他资料。企业积累的各种调研报告、经验总结、顾客意见和建议等，均可以作为参考资料。

2. 市场环境方面的资料

这些资料主要有以下几个方面：

（1）顾客方面。包括购买者行为特点、使用者行为特点、购买动机、购买量和顾客社会人口学等。这些都可以从企业的顾客分析报告或顾客档案中获得。

（2）市场容量方面。包括市场大小、增长速度、趋势等。

（3）竞争方面。包括同行业的直接竞争者和替代产品制造企业的产品结构、服务的市场、市场营销策略、企业的优劣势等。

（4）分销渠道方面。包括销售成本、运输成本、分销渠道上中间商的情况等。

（5）宏观环境方面。包括经济形势、政府政策、社会环境、行业技术及相关技术的发展、国际环境等。

（二）企业外部资料

1. 公共资料

（1）统计部门与各类政府主管部门公布的有关资料。如政策、法令、统计资料、财政和金融信息等。这些资料都公布在国家统计局、商务部、海关总署等政府部门的官方网站上。还可以通过统计出版物得到，如《中国统计年鉴》、《中国人口统计年鉴》、《中国经济年鉴》、《中国高新技术产业统计年鉴》、《中国商品交易市场统计年鉴》、《中国连锁零售业统计年鉴》、《中国大型工业企业年鉴》等。

（2）各种经济信息中心、专门信息咨询机构、各行业协会和联合会提供的市场信息和有关行业情报。

（3）国内外有关的专业性书籍、报纸、杂志所提供的文献资料、统计资料、市场行情、广告资料、企业名称和预测资料等。这些来源发布的信息内容庞杂，需要借助检索工具就某一特点主题在几种不同的出版物中搜寻。

（4）公共图书馆和大学专业图书馆里的大量的经济资料。包括来自大学的研究所或个人的研究报告如论文、学位论文、专著以及各种研究中心的研究报告等。

（5）国内外各种博览会、展销会、交易会、订货会等以及专业性、学术性经验交流会议上发放的文件和材料。

（6）广播电台、电视台提供的市场信息。

（7）国际市场的信息：包括国际组织，如国际贸易中心（ITC）、联合国粮食及农业组织（FAO）、经济合作与发展组织（OECD）、贸易和发展会议（UNCTAD）和国际货币基金组织等。另外，外国使馆、商会等都有自己的出版物和专门报告材料。

（8）利用互联网收集二手资料。调查人员除了在一些感兴趣的网站获取二手资料外，还可以通过搜索一个面向公众的新闻服务器，来定制新闻组。或通过博客等方式来收集信息。

2. 商业资料

商业资料是由市场研究和咨询机构为了营利的目的而提供的二手资料。如为客户定制某项研究的二手资料，但更多的是一些大的市场研究机构专门收集和出售数据（如消费者固定样本组数据、媒体固定样本数据等），以满足许多客户的信息需求。辛迪加服务（Syndicated Services）就是以标准的程序收集资料然后向多个客户提供信息。这些信息并不是为了某个特点的营销问题而收集的，但可以按客户的要求提供个性化的报告。AC 尼尔森是以辛迪加服务为主要业务的全球性最大的公司之一。他向制造商、零售商和销售机构提供品牌、产品分类、销售管理和战略计划等服务，包括零售测量服务（Retail Measerement Services，RMS）、消费者固定样本（Consumer Panels）服务、媒体固定样本（Media Panels）服务、分类与店铺设计服务、定制研究服务、零售商服务、分析咨询服务、决策支持服务等。又如央视—索福瑞媒介研究有限公司（CSM）是广播电视视听率调查最大机构之一，它对中国 1249 个电视频道的收视情况进行全天不间断调查。又如央视市场研究股份有限公司（CTR，http：//www.ctrchina.cn）是中国国际电视总公司和全球知名市场研究品牌 Kantar 集团合资的股份制企业。它是中国领先的市场资讯及研究分析服务提供商之一，专注中国市场研究、服务聚焦品牌广告传播、媒介经营管理和消费者洞察三大领域。随着大数据时代的到来，市场研究者可以通过软件对庞大的数据库中的信息进行数据挖掘以便进行顾客获取、顾客维系甚至顾客放弃、市场购物篮分析等。商业情报（Business Inteligence，BI）软件能在大量的数据中找出趋势、问题或者新的商业机会。而地图信息软件（MapInfo Professional）和地理信息系统（GIS）、数据挖掘、预测分析软件相结合不仅能够预测哪个市场有最好的潜在扩展能力，还能具体到道路交叉口如何影响即将开业商店的总收入，而生成的地图会显示最优的店址。

第二节　文案调查的程序

文案调查应包括以下几个方面的作业程序：①确定市场调查的目的。②拟订详细市场调查方案及对相关人员的培训计划和工作分配。③收集相关资料。④评估资料可用性及对资料进行必要的摘要。⑤各种不同资料间的调整，衔接及融会贯通。⑥写出调查报告。

一、确定市场调查的目的

在确定市场调查的目的阶段，调查机构与委托方应进行深入沟通之后，双方对于调查目的、调查内容涵盖范围，必须达成一致，以避免日后调查结果的不适用。

在双方洽谈之初，市场研究人员可能缺乏对该企业和他所处行业的有关知识的了解，为使调查目标圆满完成，市场研究人员应主动要求企业提供必要的资料和协助。必要时，应主动要求对方指定业务联络人，以协助调查时突发事件的处理。

同时，市场研究人员应该自我严格要求，努力掌握相关行业的基本常识，充实自己，并将所设计的调查方案与相关人员沟通，借助他人客观地评价，以证明有关概念正确，并补充遗漏项目。只有这样，才能根据调查方案做深入的文案调查，得到有内涵、有价值的结果和报告。

文案调查的范围归纳起来有如下几个方面的内容：

（一）宏观环境及行业状况研究

（1）经济环境变动情况分析。

（2）技术进步导致市场机会或威胁的增加研究。

（3）国家政策、法律的变化。

（4）行业政策的变化。

（二）市场研究

（1）市场潜在容量分析。

（2）目标市场特征调查。

（3）市场竞争情况调查。

（4）消费者购买行为研究。

（三）企业营销策略评估

（1）产品研究。

（2）产品定价研究。

（3）分销渠道研究。

（4）商品促销研究及广告研究。

（四）其他

（1）对未来市场的预测。

（2）产品可能进入的新市场的探讨。

（3）其他相关事项。

在实际操作中，应以企业的实际需要为依据，决定资料收集的具体范围。

二、拟订详细市场调查方案及相关人员培训计划和工作分配

在市场调查中，有描述性调查和验证假设问题的调查两种情况。但在文案调查时，以描述性调查为主，对验证假设问题的调查很少涉及。市场调查方案涉及的内容是：

（1）详细列出各种调查目标并按优先级排列。

（2）详细列出各种可能使用的资料及其来源。

（3）详细列出各类调查人员名单及应具备的素质、知识及能力。

（4）详细日程安排及最后完成期限的制定：为能按时完成调查任务，必须妥善安排日程。通常使用方法有二：一是甘特图；二是 PERT 流程图。

（5）调查成本的估算与控制。

（6）调查人员的培训和工作分配。

三、收集相关资料

收集相关资料阶段的主要工作如下：

（一）寻找可供利用的资料及档案

从各种可能的资料来源，依照索引寻找可供利用资料及档案。

收集资料的基本方法如下：①从一般性相关资料的收集，逐步延伸至专门性资料的收集。②先求相关资料数量充足，再求品质完美。

（二）获取资料的方法

在获取资料时，主要有以下一些比较实用的方法：

1. 查找法

查找法是获取第二手资料的基本方法。从操作的次序看，首先要注意从企业内部查找，一般来说，从自身的信息资料库中查找最为快速方便。其次，还可到企业外部查找。查找时，可通过阅读文献目录、参考文献、检索工具等来进行。

2. 索取法

很多情况下，市场调查人员需向有关机构直接索取某方面的情报。在索取资料时，应注意以下几个方面的事项：①营造良好企业形象。②清楚地说明需要资料的缘由及资料类别。③函索数量适可而止。

3. 收听法

用人工、录音、传真等方法收听广播及新兴的多媒体传播系统中播放的各种政策法规和经济信息。

4. 询问法

可通过电话向企业内部相关部门查询某些业务数据。

5. 购买法

可从专业咨询机构、行业协会、信息中心等单位团体购买定期或不定期出版的市场行情资料和市场分析报告等。

6. 委托法

可委托专业市场研究公司收集和提供企业产品营销诊断资料等。

在资料收集中要努力提高自己的检索能力。有经验的收集人员会先从报纸、杂志得知情报，然后向情报处验证其正确性，并进一步获得更详细、更深入的情报，并对所收集情报做笔记，记录下新发现或意见。

四、评估资料可用性并对资料进行必要的摘要

（一）过滤资料目的及原则

1. 目的

（1）排除不可靠的资料及不必要的资料。

（2）将资料整理成一致的形式，以便进一步分析之用。

2. 原则

（1）真实性。要求调查者细心阅读资料内容，注意发现资料中隐藏的错误、夸张及曲解，避免资料的失真。

（2）原始性。各种资料中必然引用了一些外来资料，这些资料可能片面，如报纸的市场资料可能是经记者摘要得来的，并经过多次转载和引用。针对这些引用的资料，一定要寻找原始的资料文件和相关的参考书籍。这样可以对这些外来资料有更全面的认识和把握。

（二）评估资料的可用性

在评估各类资料的可用性时，应遵循的资料取舍标准及原则如下：

1. 切题性

文案资料必须是为调查目的服务的，否则应该过滤掉。

2. 准确性

文案资料所提供信息要求准确，避免资料内容的夸张及歪曲。

3. 专题性

使用的文案资料必须有一定深度和实质内容。

4. 时间性

所收集的文案资料的制作完成时间应是最近的。时间越近，价值越大；时间久远，对现在的问题来说，可能没有太大现实意义，应该予以淘汰。

5. 效益性

收集资料花费时间太久或费用太高，从价值分析看，价值不大，应该予以淘汰。

经过过滤评估后的资料加以重点摘要之后，资料已进入可以使用的状态。

五、各种不同资料间的调整、衔接及融会贯通

（一）整理过程中应注意的事项

文案调查所收集的各种资料从时间上看可能有间断，此时调查研究人员应该运用相关知识和经验，对资料进行判断，并加以调整，衔接及融会贯通。为此，应注意以下几个方面的问题：

（1）在资料的整理过程中，将用不同计算单位得到的资料统一口径，转换为标准单位。

（2）从理论上对调查资料做逻辑性分析，将所收集的数据有机地重新编排和组合，成为新的可用的资料。

（3）经整理后的资料不可孤立的分析和运用，必须经过比较分析和相互衔接，才能用来发现事物的发展、变化的规律。

（4）将整理后的数字转化成统计图表，并做必要的系统分析和解释，使阅读者能容易地阅读和掌握事实情况。

（5）详细检查资料是否周详严谨。

（二）常用的衔接与融会贯通方法

在进行资料的衔接与融会贯通时，通常运用的方法有以下几种：

1. 综合法

综合法是把众多的现成资料按照特定的市场营销目的汇集起来，用以反映某一地区或某一产品的供需情况及其发展变化趋势的一种系统集合方法。综合

法按照事件发生的时空范围有横向综合和纵向综合。横向综合着重同类事物相同时间、不同空间的集合；而纵向综合着重同一事件相同空间发生发展的历史进程。从综合的深度看，有浅度综合和深度综合。数据、观点的归纳与整理属于浅度综合；融合各方面情报为一体，使之发生质的飞跃，则属于深度综合。应用综合法要注意信息收集的全面、系统、深入，使情报不仅停留在简单的资料汇集上，还应尽量实现由低层次向高层次综合的飞跃。

2. 碰撞法

在一定条件下，物与物之间的相互作用，其结果往往不是二者的简单相加，而是产生一种化学反应，形成新的物质。信息与信息之间的碰撞结合，也常常不是各原始信息的简单叠加，而是它们之间的创造性结合，形成高层次的信息。但是，运用碰撞法时要注意遵循一定的原则。

（1）相关性原则：即参加碰撞的现成资料的信息必须具有一定的相关关系。

（2）针对性原则：即把需要解决的问题作为信息碰撞的焦点。

（3）选优原则：通过经济技术分析，对碰撞产生的各种新的信息进行评价，择优使用。

3. 推导法

推导法是根据事物发展的规律性，对已知信息进行科学判断和逻辑推理而得出新的有实用价值信息的方法。在现实生活中，事物发展总是呈现一定的规律性和有序性，信息工作者只要细心观察，善于推导，就能将现成信息加以利用。

六、写出调查报告

（一）调查报告撰写的要求

将融合整理后的资料，写成调查报告时，有以下要求：

（1）结论依重要程度顺序排列。

（2）报告内容应力求简明且与题目有关，避免行话及不必要的修饰词汇。

（3）仔细核对全部有关数字及统计资料，务必准确。

（4）在做出结论的时候，应注意检查：是否考虑了一切有关的实际情况及调查资料？结论是否符合一般情理？立场是否公正、客观？是否前后一致？是否严谨、细腻？

（二）调查报告撰写的注意事项

收集的文案调查资料不可能完全实现当前所要调查的目标，因此调查报告的结论不可苛求十全十美。但在撰写调查报告中，应避免的事项是：①过分自信。②过于保守，使结论显得苍白无力。③报喜不报忧。④过于琐碎，只见树木不见森林。⑤使用难懂的文字和词汇。⑥缺乏主见。⑦书写格式及内容潦草。

（三）书面调查报告的结构

文案调查书面报告的结构通常为：

1. 题目

包括市场调查题目、报告日期、为谁制作、撰写人。

2. 调查目的

简洁说明调查动机、调查要点及所要解答的问题。

3. 调查结论

（1）对调查目的的贡献。

（2）调查问题的解答。

（3）可行性建议的提供。

（4）调查的重大发现及建议。

4. 附录

包括资料来源、使用的统计方法等。

（四）必要时，由市场调查项目组长提出口头报告

在作口头报告时，应注意的问题是：

（1）内容简洁扼要，抓住重点，有效地传达调查发现及建议。

（2）尽量使用浅显语言传达信息或以行业通用语言为准。

（3）语调热诚。

（4）运用活泼简洁的动态数据。

（5）热心讲解并澄清可能误解。

（6）鼓励质询，并做充分沟通。

七、后期追踪

市场调查项目组长在报告递送给委托方后，应继续与委托方作必要的接触，了解报告被采用的程度和采用后产生的实际成果；如委托方对报告内容有不明白之处，应做详细解说，从旁协助计划执行人员进行建议的采纳和实施等工作。

思考题：

1. 为什么企业要建立内部营销数据库？列举几种该数据库应包含的信息以及这些信息的来源。

2. 二手资料与原始资料相比较，其优点和缺点是什么？

3. 利用互联网收集关于智能手机市场的信息，整理并写成一个报告。

4. 从一个二手数据来源里获取任意一年某一行业整个行业的总销售额和该行业内一些主要公司各自的销售额，然后计算出每个大公司的市场份额。利用另一个二手数据来源得出这些公司各自的市场份额。从这两个不同来源得出的数据有差异吗？如果有，为什么会有？

5. 访问某家公司的网站，假设这家公司面临的管理决策问题是扩大它的市场份额，从这家公司的网站和其他互联网来源获取尽可能多的有关这个问题的二手资料。

6. 找找你所在的省的啤酒销售数据，时间越近越好。计算该地区的人均啤酒消费量，并与全国人均消费量水平进行对比。造成差异的原因有哪些？

案例3-1 巴克利食品公司

巴克利食品公司（Barkley Foods）的营销经理乔伊斯·斯蒂文森（Joyce Stevenson）刚刚结束一次与公司总裁的紧急会面。公司面临一个很好的机会：

可以购买一条现成的、优质、高价的冷冻晚餐食品产品线。因为还有其他有兴趣的买主，所以公司必须在三四周时间内做出是否购买的决定。这取决于对优质、高价冷冻晚餐食品市场的前景和巴克利公司未来是否能够取得竞争优势的判断。公司要求营销调研小组在 10 天内提交上尽可能有用的信息。乔伊斯很高兴接受这个挑战。由于乔伊斯以前曾做过冷冻果汁的业务，所以，她对优质、高价冷冻食品的市场颇有些了解。这一市场最初是 1981 年由斯道佛（Stouffer）开拓出来的，那一年他推出了一条利恩美食（Lean Cuisine）的产品线。从那时起，其他公司便开始带着各自完整的优质、高价晚餐食品产品线进入这块市场，如斯万森（Swanson）的"菜单"（Le Menu）系列和爱默（Armour）的"经典晚餐"（Dinner Classics）系列。这些市场可以继续分为一些子市场，包括不同菜式的子市场、各种正餐的子市场，以及传统食品、某些种族特有食品（如 Benihana Restaurant Classics）和低卡路里（如 Weight Watchers 和 Light & Elegant）三大类食品各自的子市场。乔伊斯假设，购买优质高价冷冻食品的人与传统购买"电视晚餐"的人在几个方面都有差别。优质、高价冷冻食品的购买者通常都比较年轻，社会经济地位较高，更注重健康，可能是上班的女性和其他想吃要求厨艺较高的晚餐、自己却又没有时间做的人。

巴克利食品公司生产多种多样的食品，年销售额为 23 亿美元。其销售额的 80%以上都来自在全国各地食品店的销售网络。公司最大的产品领域是罐装西红柿产品、冷冻橙汁、糕饼混合粉和酸奶。巴克利公司的知名强项是生产作业（厨艺）、分销（获取分销力量和管理货架空间）和广告。它们的品牌通常在超级市场上稳稳地占据着第二名的位置。公司没有采用统一品牌标识，每个产品领域都有自己的品牌名。乔伊斯·斯蒂文森以前从事过战略规划的工作，她开始回想支持这样一个战略决策需要哪些类型的信息和分析。她列出了下面四个方面的问题，以便于调研小组收集信息：

一、市场分析

（1）该行业的规模、现有增长率、未来 5 年或 10 年间可预测的增长率。

（2）关键的行业发展趋势。

（3）新的生产技术。

（4）分销配送方面有什么新趋势？

（5）现在和未来取得成功的主要因素，是某种具有竞争力的技能还是成功开展竞争必需的某种资产？

二、环境分析

（1）哪些人口统计特征、文化因素、经济因素或政策会带来机会或威胁？

（2）能够设想到的未来环境会变成什么样（讲述未来可信的故事）？

三、顾客分析

（1）主要的细分市场有哪些？

（2）各有哪些动机和尚未得到满足的需求？

四、竞争者分析

（1）现有竞争者和潜在竞争者是谁？

（2）现在或预测的销售额、市场份额和利润各是多少？

（3）各有哪些优势和劣势？

（4）采用什么样的战略，怎样在市场上实现差异化？

问题：

（1）哪些二手数据来源可能会有用？这些来源能回答哪个类型的问题？

（2）从图书馆里找出一些有用、切题的信息。你是怎么找到的？

（3）你会使用哪些其他方法来收集信息？

第四章 定性调查法

第一节 专题组座谈

一、专题组座谈的概念

专题组座谈（Focus Group Interviewing），是指邀请符合调研目的受访者，以小组的形式在主持人的主持下针对某些特定问题一起展开讨论，以获得必要信息的过程。其主要特点是：①由主持人主持的一对众的交谈。②专题组座谈是调查公司经过精心组织的。③受访者要针对调查提纲的问题来讨论。它既不像深度访谈那样可以自由畅谈，也不是按标准问卷的提问来回答。

二、专题组座谈的操作步骤

专题组座谈虽然样本量较少，但在组织和实施上也必须按一定的步骤进行操作，主要步骤如下：

（一）准备阶段

1. 通过与委托方交谈，了解委托方所面临的问题或需要解决的问题，确定访谈的目标和要求，并制订访谈的实施方案

该方案是整个项目操作的总纲，以此来全面考虑访谈的组织和管理，构筑整个专题组座谈的总体框架。如某调查公司受委托方的委托，调查"智能手机购买行为的影响因素调研"，在了解了委托方的调研目的后，调查公司进行了调研问题的界定，经过分析，确定了重点调查的几个方面：

（1）为什么有手机需求，带来的利益是什么。

（2）主要的信息来源是什么。

（3）评价方案是什么。

（4）购买此品牌手机的动机是什么。如果不买这个品牌会怎么样。

（5）购买后是否满意。

（6）影响手机购买的主要因素有哪些。

（7）还有什么潜在需求没被满足。要是能怎样就更好了。

（8）下次还会购买这个品牌的手机吗。

（9）对自己的品牌和对其他品牌的印象：什么人会买什么手机。

针对这些问题，组织四场专题组座谈。

2. 选取并邀请参加专题组座谈的成员

比较常见的选取参加专题组座谈成员的方法是在路上拦截行人或随机选择一些电话号码。原则上采取了一般调查中常用的甄别方法，即参与者及家人均没有在手机生产厂家工作的；没有从事手机销售的；没有在市场调查机构、广告公司、电台等部门工作的，以免有"专家"行为的不良影响。同时小组参加人员避免是朋友、亲戚或同事关系，因为这种从熟人开始的讨论会抑制小组间的自发性，影响交谈的质量。

实际选取过程中寻找那些有共同背景或相似购买经历的人，其构成性别相同，年龄以及其他某些特征大致相仿。目的是减少小组成员在调研目标无关话题上的冲突，减少与会者在感觉、经历和口头表达技巧方面的差异。

一场专题组座谈的成员以 8 人左右最为适宜。因为座谈会的时间一般控制在 2 个小时以内。如果超过 8 位成员，那么成员就没有足够的时间来阐述自己的观点。另外，为了确保足够的人数，防止邀请的与会者因故不能参加，可以多邀请 1~2 人。而一个调查项目总共需要组织几场专题组座谈，与调查项目的难易程度、主持人了解与会者的观点和想法的程度以及与会者的生活经历差异大小有关。

3. 聘请主持人

专题组座谈的主持人相当关键，专题组座谈能否顺利、能否成功，主持人起着举足轻重的作用。因此，主持人应该受过专题组座谈技巧的训练。优秀的主持人能积极引导特定的参与者围绕着调查项目发言，能够营造出气氛令参与者畅所欲言，但又不使讨论话题偏离主题。对主持人关键能力的要求如下：

（1）具有较强的组织、协调和语言表达能力。

（2）能够鼓励并激起成员强烈的个人参与，并具有良好的倾听技巧。

（3）思维敏捷，有较强的应变能力。主持人必须能够在小组讨论出现偏离时修改原定提纲，并当即拟订新的提纲。

（4）对待事物能分清主次，抓住重点，合理掌握时间进度。

4. 会场布置

专题组座谈一般安排在会议室，桌椅的设置使与会者彼此能够相互看得见，一般是圆桌或椭圆形桌比较合适。会议室设有隐蔽式麦克风，声音的传送设备连接到隔壁的观察室。会议室室内安装隔音设备，采取单面镜（One Side Mirror），会议室的一方看不到观察室，而观察室的亮度略低于会议室，同时还装有录音或摄像设备，使客户及调查人员在观察室可以清楚地看到会议室的一举移动，会议记录人员也在观察室内做相关的会议记录。

（二）专题组座谈的实施过程

1. 热身

在参与人员到来后，确定具体参与人员的名单。在专题组座谈开始之前就要先布置好场地各项设施，并向参与者解释为了避免干扰，请关掉手机等通信设备。专题组座谈开始时首先是主持人的自我介绍，之后让每个与会者做简单的自我介绍。经过介绍，使与会者之间有所了解，消除陌生感，让会议的气氛活跃起来。

2. 会议要求说明

当自我介绍完毕，主持人把此次专题组座谈的目的清楚地传达给参与者，把活动的规则解释清楚。如每人发言的时间规定；别人发言结束之前，不要插话，自己如果有了想法怕遗忘，可以先记录下来；讨论的问题没有对错之分；所谈内容仅作为分析之用等。在此，主持人应融入到参与者中，让参与者把主持人当作既是组织者，又是可以随便交谈的朋友，但不是行家。如果主持人被认为是一个专家的话，参与者就会受到影响，认为自己对问题的看法可能会显得很肤浅，因而对于产品和服务的建议和看法会有所顾忌，可能就达不到预期的调查目的。

3. 问题讨论

在讨论问题时，主持人要善于把握讨论范围与进度，要不断地调整参与者的发言次数，力求每个人发言次数的均衡，并保证所讨论话题与调研目的有关。如果焦点访谈法的时间控制在 100~130 分钟，开始还需要 8~10 分钟用于介绍和解释，剩下的 90~120 分钟又将有近 1/4 的时间由主持人支配，针对 8 个参与者，每个人仅有 10 分钟的发言时间。在讨论过程中，有些参与者滔滔不绝，发言异常踊跃，这就很容易产生偏题，主持人要尽快不动声色地重新提起主题，使讨论回到主题上来。对于一些情绪较紧张的参与者，应理解他们的心情和处境，让他们在别人发言后回答，缓解一下紧张情绪，使他们尽快融入团体。主持人在专题组座谈的整个过程中，对参与者所发言的要点要进行记录，会议即将结束时主持人最后简要地概括一下所讨论的内容，并对参与者表示谢意，发放礼物，结束现场专题组座谈。

（三）撰写小组焦点访谈报告

专题组座谈完成后，主持人进一步完成专题组座谈的记录及即时报告；会议记录员通过反复倾听专题组座谈保留的录像带子，整理出完整的会议记录；专家组与主持人通过反复观看录像带，即时报告及会议记录等相关资料，进行反复考究，在此基础上形成专题组座谈的报告。

三、专题组座谈的优缺点

（一）优点

专题组座谈的优点主要表现在以下几个方面：

1. 产生"群体动力"（Group Dynamics）作用

与会者集中在一起，可以相互启发，集思广益，一个人的想法可以启发其他人对相关问题的看法，产生连锁反应。这是一对一访谈无法实现的。对于产品开发、产品设计、包装设计、广告设计等调查中产生新的观点、新的思想、新的创意等尤其有用。

2. 费用低

与定量调查相比较，因为参加的人数比较少，可以节省人力、财力和物力。

3. 时间短

与个别深度焦点访谈相比，由于同一时间内访问了多个被调查者，因此，可以在比较短的时间内完成调研任务。

4. 可以在单面镜后观察被调查者

这是了解消费者内心深处的动机和感觉的最有效的方法。客户的产品经理、产品设计人员等坐在单面镜后面，亲眼观察被调查者对于各种观念的反应，亲耳听到被调查者用他们的语言详尽地讨论生产商和竞争对手的产品，而不是阅读打印出来的枯燥的数字和报表等。

（二）缺点

专题组座谈的缺点也比较突出，主要表现在以下几个方面：

1. 缺乏代表性

抽样人数少、可能会产生比较大的误差。因此不能把专题组座谈的结果当作是决策的唯一依据。如果将专题组座谈的结果认为是结论性的，而不是探索性的，则这种方法就被误用了。

2. 数据凌乱

由于专题组座谈是与会者自由发言，没有规定的回答项目，因而所得资料用来分析和解释就较困难。

3. 专题组座谈对主持人的要求很高

由于是一对多的访谈形式，而不是一对一的访谈，就要求主持人具有丰富的经验，有较强的组织能力和控制会场能力。调查结果的质量在很大程度上取决于主持人的技巧。

四、联机专题组座谈

联机专题组座谈或称计算机专题组座谈由于不受地域限制（不需要被调查者集中到一个地点参加座谈，这种方法被大多数被调查者所认同）、大大节省费用、可以收集到一些特定人群的样本、便于委托人观察和沟通等优点，使之成为专题组座谈的一个发展方向。其主要类别有：同步在线小组座谈、电子公告牌座谈（非同步小组）、网络社区座谈、视频专题组座谈。

对同步在线小组的调查，由调研机构通过其万维网站建立一个受访者数据库。当客户要求某一特定的专题组座谈时，调研公司搜索它的数据库，找出符合要求的个人。然后向他们发电子邮件，要求他们在一个特定的时间登录一个特定的网站，并向他们支付报酬。像通常的专题组座谈一样，编制讨论指南。主持人通过在网络上输入问题（问题用特殊的颜色标记出来）来控制整个小组。整个小组是在一种聊天风格的环境进行的，这样所有参与者都能看到所有的提问和所有的答案。整个过程中文本资料都被完整地保存起来，可以在整个会议过程结束后反复阅读。

电子公告牌是一种借助网络媒介的优势形成的新式定性调查方式。每天小组中都会发布一些问题，参与者有一整天的时间来给予答复。这种座谈通常历时两三天。主持人负责整理当天的记录。第二天要发布的问题可以随着参与者的反应做出调整。进一步的问题可以单独发给几个参与者。

网络社区是由一组精心挑选的消费者组成的。他们同意与某个公司进行持续的对话，定期回答公司发布的问题。通过网络社区，公司可以创建能自由对话的论坛，培养顾客积极参与论坛并形成情感黏性。公司通过网络社区发现一些创新的思路和想法。

视频专题组座谈的参与者首先要登录一个网页，形成一个小组。在这个小组里他们可以看到彼此，也可以听到对方讲话。在进行座谈时，如同在现场讨论一样，问题和回答均以实时的方式出现。参与者能随时发表意见，语言的或者文字的都可以。而主持人也可以像传统模式一样对讨论的方向给予指引。

第二节　深度访谈法

一、深度访谈的概念

深度访谈（Depth Interview）类似记者采访，是指事先不拟定问卷、访问提纲或访问的标准程序，由访问员与受访者就某些问题自由交谈，或半控制交谈，从交谈中获得信息的资料收集方法。在访谈中，只要是针对访问员感兴趣的主题，被访者都可以自由地发表见解和回答问题，而不管访问员需要的是什么。

这种访谈的成功取决于调查人员的几方面能力：一是一开始就建立一种轻松与友好的关系；二是在不引起回答偏见的情况下，对某些回答进行进一步探询的能力；三是把离题的情形回转到主题范围的能力。这种访谈可以长达两个小时。为了不破坏交谈的气氛，一般不在交谈时大量做笔记。当然适当地做一些要点记录，是很有必要的，因为这样做会使受访者感觉到自己的见解受到重视。为了给资料整理时带来方便，在受访者同意的情况下，可以录下交谈的内容。

二、深度访谈的提问方法

目前深度访谈的提问方法用得比较多的是以下三种：梯式提问、隐蔽式提问和象征性分析。

（一）梯式提问（Laddering）

当调查消费者的消费潜在动机时，研究人员不仅仅想得到"价廉物美"这样的简单回答，而是更想了解消费者的主观世界，了解消费者购买决策的潜在心理和情绪原因的时候，在最初的问题之后再问为什么，通过爬梯子，发现每个属性及其结果和背后的动机，最后找到真正的购买原因，产生对营销者更加有用的信息。梯式提问要求对访问员进行追问技术方面的培训。

如：问题：你喜欢什么颜色的手机？

　　回答：我只喜欢红色的。

　　追问：你为什么只喜欢红色的？

　　回答：因为我这个星座的幸运色是红色。

（二）隐蔽式提问（Hidden Issue Questioning）

隐蔽式提问的目的是让被访者说出对敏感问题的真实想法。当调查消费者的个人梦想、工作憧憬和社会生活等的态度的时候，特别强调是被访者个人最关注的方面，并让其用一些关键词描述出来。这些关键词对企业今后的广告策划活动至关重要。

（三）象征性分析（Symbolic Analysis）

象征性分析是通过反面比较来分析对象的含义。要想知道"是什么"，先想法知道"不是什么"。如为了了解消费者行为，调查人员可以通过了解行为的相反方面的情况来分析消费行为的象征性意义。所提的问题如："如果你不买诺基亚品牌的手机，将会怎样？"

以上三种提问所得到的答案是企业进行广告创意时很好的素材。

三、个别深度访谈法的优缺点

（一）优点

1. 信息比较丰富

由于深度访谈没有权威人士在场，也不受群体的影响，而且是无结构的访问，没有回答项目，所以可以对某些问题作深入的探讨并可以获得意外的、丰富的资料。

2. 所获资料可信

深度访谈消除了群体压力，一对一的访谈使调查对象觉得更受重视，更能如实地、自由地表达观点。

3. 信息来源明确

深度访谈中记录的答案与调查对象是直接对应的，而在专题组座谈中，很难确定是哪一个调查对象做出了某一特定的答案。

在一些情况下，深度访谈法可能是唯一可行的办法。如很难组织相互竞争的百货公司或餐馆的经理对有关话题（价格）进行专题组座谈。

（二）缺点

（1）深度访谈法通常比焦点小组访谈法成本高。尤其是当调查对象很多，有关人员没有更多时间像听专题组座谈一样来听深度访谈。

（2）深度访谈法无法利用"群体动力"的作用来刺激调查对象的反应。

（3）对主场人的素质、访问技巧要求较高。对主持人来说，深度访谈是很消耗体力的。

（4）样本量小，可能引起的误差较大。

（5）访问所得资料难以分析和解释。

四、深度访谈法的应用

深度访谈适合了解一些复杂和抽象的问题。因为这类问题难以用三言两语说清楚，只有通过自由交谈才可以深入了解。如需要获得以下信息时，就可以考虑用深度访谈：①对调查对象的细节追问。②对于敏感性问题的讨论。③对于复杂行为的更详细的理解。④访谈专业人士。⑤访谈竞争对手。⑥产品消费经历是感性的。

第三节　德尔菲法

一、德尔菲法（Delphi Method）概述

德尔菲是古希腊的一座城市，因阿婆罗神殿而驰名，由于阿婆罗有着高超

的预测未来的能力，故德尔菲就成了"预言"的代名词。德尔菲法是在 20 世纪 60 年代由美国兰德公司首创和使用的一种特殊的调查方法。它是采用征询意见表，利用通信方式，向一个专家小组进行调查，将专家小组的判断加以集中。一般咨询专家意要反复 3~5 次及以上，每次收到的信息都要做统一处理。德尔菲法与专家会议法相比较，主要区别在于：用背对背的判断来代替面对面的判断，专家之间都不知道谁是谁。在我国有些公司运用德尔菲法时经常存在的问题：一是没有做来回往返的信息沟通，一次性拍板；二是不能根据调查目的来选取相关领域的专家等。

二、德尔菲法的实施步骤

德尔菲法的实施步骤一共分为四步：

（一）制定意见征询表

在制定意见征询表时应该注意以下几个要点：

（1）征询的问题要简单、明确、让人能给予答复。

（2）所问问题数量不能太多。

（3）问题内容尽量接近专家熟悉的领域，以便充分利用专家的经验。

（4）意见征询表中提供较齐全的背景材料（包括企业自身的销售努力程度、竞争企业的销售努力程度、顾客的收入水平以及消费趋势、本行业的发展趋势、国民经济运行状态等），供专家做判断的参考。

（二）选定要征询的专家

在选定专家时要注意以下几个问题：

（1）所选专家必须精通业务，熟悉市场情况，具有预见性和分析能力。

（2）人数不能过多也不能过少，要根据话题大小和涉及面的宽窄来定，一般大话题以 20 人左右比较合适，小的 5 人左右合适。

（3）专家之间不能发生关系，有关话题情况由调查机构用通信的方式来联系。

（三）轮回反复征询专家意见

将第一轮经过汇总的专家意见与将要调查的新意见和要求寄给专家，要求专家再提供意见和见解，轮回的次数一般是 3~5 次。征询的间隔时间一般是 7~10 天。这样可以使专家有整理资料和思考的时间。

（四）做出调查的结论

专家的意见几经反馈后，通常对所讨论的问题意见渐趋一致。所以，将最后一次专家的意见汇总整理，形成最终的调查结果。

三、德尔菲法的优点和缺点

（一）优点

1. 匿名性

在每一轮的征询中，专家们都必须匿名地发表自己的意见，这样可以避免有的专家因为迷信权威或摄于权威不敢随便发表自己的看法的现象，也可以避免有的专家因为要面子而固执己见，给专家创造了一个平等自由和充分发表意见的氛围。

2. 反馈性

采用德尔菲法，在调查过程中要进行多次反馈，经过统计处理来集思广益，并对不同的意见加以修正，这样有助于提高调查质量，保证调查所收集资料的全面性和可靠性。

3. 具有对调查结果定量处理的特性

如果是小组预测新产品的销售量，那么就要给出中间值。

（二）缺点

（1）调查结果主要凭专家判断，缺乏客观标准，故这种方法主要适合历史资料缺乏或未来不确定因素较多的场合。

（2）有些专家可能做出趋近中位数或算术平均数的结论。所以为了避免这种情况的产生，有时候在第二轮征询时，只告诉各专家前一轮征询后得到的极差值。

（3）由于反馈次数较多，反馈所花时间较长，在此期间可能有些专家会中途退出，从而影响调查的准确性。

第四节　投射法

投射法（Projective Test）的目的是探究隐藏在表面反应下的真实心理，通过此方法降低被调查者的心理防御，使被调查者在无意中泄露他们的真实情感、态度或动机。典型的案例是在 20 世纪 40 年代的美国，那时候人们不购买速溶咖啡。一般的调查都显示，人们认为速溶咖啡的味道不如现煮的咖啡。后来，厂家委托调查机构开展了一项投射法的定性调查。结果显示，调查对象将买速溶咖啡的家庭主妇写成是邋遢、懒惰、生活没有品位的人。这说明人们说出来的观点和心里的想法有很大的出入。投射法有如下几种常用方法：

一、字词联想法（Word Association Tests）

字词联想法，是给被调查者一组意义无关的词汇（测试词汇），每次一个，要求被调查者说出浮现在脑海里的第一个词。通过对反应词以及反应时间的分析，了解被调查者对测试词汇的印象、态度和需求。

（一）字词联想法分类

字词联想法包括：自由联想法、控制联想法、连续联想法等。

1. 自由联想法

自由联想法，是指让被调查者自然、任意地说出联想到的词。如给消费者看一款手机，让被调查者写出他联想到的词。

2. 控制联想法

控制联想法，是指让被调查者说出某种要求联想到的词。如看到"手机"

一词，让被调查者说出联想到的品牌名称，如"诺基亚"、"苹果"、"小米"等。

3. 连续联想法

连续联想法，是指让被调查者说出第一个联想词之后，连续说出第二、第三个联想词。如说出"手机"一词后，被调查者连续想到三个词等。

（二）字词联想法应用

字词联想法可用于产品的消费动机和偏好调查。如"牙膏"一词，如果被调查者迅速联想到"洁白"，可能说明被调查者对牙膏的"洁白"作用很看重；如果迅速联想到"高露洁"，说明被调查者比较偏好"高露洁"品牌的牙膏。

字词联想法也可用于对企业形象和品牌形象的调查。如给被调查者呈现"海尔"二字，被调查者可能联想到"空调"、"名牌"、"上市公司"等印象。

字词联想法还可以用于商品名称、企业名称的命名调查。企业和商品的名称要使人容易产生一些有利的联想，使人容易想起该企业的性质、商品的用途等。通过被调查者的联想，调查者判断哪些名词更适合商品或企业。

这种方法的假设是：联想可以让调查对象揭示他们对于有关主题的内在感受。对答案的分析是通过以下计算进行的：①任何一词作为答案的频率。②给出答案之前的反应时间。③在一段合理的时间内，对测试词根本没有反应的调查对象的数量。

二、句子完成法（Sentence Completion）

句子完成法是指将未完成的句子呈现给被调查者，由他们将未完成的句子完成。依据被调查者所填的内容来推断其情感、态度以及内心的冲突。如：

手机不是＿＿＿＿＿＿＿＿＿＿＿＿＿＿＿＿＿＿＿＿。

来赛特奥特莱斯购物的人是＿＿＿＿＿＿＿＿＿＿。

当我想去百货商店购物时，＿＿＿＿＿＿＿＿＿。

三、故事构建（Story Construction）

故事构建指由调查人员向被调查者提供有头有尾的文章，由被调查者按自己的意愿完成，使之成篇，借以分析被调查者的隐秘动机。如：

一个朋友对我说，前几天她在市场上看到一种新款服装，设计、做工、面料都很好，只是价格贵了一点。朋友当时出于价格方面的考虑没有买，朋友总结说，价格贵的东西不好卖。我说，＿＿＿＿＿＿＿＿＿＿＿＿＿＿＿＿＿＿。

四、卡通测验（Cartoon Tests）

卡通测验是指调查人员给出图画，其中的一个人说一句话，由被调查者以另外一个人的身份完成图中的对话，从而了解被调查者的想法。

美国学者史密斯曾用此方法调查女士对男士吸烟的看法和态度。卡通图上是一个男士下班回家后对妻子说："我决定吸烟了！"

五、照片分类（Photo Sorts）

照片分类技术是美国最大的广告公司之一 BBDO Worldwide 开发的一种投射法。具体做法是显示给被调查者一些照片，内容从商务经理到大学生的各种各样的人，让受试者将人与品牌联系起来，即让他们判断什么样人使用该品牌。

六、消费者画画（Consumer Drawings）

消费者画画是让被调查者画出他们对某一特定物体的印象，从而判断被试者内心的感受的方法。

思考题：

1. 简述定性调查与定量调查的主要区别。

2. 简述专题组座谈的优、缺点。

3. 简述专题组座谈的操作步骤。

4. 举例说明专题组座谈在什么情况下被误用。

5. 简述深度访谈法的优、缺点。

6. 什么是投射法？投射法有几种方法？

7. 从结构化程度、对调查对象的追问程度、主持人的偏见、解释的偏见、对潜意识信息的揭示程度、对创新信息的挖掘程度、对敏感信息的获得、与众不同的行为、提问、整体的有用性等几个方面来列表比较专题组座谈、深度访谈与投射法。

8. 举一个字词联想法特别有用的例子。

9. 简述德尔菲法的实施步骤。

10. 全班计划在最近组织一次郊外活动，将全班分成一个 4 人组设计讨论提纲和一个 8 人组作为座谈会的成员，还有一个人作为小组座谈会的主持人。班上其他学生作为观察者。讨论至少 1 个半小时，主持人将讨论结果以书面报告的方式提交。

11. 简述同步在线小组座谈与电子公告牌（非同步小组）座谈的区别。

案例 4-1 品牌形象调查

营销时代的市场竞争正越来越体现为品牌的竞争。消费者心目中的品牌形象塑造，正如联合利华前董事长 Michael Perry 所说，"如同鸟儿筑巢一样，用随手摘取的稻草杂物建造而成"。进行品牌形象调查，即通过市场分析工具，在解析不同消费者的品牌印象的基础上，勾勒出某一品牌的特有气质，从而为品牌资产的管理者提供决策依据。

为了深入了解品牌的使用者形象，了解品牌的个性，把品牌看作一个人，认为其具有人的性格和特点，这种思想最早来源于咖啡先生（Mr. Coffee）的定性调查。今天 RI 把品牌个性分为五大类，即真诚（Sincerity）、兴奋（Exciting）、能力（Reliable）、成熟（Mature）和粗犷（Rugged）。拟人化练习让消费者想象品牌如果是一个人，他的人口统计特征、他的爱好、价值观和个性等。

但是需要强调的是，企业要了解其品牌形象，还应重点了解其组织形象，主要使用的方法是参观工厂。如让消费者从企业的设备、现代化程度、企业的职员、管理风格、决策机制等方面进行充分想象。当然还可通过人们对企业经营者形象的拟人化描述，从另一个角度了解品牌的组织形象。

除了调查品牌形象的现状以外，还可以进一步了解品牌形象特性中哪些特性对于消费者是重要的、哪些是不重要的，并通过品牌在这些品牌特性上的表现的对比，寻找品牌的优势与弱势。主要的调查方法是通过品牌表现（Performance）与重要性（Importance）对比的象限分析，判断哪些品牌特性因素对于品牌而言是关键优势，哪些是次要优势，哪些是关键改进点。

问题：

（1）根据以上所介绍的内容，拟定针对小米智能手机的品牌形象的专题组座谈的提纲，并组织一次座谈。

（2）针对访谈的结果，说明如果小米手机品牌是一个人，他的人口统计特征、他的爱好、价值观和个性是什么？企业经营者形象是什么样子的？品牌的优势与弱势是什么？哪些品牌特性因素对于品牌而言是关键优势，哪些是次要优势，哪些是关键改进点等。

第五章　询问调查法

询问调查是指调查人员向调查对象发放一个结构化的调查问卷，通过询问的方式获取特定信息的过程。常见的询问式调查方法有入户访谈、拦截调查、电话访谈、邮寄调查、留置调查、互联网调查等。

第一节　入户访谈和拦截调查

一、入户访谈（Personal In-home Interviews）

（一）入户访谈的定义

入户访谈是指调查员按照抽样方案中的要求到抽中的家中按事先规定的方法选取适当的被访者，再依照问卷进行面对面的直接访问。入户访谈能够确保受访者在一个自己感到熟悉、舒适、安全的环境里轻松地接受访谈。经过对访问员的培训后，真正的入户访谈是从访问员寻找受访对象开始的（见图5-1）。

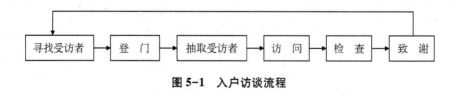

图5-1　入户访谈流程

（二）访谈对象的确定

对于入户访谈，首先要决定到哪些家庭或单位去访谈。如果抽样方案中已经给出了具体的待访问家庭的名单、地址，那么调查员就要严格执行，不得随意更换被访对象。但是在许多情况下，抽样方案无法给出具体的待访问家庭的名单，而只是给出若干个抽样点（居委会或居委会内的某个楼、地段、大院等）和如何抽取待访问家庭的具体规定。如规定在每个抽样点按等距抽样法抽取 5 户家庭，规定起始点的确定方法以及行走路线的方向等，并给出当抽中家庭无人或抽中的家庭户拒绝接受访问时的处置办法。如通常规定家中无人时应再访，3 次均不成功才能放弃。对于拒访的家庭经过耐心地说服后仍无效时可以放弃，改访最邻近的家庭。

经过培训的调查员严格按照访问的问卷和辅助的卡片等对抽中的对象进行面对面的提问，准确地记录下每个问题的答案，对开放式的回答一般要进行充分的追问。

（三）入户访谈的优缺点

1. 入户访谈的优点

（1）可获取较多内容、较深问题、较高质量的数据。入户调查是调查者与被访问对象之间面对面的互动交流过程，调查的时间较长，可以采用比较复杂的问卷，可以调查比较深入的问题。这时，调查者可以采取一些方法来激发应答者的兴趣，特别是可以使用图片、表格、产品的样本等来增加感性认识。还可以通过追问的技巧提高开放题的回答质量。通过调查人员充分解释问题，可把问题不回答情况、回答误差减少到最低程度。

（2）灵活性。调查人员依据调查的问卷或提纲，可以灵活掌握提问的次序并及时调整、补充内容，弥补事先考虑的不周，而且一旦发现被调查者与所需的调查样本不符合时，可以立即终止访问。

（3）可观察性。调查人员可直接观察被调查者的态度，判别资料的真实可信度。

2. 入户访谈的缺点

（1）成本高、时间长。调查的人力、经费消耗较多，对于大规模、复杂的市场调查更是如此。在调查方法中，入户调查的费用是最高的。另外，与电话调查相比，入户访谈的速度比较慢，一个调查员在周末的一天也许最多只能完成 6 个成功的入户调查，而在平常的工作日，可能一天只能访问 1~2 个，大量的时间都会花费在路途的奔波和寻找之中。

（2）调查者的影响。调查者的素质（如调查者业务水平、与人交往的能力、语言表达能力、语气、工作责任感等）都会影响调查结果的质量。

由于入户访谈费用太高（包括访谈员差旅时间、交通补贴、调查时间方面的支出以及应对不断上升的拒访率方面的支出），现在入户访谈越来越不成为主要的调查方法。

二、拦截调查（Mall-Intercept Interviews）

（一）拦截调查的定义和方式

拦截调查又称街头访问，是一种十分流行的询问调查方法。它有两种方式：一是由经过培训的访问员在事先选定的若干个地点选取访问对象，征得其同意后在现场按问卷进行简短的面访调查。这种方式常用于需要快速完成的小样本的探索性研究，如对某种新上市商品的反映，或反馈某类商品的使用情况等。二是先租定地点，然后由经过培训的访问员在事先选定的若干个地点选取访问对象，征得其同意后带到租定的房间内进行面访调查。这种方式常用于需要进行实物显示或特别要求有现场控制的探索性研究，或需要进行实验的因果关系研究，如广告效果测试、某种新开发产品的试用实验等。

（二）拦截调查的优缺点

1. 拦截调查的优点

拦截调查除了具有入户访问的优点，如数据收集的灵活性，可以直接与被访者进行互动，能够运用专门的问卷技术等之外，它还克服了入户访问存在的不足，其优点如下：

（1）费用节省。由于被访者自己出现在访问员的面前，访问员将大部分时间用于访谈，而较少的精力用于寻找被访者，而且省略了入户访谈的行程时间及车旅费用，所以，费用节省。

（2）避免入户困难。在公开场所，被调查者没有怕露底的心理，所以相对来讲比较容易接受访问。

（3）便于对访问员的监控。拦截调查通常是在选好的地点进行，所以可以指派督导现场进行监督，以保证调查的质量。

2. 拦截访问的缺点

（1）不适合内容较长、较复杂或不能公开的问题的调查。所以在问卷的设计上应注意：一是内容不要太长，因为行人一般是有其他事情在身，不可能花太多的时间来回答问卷，对于拦截调查，问卷长度不能超过 15 分钟；二是问题最好不要涉及个人隐私方面的问题，因为在大庭广众之下，这样的问题会引起反感并遭到拒绝。

（2）调查的精确度可能很低。由于所调查的样本是按非概率抽样抽取，调查对象在调查地点出现带有偶然性，这可能会影响调查的精确度。另外，在某一地点调查，很难得到代表性强的样本。

（3）拒访率较高。因为调查对象有充分的理由来拒绝接受调查。

第二节　电话访谈

电话访谈是指调查人员借助电话，依据调研提纲或问卷，向被调查者进行询问以获得信息的一种调查方法。

一、传统的电话访谈的步骤

传统的电话访谈的步骤是：①先分地区。②每区确定要调查的样本单位数。③编制电话号码（单位电话号码，仅供参考；居民电话号码，先得知前四位数，然后编制随机数表）。④按地区分给访问员，访问员利用晚上和假期与被调查者通电话。

在拨号时，应该考虑两个问题：一是电话铃声响几次之后才能断定样本户家中无人；二是什么时候放弃对某样本户的访问。有研究表明，以铃声响 6 次没人接电话判断样本户家中无人比较适宜，并尝试拨 3 次，如果 3 次都不成功，这个样本就可以舍弃。如果所拨的电话号码是空号或电话没人接，那么就依次拨前一位的号码，再不通，就拨后一位的号码。如在随机拨号抽样时，假设抽到的号码 62713495 拨不通，依次拨 62713494、62713496，如果还不通，就拨 62713493、62713497 等，直到拨通为止。

但是如今电话访谈的主要问题是越来越多的家庭只使用手机通话而不是座机。

二、计算机辅助电话访谈（Computer-assisted Telephone Interview）

目前，专业的调查机构都普遍采用计算机辅助电话访谈。在一个中心地点装有 CATI 设备，其软件系统包括四个部分：自动随机拨号系统、问卷设计系统、自动访问管理系统、自动数据录入和简单统计系统。调查员带着一副迷你耳机坐在计算机终端前。电脑代替了传统的纸和笔，耳机代替了电话。接到指令后，电脑拨打要呼叫的电话号码，调查员在接通后读出屏幕上显示的问题，并直接将调查对象的答案输入到电脑里。屏幕上每次只出现一个问题，电脑会根据答案自动地跳到下一道相关的问答题。调查员只需根据屏幕上显示的问答题提问，电脑会自动检查答案的适当性和一致性。这样，访问的时间会大大地缩短，数据质量提高了，也不再需要数据的编码和录入等烦琐的过程。因为答案直接进入电脑，因而几乎可以即时提供数据收集和分析结果的中间及最终报告。该系统的适用性很强，能够适合各种特定调查的需要。它已用于几种不同类型的调查：顾客满意度调查、服务质量跟踪调查、产品（担保）登记、家庭用品测试及选举民意测验等。

三、电话访谈的优缺点及应用范围

(一) 电话访谈的优点

1. 效率高

电话访谈省去了路上花费的时间，所以较入户调查时间短、速度快。电话访谈能及时收集受访者的答案，所以较邮寄调查速度快。因而是效率高的调查方式。而且与入户访谈相比较，可以访问到不易接触到的对象。而且研究表明，不管人们当时正在做什么，他们都会急切地去接听电话。

2. 在某些问题上能得到坦诚的回答

有些个人问题，如教育水平、收入、分期付款等问题，在入户访谈和拦截调查等面对面情况下，被访问者会感到有些不自然，而在电话访谈中能获得较坦诚的回答。

3. 易于控制实施质量

访问员集中在同一中心位置进行电话访谈，督导可以在现场随时检查访谈操作、访谈技巧等，与入户访谈和邮寄调查相比较，其调查质量可以得到大大提高。

4. 费用较低

入户访谈需要的调查人员多，交通费用大，所花的费用最高。电话访谈相对来说费用较低。

(二) 电话访谈的缺点

1. 有些调查无法通过电话访谈实现

如需要通过展示图片等让受访者评价新产品的概念和广告效果等就无法使用电话访谈。

2. 调查的内容难以深入

电话访谈提问时间不能过长，一般应控制在 10 分钟以内，以免引起被调查者的反感。因此，设计的问卷不宜过长，只能提比较简单的问题。

（三）电话访谈的应用范围

以下情况比较适合采用电话访谈：

（1）对热点问题、突发性问题的快速调查。

（2）关于某特定问题的消费者调查。如对某新产品购买意向、对新开栏目的收视率调查等。

（3）特定群体调查。对于投资者近期投资意向打算的调查。

（4）已经拥有了相当的信息，只需进一步验证情况时采用。

第三节　邮寄调查和留置调查

一、邮寄调查（Mail Surveys）

邮寄调查法是指将设计好的正规问卷邮寄给被调查者，请他们按规定的要求和时间填写问卷，然后寄回调查机构。

（一）邮寄调查的步骤

（1）根据研究目的确定调查对象。这一步工作较困难，因为确定邮寄对象非常困难，事先要收集调查对象的名单、通信地址和电话号码。

（2）通过电话或说明信等与调查对象进行事先接触，请求他们协助填写问卷。

（3）向调查对象寄出邮件。包括五个方面的内容：信封、给调查对象的信、调查问卷、贴好邮票的回邮信封、有关谢意的许诺。

（4）通过电话或简短的提示信与调查对象再次接触，询问其是否收到了问卷，并请求合作。

（5）收回问卷并整理。整理的过程中要注意：一是给问卷编码；二是登记问卷寄回日期；三是登记寄回的地址；四是登记寄回的数量。

（6）如果发现回收率没有达到要求，再打电话，寄问卷。如果仍没有达到要求，可采取一定的措施来修正低回收率所造成的误差。一种方法是如果调查是非匿名的，可以对没有回答问题的调查对象进行随机抽样，最后通过面访等方式来提高应答率；另一种方法是如果调查是匿名的，掌握没有回答的群体特征，然后再抽取这一特征的小样本通过面访等方法来提高应答率。

（二）邮寄调查的优点

1. 调查区域较广

可以扩大调查区域，增加更多的调查样本数目，只要通邮的地方，都可以进行邮寄调查。此外，提问的内容可增加，信息含量大。

2. 受调查者影响小

邮寄调查可以避免被调查者受调查者态度、情绪等因素的影响，资料更客观。

3. 回答问题更确切

被调查者没有时间限制，能在空闲时间更好地思考其答案。

4. 费用较低

调查成本较低，只需花费少量邮资和印刷费用，特别是回收率高时，有效问卷的费用可大大降低。

（三）邮寄调查的缺点

1. 问卷的回收率低

邮寄调查的回收率一般很低，原因有多种，或是被调查者对问题不感兴趣，或是问卷过长或复杂，使被调查者没有时间或没有能力调查。一般来说，问卷长度与回收率之间是反比关系。

2. 所花的时间长

邮寄调查的时间包括问卷在路途的时间和等待被调查者回答问卷的时间。由于信息反馈的时间长，资料的时效性将会受到影响。

3. 漏答问题多

由于没有调查人员在现场监督、检查，所以被调查者常会有意或无意地漏掉某些问题。

4. 结果的真实度低

表现在有些被调查者只答部分题目，由于应答者自我选择问卷，使得问卷结果不一定代表整个要调查的总体特征，所以结果的真实性降低。如十几年以前有关不明飞行物（UFO）的报道很多，美国一个机构做了一份问卷寄给一些经过抽样选出的人。结果是很大一部分回答问卷的人都觉得有外星来客。这是否说明全体人民大部分都觉得有外星来客呢？分析的结果发现，那些对不明飞行物感兴趣的人回答问卷的可能性比那些对不明飞行物不感兴趣的人答卷的可能性大得多。

5. 低教育程度者难以回答

受教育程度较低者可能无法准确理解调查问卷的内容而难以回答。

（四）如何提高邮寄问卷的回收率

由于邮寄问卷存在一定的缺陷，为了使调查顺利进行，提高回收率和准确性，就需依靠一定的方法和技巧，除了掌握设计问卷的技巧外，还可考虑以下一些方法：

（1）用电话或跟踪信跟踪提醒。采用电话或跟踪信来提醒应答者回答问卷，是增加回收率的有效办法之一。显然这种方法要有雄厚的资金支持并能坚持不懈。

（2）提前通知。利用电话或信件方式提前告诉被调查者随后有问卷要回答，是有效增加问卷回收率和加快回收速度的有效办法。

（3）物质上的刺激。随问卷附上某种有价值的物品，或采取抽奖的方式来刺激被调查者以增加问卷的回答率。

（4）附上回寄信封并贴上足够的邮票，并在回寄信封上手写地址而不是简单地贴上地址签等，会使被调查者感到亲切、真诚。

（5）在信封上使用多张邮票而不是一张邮票。

（6）研究是由一个知名度较高而且是受人尊敬的机构主办。

美国的经验是大学主办的调查通常会有最高的回收率，其次是政府，然后是私人企业。邮寄调查常常被用作对顾客满意度的调查。

二、留置问卷

留置问卷调查是指将调查问卷当面交给被调查者，说明填写的要求并留下问卷，请被调查者自行填写，由调查者定期收回的一种调查方法。可以消除面谈法和邮寄法的一些不足。

尽管问卷已经对作答的方式、方法做了说明，但是，调查员的说明仍然是必要的。因为有些被调查者可能不看说明就开始作答。如果调查人员在回收问卷时发现答案填写不规范、不清楚、漏答等情况，调查人员要及时提醒被调查者更正。

（一）留置调查对问卷设计的要求

留置调查的问卷设计要特别注意以下几点：

（1）在问卷开头部分将问卷调查的目的和被调查者作答的重要性尽量说清楚。

（2）尽量详细注明每一道题的作答方式、方法。

（3）提问项目设计的要简洁、明了。

（4）避免跳答的提问。

（5）前后提问不能相互提示。

以上要求同样适用于邮寄调查。

（二）留置调查的优点

1. 回收率高

由于留置调查的调查过程是当面送、当面收，所以问卷的回收率高。

2. 可信度高

由于被调查者有充分的时间来考虑有关的问题，同时又不受调查者的主观影响，所以可信度较高。

（三）留置调查的缺点

1. 受区域范围的限制

如果调查的区域太广泛，则不适合用留置问卷的方式。

2. 调查费用大

比入户访谈调查要多跑一趟去回收问卷，调查费用相应增加。

留置调查在入户访谈难以进行而又需要深入了解受访者的观点、态度等情况下使用。另外，企业对内部员工的调查常用这种方法，政府对居民的家计调查也是属于留置调查的一种。

第四节　互联网调查

全球网民数量已经突破 20 亿人。目前，在线问卷调查已经正在取代计算机辅助电话访谈而成为最受欢迎的数据采集方式。

一、互联网调查的基本类型

互联网调查主要有两种基本类型：E-mail 方式和网络调查系统。

（一）E-mail 方式

E-mail 方式调查是将调查问卷按照已知的 E-mail 地址以附件的形式发出，被调查者回答完毕再通过电子邮件返回给调查者的过程。E-mail 方式实际上是邮寄调查在 Internet 上的拓展。所以 E-mail 方式调查的优缺点与邮寄调查的一些优缺点相同。但是，E-mail 与邮寄调查相比较，其特点表现在：E-mail 问卷制作方便，分发迅速；由于出现在被访者的私人信箱中，因此，能够得到注意。但是，它只限于传输文本，图片虽然也能在 E-mail 中进行链接，但与问卷文本通常是分开的。另外，不能用轰炸式的邮件调查方式，因为不经允许就发调查问卷是一种侵犯隐私权的行为。公司了解员工对公司的满意度调查用电子邮件的方式应该是一种较好的方式。

（二）网络调查系统

有专门为网络调查设计的问卷链接及传输软件。一种典型的用法是：问卷由简易的可视问卷编辑器产生，自动传到互联网服务器上，通过网站，使用者可以随时在屏幕上回答数据，并可以立即看到统计结果。如我们在互联网上看到以下问题：

您今日（3.20）的持仓：

☐ 空仓

☐ 空仓~20%

☐ 20%~40%

☐ 40%~60%

☐ 60%~80%

☐ 80%~满仓

○ 投票 ○ 查看

结果：参与调查人数：359

您今日（3.20）的持仓是空仓。

A. 空仓   22.28%

B. 空仓~20%   8.08%

C. 20%~40%   5.85%

D. 40%~60%   8.08%

E. 60%~80%   12.26%

F. 80%~满仓   43.73%

结果是：感谢您的参与，约22%的用户与您有相同选择。

又如国家法定节假日调整方案出台后，为更广泛地征求民意，"国家法定节假日调整研究小组"特委托人民网、新华网、新浪网等大型网站于2007年11月9~15日开展了民意调查。调查问卷如下：

1. 对于将国家法定节假日总天数由10天增加到11天，您的态度是：

○ A. 支持

○ B. 反对

○ C. 无所谓

2. 对于将"五一"国际劳动节调整出的2天和新增加的1天用于增加清明、端午、中秋三个传统节日为国家法定节假日，您的态度是：

○ A. 支持

○ B. 反对

○ C. 无所谓

3. 对于保留"十一"国庆节和春节两个黄金周，您的态度是：

○ A. 支持

○ B. 反对

○ C. 无所谓

4. 对于将春节放假的起始时间由农历正月初一调整为除夕（大年三十），您的态度是：

○ A. 支持

○ B. 反对

○ C. 无所谓

5. 对于调整前后周末形成元旦、清明、国际劳动节、端午、中秋5个连续三天的"小长假"，您的态度是：

○ A. 支持

○ B. 反对

○ C. 无所谓

6. 对于国家全面推行职工带薪休假制度，您的态度是：

○ A. 支持

○ B. 反对

○ C. 无所谓

7. 您的职业是：

○ A. 国企员工

○ B. 外资企业员工

○ C. 私企员工

○ D. 公务员

○ E. 事业单位工作人员

○ F. 其他

二、互联网调查的优缺点

（一）互联网调查的优点

1. 接触范围广，不受时空限制

互联网是全球性的，许多沟通中的屏障都不见了。

2. 快速实施，实时报告

在线问卷能同时散发给成千上万的潜在参与者。参与者完成后，问卷及时收回。调研人员可以在几小时内完成问卷整理并得到统计结果。因此，决策者们可以比传统调查更加短的时间内获得网络问卷的结果。

3. 费用低

由于印刷、邮寄、录入及调研员的费用都被节省下来，而调研费用的增加项却很有限。因此，进行大规模的网上调研较其他如邮寄或电话调研方法省下可观的费用。打一个电话却只提两三个问题很不值得。但在网上，调研内容可以很容易地包含在市场、商贸或其他一般站点上。如果一个人上了银行主页，激活"信用卡"连接，在进入正式网页之前，它可以被询问几个有关被认为是最重要的信用卡特性问题。据统计，在线调查的使用比传统的电话调查节约了 25%~40% 的费用。与邮寄问卷相比，网络调查的时间和费用是邮寄问卷调查的 1/8。

4. 智能互动、填写便捷

互联网调查可以用 HTML 而不是纯文本来构造按钮、选框和数据输入的地方，这样防止了调查对象在单选题处选择一个以上的答案，或者在不需要回答的地方输入答案；跳答题可以通过输入程序自动进行；可以在答案输入时确认其是否有效。另外，互联网问卷调查可以通过图文及超文本特征来展示产品或介绍服务内容，因此，在视觉效果上更能够吸引网民参与调查。如果有必要，声音及播放功能还可以加入到问卷中。这是其他调查方式所无法比拟的。

另外，由于移动互联网时代的到来，通过手机调查可以成为让忙碌的人们参与调查的很好的方式。

（二）互联网调查的缺点

1. 网上调查的调查对象仅限于网民

这是网上调查的局限性所在。因此，是否进行网上调查要看具体的调查项目和被调查者群体的定位。对于那些不使用网络的人不具有代表性。

2. 网上调查的被调查者是主动的、无限制的

在互联网上，受众的浏览行为能否发生，完全取决于受众本身。即只要自己愿意，任何人都可以参与问卷调查。在网上进行调查，问卷能否收回，取决于被调查者对调查题目感兴趣，同时更要防止同一个人重复填写问卷。有些情况下，由于应答者重复为一个产品投票使得结果出现了很大偏差，以至于问卷无效。一个简单的防止重复回答的方法便是在他们回答后锁住其所处站点或者给参与者一个唯一的密码，这个密码只能允许参与者参加一次问卷调查。

三、网上调查的步骤

网上调查可分为如下步骤：

（一）确定目标市场

主要看网民中是否存在着被调查群体，规模有多大。

（二）设计调查问卷

由于互联网交互机制的特点，网上调查可以采用一种传统调查无法实施的方式，即调查问卷分层设计。这种方式适合过滤性的调查活动，因为有些特定问题只限于一部分调查者，所以可以借助层次的过滤寻找适合的回答者。

（三）选择进行网上调查的媒介

（1）利用自己的网站。网站本身就是宣传媒介，如果自己的网站拥有了固定的访问者，完全可以利用现有资源开展网上调研。

（2）借助别人的站点。没有自己独立网站的企业可以利用别人的网站进行网上调查，特别是借助访问率很高的 ICP 或者是与调查课题相配合的专业性信息站点。

（3）直接向潜在客户发送调查问卷，这需要积累有效的客户 E-mail 地址。

（4）在相应的讨论组中发布问卷信息，或者发布调查题目，指向 Web 网站上的问卷在讨论组和 USENET 上发布信息。

（四）分析调查结果

与传统调查的结果分析类似，网上调查问卷的分析也要尽量排除不合格的问卷，这就需要对大量回收的问卷进行综合分析和论证。

四、在线小组管理

影响在线小组质量的因素包括：招募方式、应答者的参与程度、奖励的种类以及小组控制等。

在线招募应答者的主要方式有两种：开放式和应邀参加。开放式招募是指通过广告吸引正在上网的人们。这些人能够快速组成一个调查小组。但开放式招募的最大缺点是对招募对象的身份很难控制，并且可能是某一特定的群体，如职业问卷填写人（退休者、学生、待业者等）。这些人更可能提供虚假或误导性的信息，使得调查数据出现偏差或不具有代表性。为了克服这种招募的缺陷，另一种在线招募的方式是应邀参加。这样能够清楚地知道招募成员的身份。

应答者的参与度受很多因素的影响，包括调查的题目、对调查过程的兴趣、他们曾经参与过的调查的体验还有奖励等。研究表明，对全部应答者的奖励比抽奖式的奖励更有效。在全部奖励下人们的参与度要比抽奖式下的参与度高 58%。

小组控制包括控制成员参加应答的次数如每年不超过 5 次等、持续招募新成员以满足持续增长的在线样本的需求或者当有成员退出时能够及时补充、对小组成员的信息进行及时更新。小组成员的信息可能每年都会有新的变化，一年以前是大学生，现在已经毕业并成为了一名公司职员，可能已经结婚并有了孩子，家庭收入也发生了变化等。这些变化了的信息就决定了他可能要参与到不同以前的调查题目了。

思考题：

1. 互联网调查的优缺点是什么？

2. 列表比较分析不同的调查方法在数据收集的灵活性、问题的多样性、有形刺激的使用、样本控制、数据收集环境的控制、对现场调查人员的控制、所获得的信息量、回答率、感知到的匿名程度、调查员的潜在偏差、调查速度、成本等方面的差异。

3. 某一家五金工具店店主，想了解一下到他店里购买东西的顾客与到其他店购买东西的顾客有什么不同。同时他还想知道其他竞争者对他的店印象如何，他为此项调研拨了少量经费，并要求在3周内得到结果。你将推荐的调研方法是什么？为什么？

4. 在如下条件下，请问你分别采取什么样的调查方法：

（1）希望立即得到结果，调查对象包括网民和非网民。

（2）为了深入了解某些情况，时间没有太短的限制，但费用要求较低。

（3）在规定的时间内得到真实的、深入的信息。

（4）网民对股价进行预测。

5. 提高问卷回收率的方法有哪些？

6. 简述小组管理对在线小组的质量是否关键。

7. 简述如何开展网络社区调研。

案例5-1　当代购物中心

当代购物中心一向注重服务。荣夏是购物中心营销部的副主管，他受命制定一项旨在使服务具有可操作性的计划。这一计划的第一个阶段是建立一个系统，以不断追踪消费者对购物中心所提供服务的满意程度。根据以往的经验，他选择了他信任的两家调查公司来设计追踪消费者满意程度的调查系统。

这两家公司拟采用不同的资料收集方式：第一家公司建议用电话采访，每月对400名消费者进行采访，经计算，该抽样方式所提供的消费者满意程度评估的结果，95%的把握，误差不超过5%。第二家公司建议通过邮寄调研收集必要资料。它们的理由有两条：第一，此方法成本低、质量高；第二，消费者在回信时比接受电话访谈时更坦率。电话采访的月成本达 8400 元，相比之下，邮寄方式的月成本为 6900 元。

初步计算：

邮寄调查的回收率为 25%。即 75% 的收信人不回信，如果回信人的观点截然不同，那么调查结果就有偏差并且不能真实代表公司的顾客。

电话采访的回答率估计为 70%。尽管电话采访仍存在很高的不回答率，但潜在的不回答者的不同意见要少得多。另外，电话采访更快捷，大约 2 周内就可完成，邮寄调查则需 6 周时间。

问题：

（1）你认为获取信息的较好方法是什么？并说明理由。

（2）收集数据的过程还可以使用其他方法吗？请加以说明。

第六章 观察调查法

第一节 观察调查法的概念及分类

一、观察调查法的概念及特点

（一）观察调查法的概念

观察调查法是指不通过提问或交流而是通过在现场跟踪或系统地记录事件发展状况或行为模式的过程。可以用观察人员来观察，也可以借助摄影设备和仪器等手段来获得某些主要信息。

（二）使用观察调查法的条件

成功地使用观察调查法，并使其成为市场调查中的数据收集工具必须具备三个条件：

1. 所需信息必须是能观察到的或者是从能观察到的行为中推断出来

如人们的情绪变化、商品价格的变化等。但是如果想要了解顾客的意愿、购买某商品的原因等就不可能通过观察法来获得相关信息。

2. 所要观察的行为必须是重复的、频繁的或在某些方面是可预测的

否则，观察法的成本将非常高。

3. 所要观察的行为必须是相对短期的

即购买某个商品的整个决策过程是短时间完成的。所以，我们常采用观察调查法去观察顾客在商店的购买行为而很少去售楼中心观察顾客购买房子的行为，因为顾客购房的购买决策过程可能要花费的时间是几个星期甚至几个月。

（三）观察调查法的特点

市场调查中的观察法与人们日常的观察不同，有以下几个方面的特点：

1. 事先具有一定的目的和假设

在这一目的和假设下请有调查经验的人去观察。

2. 有系统的设计

观察人员按事先拟定好的观察记录表去观察。

3. 有系统的记录

观察人员按照问卷的要求记录下观察的结果。

4. 避免观察人员的主观和偏见

在观察过程中，观察人员将观察的现象记录下来或拍摄下来，而日常生活中，人们的观察结果很多时候都是根据个人的经验和主观偏见判断获得的。

5. 观察可以重复查证

可以通过重复观察来检验已有观察结果是否正确。

二、观察调查法的基本类型及优缺点

（一）观察调查法的基本类型

调查人员有很多种类的观察方法可供选择。但对于某一特定的调查问题，就需要从成本、进度、数据质量等方面综合考虑，从而选择一种最有效的方法。观察法的基本类型大致可以分成如下几种：

1. 按观察发生的场所分类，可分为实地观察与模拟实地观察

实地观察发生在被观察人的行为发生场所。如直接在超级市场或购物中心观察顾客的行为，或观察零售商店中的销售员行为，甚至观察服务性机构的白领员工的表现等都属于实地观察。在实地观察时一定要注意让被观察者没有意识到他们受到观察。

模拟实地观察发生在经过设计的模拟超市，一般是招募一些被观察者在一个模拟超市中购物，给参与者每人一辆购物车，并告诉他们随意浏览货架，挑选出自己所喜欢的商品。观察员记录被观察对象在被测试商品前停留的时间以及此种商品实际被选购的次数。在此情况下，被招募人员至少知道他们在参加一项研究。模拟能够加快观察数据的收集过程并可以有效地降低调查活动的成本。但要注意的是由于是模拟环境，观察到的行为有可能与真实状态下的不一样。所以，设置的场景应尽可能地自然，使被观察者尽可能处于自然状态。

2. 按观察结果的标准化分类，可分为控制观察与无控制观察

控制观察是根据观察目的，预先确定范围，以标准化的观察手段、观察程序和观察技术进行有计划的系统观察，使观察的结果达到标准化。在这种情况下，观察员为每一个被观察者填写一份记录表。

无控制观察是对观察的项目、程序和步骤等不做严密的规定，也不用标准方法进行记录，而是采用较灵活的观察形式。

一般而言，如果对所要调查的问题了解得很全面，那么尽可能用控制观察法，如果所要观察的是新兴事物，观察者对所要研究的问题不了解的情况下，则可能采用无控制观察。所以，无控制观察常用于探索性调查或有深度的专题调查。

3. 按观察者是否参与观察活动分类，可分为参与观察与非参与观察

参与观察是指观察者置身于观察活动之中进行观察（如伪装购物来观察售货员的表现）。这种方式不仅能了解一些表面的现象，而且能通过亲身参与和感情交流，从中了解产生某些现象的原因，取得深入的调查资料。参与观察调查方式要求调查人员具有所进行活动的相关知识、有良好的职业道德并受到充分的调查训练，这种收集信息的方法周期较长，费用开支也较高。参与观察一般适用范围较小的专项调研。

非参与观察是指观察者不参与调查活动中，以"局外人"的身份，客观地观察事件的发生、发展情况。非参与观察调查可用于一次性观察对象较多的调研。非参与观察要求事先制订较周密的观察计划，严格规定观察的内容和记录的方式。如果没有明确的规定，非参与观察调查往往会发生观察资料不完整的情况。

非参与观察常常要求配备各种计数仪器，如录音、摄像设备、计数仪器、计数表格等，以减轻观察者计数的负担，并提高信息的准确性和可行性。非参与观察适用于描述现状而不追究其原因的调查类型。非参与观察对调查人员的专业知识要求不高，在实际中使用较为广泛。

4. 按观察的手段来分类，可分为人员观察与机器观察

在特定的环境中，机器观察可能比人员观察更便宜、更精确、更容易完成工作。常用的机器有交通流量计数器、脑电图、测瞳仪、阅读器、扫描仪等。如对人流量、交通流量的统计、对收视率的统计等用摄像机和视听设备记录等装置比人员观察更客观、更精确。又如通过电子扫描仪记录产品的销售量情况比人员观察更及时、更准确等。

（二）观察调查法的优缺点及适用范围

1. 观察调查法的优点

（1）信息客观准确、真实可靠。观察人们实际在干什么而不是依赖他们所说的，这种思想非常有意义同时也是观察法最明显的特点。如果被观察者没觉察到自己的行为被观察，能保持正常的活动规律，那么所观察到的信息是客观、准确、真实、可靠的。

（2）调查人员不会受到与被观察者回答意愿和回答能力等问题的困扰。如要了解孩子喜欢哪种玩具，较简便、易行的方法是让一些重要的玩具商邀请目标儿童群体到一个很大的玩具室，通过单面镜直接观察孩子选择了哪些玩具，各种玩具吸引孩子们的程度，从而了解孩子们的偏好。

2. 观察调查法的缺点

（1）观察到最后的行为，但不知道影响行为发生的原因和动机。

（2）被观察到的当前行为并不能代表未来的行为。

（3）时间长，费用高。特别是当观察的行为是间断发生或不是经常发生的话，那么就要花很长时间等待下一个行为发生；或有人喜欢逛商场，一逛几个小时，那就要跟随，花的时间又长又容易产生疲劳。有些情况下必须使用机器来观察，但会增加成本费用。

3. 观察调查法的适用范围

（1）当调查者对调查结果的准确性要求较高时，可以使用观察法。

（2）当对已有的信息有疑问时，可使用观察法。如通过对粮食收购部门的问卷调查结果表明各基层粮食部门为农民提供了全面的服务，但是上级部门却不断收到农民的抱怨。这时，就可以采用观察法，在一定的时间内观察一些基层粮食收购部门的实际工作情况。

（3）要收集的信息只有通过观察法能得到时采用观察调查法。如统计商店的客流量。

第二节　人员观察

人员观察有两种形式：一是假扮顾客对服务人员及服务环境的观察（神秘顾客法）；二是人种志调查。

一、神秘顾客法

（一）神秘顾客法概述

神秘顾客又称伪装购物者（Mystery Shopper）。神秘顾客隐藏作为调查者的身份，与一个正常买商品的顾客一样，会与服务人员进行交流，咨询与商品有关的问题，挑选商品，比较商品，最后做出买或不买某种商品的决定。但是，神秘顾客与服务人员的交流是为了观察、记录服务人员的态度和行为，并对此做出评价。

神秘顾客概念来自美国。20世纪40年代，威尔马克（Wilmark）创造了"Mystery Shopping"一词，并且开始使用这种方法来评价服务业的服务水平。不久，此方法在美国餐饮、金融、零售、旅游等行业得到了广泛的应用。据了解，雇用"神秘顾客"为企业做检测已经成为很多世界500强公司的通用做法，几十年来，全世界的神秘购物公司发展迅猛，神秘顾客检测协会（MSPA）目前已有超过150个成员。中国首次触及"神秘顾客"这个概念是在2004年，神秘顾客检测协会亚太地区分会（MSPA-AP）成立，北京京辰市场咨询公司是中国地区的唯一一家 MSPA 常任理事会成员，它就是人们所说的"神秘购物公司"。

在中国，很多实力强大的中外企业经常运用神秘顾客来调查其分公司或代理商。如肯德基就用神秘顾客来监督分店。一次，上海肯德基有限公司收到 3 份国际公司寄来的鉴定书，对它们外滩快餐厅的工作质量分 3 次鉴定评分，分别为 83 分、85 分、88 分。公司经理为之瞠目结舌，这 3 个分数是怎么评定的？原来，肯德基国际公司雇用、培训了一批人，让他们佯装顾客，秘密潜入店内进行检查、评分。这些神秘顾客来无影、去无踪，而且没有时间规律，这就使快餐厅的经理、雇员时时感受到某种压力，丝毫不敢懈怠。又如一汽大众曾经委托做一个销售和服务的检测，一汽大众全国有 400 多家 4S 店，它们派出了数百名神秘顾客深入这些店，而且每家店要派不同的人在不同的时段去 4 次，以考察他们的工作情况，然后由专业人员把这些神秘顾客填写的记录表整理成一份详细的检测报告交给一汽大众。又如 HP 公司曾雇神秘顾客在北京 HP 授权经销商处进行调查，调查内容分为五个部分：第一部分是产品情况；第二部分是视觉效果；第三部分是店铺装备情况；第四部分是对 HP 的支持；第五部分是价格控制等。

某商场用此方法使服务质量得到了改进。此公司的经理向全体员工宣布，将会有一家调查公司长期派出调查员，以消费者的身份在商场购物，调查者将如实地记录员工的服务程序和购物态度，公司以此作为每个员工的重要奖惩依据。结果神秘顾客使该商场的服务态度较以前有明显的好转，营业额也节节攀升。

（二）神秘顾客法的基本形式

常用的神秘顾客法有三种基本形式：

1. 神秘顾客打神秘电话

在此情况下，神秘顾客给服务人员打电话，并记录服务人员的服务水平。

2. 神秘顾客进入服务场所并迅速购买些商品

在此情况下，神秘顾客不与服务人员之间进行详细交流。神秘顾客在购买商品后，立即对服务场所环境、服务人员的态度、服务质量等各方面进行记录和评价。目前，这种方法在连锁式的餐饮业得到非常广泛的应用。

3. 神秘顾客进行一次需要高超的交流技巧和有关商品丰富知识的访问

当对技术含量较高、商品价值较大、购买过程复杂的商品进行调查时，比较适合用这种观察调查法。如 HP 公司想了解其打印机产品的销售、促销（包括商品展示、POP 广告、人员推销、价格策略等）方面的问题时就采用了神秘顾客的方法。

（三）神秘顾客调查法的意义

（1）服务行业采用神秘顾客能使服务人员在为顾客服务时贯彻统一服务的标准，激励员工在任何时候都为所有的顾客提供最好的服务。如一家连锁书店在制定服务政策时，强调书店导购员应该：① 提些问题从而确定顾客对哪些领域感兴趣。② 带领顾客到恰当的书架处。③ 介绍给顾客几种可供选择的书目。④ 帮助顾客决定应该选择哪一本或哪几本书籍。⑤ 征求一下顾客的意见看还能为顾客做些什么等。那么神秘顾客就可以考察导购员是否做到了以上几个方面。

（2）可以及时发现一些小问题，在它们尚未发展成大问题时及时地解决，起到防微杜渐、消除隐患的作用。神秘顾客法可以识别企业的薄弱环节，为业务培训和政策的修订提供指导。

（3）为激励雇员、奖惩雇员提供了依据。

（4）企业通过观察中间商的服务人员，可以发现他们对本企业产品的做法是否符合本企业的要求，从而使得企业决策做出相应的调整。

（四）神秘顾客法应用时应注意的问题

（1）企业需让员工认识到这种行为的目的是希望发现他们的优质服务并给予奖励和推广，而并非只是为了发现他们的错误，给予处罚。出发点不同，员工的心态是不同的。如果神秘顾客法给员工带来的每时每刻的压迫感，那就不利于营造一个相对宽松的工作氛围。另外，过于严格的考核制度，也会影响员工对企业文化的认同和企业归属感的建立。

（2）神秘顾客本身必须经过严格的遴选和培训。这在我国要引起足够的重视。有些企业或调查公司为了省事、省钱，不设计正规的调查记录表，招聘几个人，就让他们去当神秘顾客。这些神秘顾客缺乏经验，常常只能得到表面的信息，或者得不到信息。

（3）神秘顾客一定要有权自己决定在销售人员那儿买或者不买有关产品。有时候委托方要求神秘顾客只询问有关产品的信息而不让他们购买，导致神秘顾客在向销售人员询问有关产品的性能、价格和服务时，会出现底气不足，不好意思占用销售人员很长的时间，而如果销售人员发现此顾客并不打算购买，又有许多顾客需要他们接待时，他们会敷衍神秘顾客，结果是神秘顾客得不到真实的信息。

（4）针对不同的调查项目选择合适的人选。可以想象，让一位男士去购买化妆品是容易引起猜疑的。

二、人种志调查

（一）人种志调查概述

人种志调查（Ethnography Research），是观察者在现场针对自然状态下的人的行为进行长期的观察和记录。

人种志调查是源于以下一些结论：一是没有人能够完全叙述他们自己的潜意识行为；二是人们关于自己行为的报告至少包含一小部分的偏差和错误；三是如果调查者不了解相关产品，就不能完全理解来自消费者口头叙述的内容。

在进行人种志调查时，观察者能够记录如下内容：①正在发生的事情。②事情发生的地点。③事情发生的流程。④事情发生的顺序。⑤事情所花费的时间。⑥谁正在做什么。⑦以口头和非口头方式所传达的内容。⑧各个参与者的反应，哪一种反应是关键的。

人种志调查的主要工作是观察人们的行为，但也包括与被观察者交谈来了解被观察者。如宝洁公司的市场研究人员经常花大量时间与消费者住在一起，观察他们怎么洗衣服、怎么刷牙、拖地以及给孩子换尿布的方式等，询问他们的相关习惯和遭受的相关挫折等。

（二）人种志调查优缺点

1. 人种志调查的优点

自然情境中进行，能提供详细丰富的生活画面；用跟踪式的资料收集方法，能了解真实情况，达到一定的深度；在调查中更细腻、更灵活、有弹性，容易获得新见解。长期的参与观察，可以避免对研究现象认识的先入为主；强调互动、强调整体，以丰富的描述来提供事实。

2. 人种志调查的缺点

由于是个案调查，难以做出精确的统计推论；在调查数据的信度和研究结果的效度方面欠缺；存在调查者的主观偏见，需要进行专业训练；观察、访谈记录比较复杂，不容易量化，资料解释的主观性较强；由于观察者与被观察者直接接触，容易产生角色冲突、情感投入等伦理问题。

（三）人种志调查的应用

在西方国家，顾客观察已成为一个行业，而且收费很高。美国《读者文摘》曾经报道，专门从事观察业务的商业密探在美国大行其道。帕科·昂得希尔就被说成是商业密探，他所在的公司叫恩维罗塞尔公司，他通常的做法是坐在一家商店对面，悄悄地观察出入商店的人群：性别、年龄、人数、姿态表情、在商店里逗留的时间等。而在商店里，他的属下正努力工作，跟踪在商品架前徘徊的顾客，偷听他们的议论。他们的目的在于找出商店生意好坏的原因，了解顾客走进商店以后如何行动以及为什么许多顾客在挑选很长时间后还是失望地离开。

昂得希尔的手下偷偷地在商店里穿行，假装清查存货。他们跟踪目标，不管顾客停留多久，多少次回到同一件商品前面，他们总是紧紧跟随，一边用照相机拍摄，一边用红笔在本上画出每个顾客的购物路线。纽约全国零售业联合会定期邀请昂得希尔向联合会的成员展示他拍摄的照片。

他们给很多商店提出了许多实际的改进措施。如他们用一卷胶片拍摄了一家主要是青少年光顾的音像商店，发现这家商店把磁带放在孩子们拿不着的很高的货架上。昂得希尔指出应把商品放低 18 英寸，结果销售量大大增加。

又如一家叫伍尔沃思的公司发现商店的后半部分的销售额远远低于其他部分，昂得希尔通过观察和拍摄现场解开了这个谜。在销售高峰期，现金出纳机前顾客排着长长的队伍，一直延伸到商店的另一端，这实际上妨碍了顾客从商店的前面走到后面，后来商店专门安排了结账区，扩大商店后部顾客活动空间。结果商店后半部分的销售额增加得很快。

他们还出过很多的点子，如建议商店设立休息区，让丈夫观看电视、看报纸等，耐心地等待妻子逛商店。针对老年人喜欢许多人一起购物的特点，在商店通道旁设有椅子，以供休息。又如建议超市将日常必需品（牛奶、面包、熟食等）摆放在靠后的位置，以便于购物者在选购时经过长长的过道时能够产生购买冲动，从而将更多的商品放入其购物篮中。通过观察顾客，能够获得以下方面的信息：①客流量。②前来逛店的人们的平均滞留时间。③逛店的顾客人数。④顾客逛店的路径。⑤顾客停步留意的商品品种和比例。⑥顾客停步留意商品时间长短。⑦顾客产生冲动购物的次数。⑧顾客对减价商品及店内各种促销活动的反应。⑨顾客在购买一种商品之前的平均接触次数。

通过观察记录，可以帮助决策层作出以下决策：①各种商品的摆放位置。②发现商场的死角，即哪些地方顾客不愿去，去不了。③选择合适的 POP 广告位置。④新产品的吸引力。⑤新包装的效果。⑥购物篮分析，以便于品类管理。⑦造成某品牌或某品类商品销量增加或降低的主要原因。⑧消费者购物决策的类型及其表现等。

第三节　机器观察

用来进行观的仪器有交通流量计数器、生理测量设备、意见和行为管理设备、扫描仪等。

一、交通流量计数器

交通流量计数器是用来测量特定路段人流量和车流量的仪器。它是最普遍、最流行的一种机器。户外广告设计者根据交通流量计数器来确定每天经过某一特定广告牌的人数。零售商使用这些信息可以进行零售店选址的决策。

二、生理测量设备

生理测量是通过机器来测量人体的反应。当一个人受到刺激或内心感到紧张，产生情感警觉时，身体会出现各种反应。常用来进行生理测量的机器有脑电图、测瞳仪、声音高低分析器、皮肤电阻测量仪等。以在广告效果调查中使用为例：

（一）眼睛照相机

眼睛照相机（Eye Camera）可以在一秒钟内拍摄 16 个视线的动作，测出视线停留的位置和时间，用于探测被调查者对广告的反应。

（二）瞬间显露器

瞬间显露器（Tachistoscope）可在短暂的时间内显示广告，用以了解广告的各种构成要素所需的时间。

（三）精神电流测定器

精神电流测定器（Psychogalvanometer）可通过测量脉搏、血压、呼吸等间接测量情感反应和心理变化。

（四）皮肤电流反射器

皮肤电流反射器（Galvanic Skin Response）利用这种一起可以根据受测者的精神变化而在皮肤上出现的反应，进行相应的判断。

三、意见和行为管理设备

对顾客的意见和行为进行观察时，常用到以下几种机器：阅读器、收视计数器、条码扫描器。

（一）阅读器

阅读器看起来像一盏台灯。被测试者坐在阅读器面前不会意识到他的行为已经被记录下来了。阅读器是一种全自动装置，使用阅读器进行观察，被观察者可以阅读任何大小的杂志或报纸。阅读器及其特别设计的隐藏式照相机，能够记录被观察者的阅读习惯和广告的使用效果等方面的信息。

（二）收视计数器

美国最大的市场调查公司 AC 尼尔森曾采用尼尔森电视指数系统评估全国的电视收视情况。尼尔森电视指数系统代替了传统的调查小组日记的方法。尼尔森公司抽样挑出 2300 户有代表性的家庭为调查对象，并为这 2300 户家庭各安装上一个收视计数器。当被调查者打开电视时，计数器自动提醒收视者输入收视时间、收视人数、收看频道和节目等数据。所输入的数据通过电话线传到公司的计算机中心，再由尼尔森公司的调查人员对计算机记录的数据进行整理和分析工作。

（三）条码扫描器

利用现金扫描器对商品条形码作记录又是另一种普遍应用的市场调查法。如商店经营者可以借助现金扫描器的记录对该商店的促销活动进行调查，了解消费者对某些商品减价的反应，以及这一反应对公司利润的影响。

四、在线观察调查法

互联网时代使得很多网络商家在与传统零售商的竞争中占尽先机。如当人们在虚拟商店里浏览、点击商品时，他们的每一个动作都在商家的密切"监视"下。最常用的方法是通过一个存放于用户电脑上的文本文件"cookie"；如果该用户再次访问网站，cookie 可以识别他的身份，并能够对用户在网站的行为进行监控。它能够告诉商家这位用户流连于何种商品，花了多少时间，在某个商品类别里逗留了多久等。

思考题：

1. 收集相关资料并观察国际品牌：耐克（Nike）、肯德基（KFC）、星巴克咖啡（Starbucks）在进入中国市场时，产品策略是否发生了改变？为什么？

2. 比较观察调查法与询问调查法的优点和缺点。

3. 使用人种志调查评估在你所处的学生食堂的就餐体验。你从中了解到了什么？

4. 当要调查人们在购买运动鞋的时候是否具有品牌意识，请简述用观察调查法的步骤。

5. 作为管理决策者，你如何看待以下问题：麦当劳上海公司的一名普通员工向记者表示，他知道公司的神秘顾客制度，因此他在工作中特别小心，生怕一不留神被神秘顾客抓到把柄影响自己的绩效考评。他对非市场调研人员评价的客观性表示怀疑，称调研问卷中很多是为个人主观判断设计的问题，没有量化标准。如果神秘顾客不负责任，"则倒霉的是该分店或者某店员本人"。他表示，在百度贴吧麦当劳吧里留言的多为麦当劳中国公司的普通员工，不少人跟帖表达了对神秘顾客制度的不满。在该吧中，有网友发帖表示，神秘顾客说他没有说感谢并欢迎下次光临。有网友跟帖说："这种不负责任的神秘顾客真是叫人气愤……难道神秘顾客可以来监督我们，公司就不能找人再监督神秘顾客了吗？对神秘顾客来说，他们是不是就是处在一种无监管的状态下呢？"另有人发帖称神秘顾客"标准不一、不了解标准、缺少培训、缺少公平"。一个网友留言教人如何分辨神秘顾客。"以后看见手里拿表、手机等可疑的东西，盯着你胸牌看的人就要小心了！"

案例6-1　请人类学学者做调查员

最新潮的市场调研手段是什么？不是电话采访、网络问卷或数据分析，而是"人种志"——人类学的一种调研方法。美国少数走在前沿的咨询公司和大制造商聘用人类学学者作为调查员，深入受访群体，甚至同吃同住，以记录受访群体的生活方式与感受，挖掘消费者深层次需求，让企业在设计产品和制定营销战略时更"有的放矢"。人类学进入市场调研，在为人类学者提供全新的谋生出路之外，是否能让商业营销变得更科学？

一、咨询业新风潮

在全球知名咨询公司中，绝大部分以数量分析见长，佼佼者有麦肯锡公司、波士顿咨询集团、贝恩公司等。作为后起之秀，美国 ReD 咨询公司另辟蹊径，雇用一批不想闷头搞学术研究的年轻人类学学者，采用人种志实地调研，试图用数据和图表之外的记录和分析，让企业深入理解消费者内心深层需求。而这种需求，也许连调查对象本身也未曾察觉。

2014 年 31 岁的纽约人米恩·利斯科夫斯基原本在耶鲁大学攻读人类学博士学位，但她时常感到无法静心于学术研究，渴望将自己掌握的人种志知识付诸实践，于是两年前离开大学，加入 ReD 咨询公司。一次利斯科夫斯基和同事接到一项任务：奔赴美国几个不同城市，参加共计 18 场家庭派对，观察和记录派对参加者的饮酒模式和习惯，最后综合成一份探索美国人"酒文化"的调研报告，呈给客户——瑞典酒业巨头"绝对伏特加"公司。利斯科夫斯基说，用于家庭消费的伏特加酒销售额巨大，但过去没人知道它以何种方式被消费——美国人购买用于家庭派对的酒时，是否介意伏特加的纯度？在饮酒人心中，是否认为优质伏特加地位"神圣"？用于调配鸡尾酒时，必须遵照精确比例掺兑其他成分，否则会损伤伏特加的口感？

这是"绝对伏特加"公司过去的认知，一些广告也试图强调保持"绝对伏特加"的纯度。而调研结论却是：美国消费者并不介意他们带到派对上的酒口味多纯正，认为酒只是一种活跃社交氛围的工具。

在参加一场又一场家庭派对后，利斯科夫斯基发现，在派对上，喝酒更多是图个热闹，而非口感和品位。对酒本身，人们不关心它多名贵，而是它背后的故事。"他们会讲述生活中关于这瓶酒的逸事，比如自己第一回喝伏特加的幽默、自嘲的小故事，或者在哥斯达黎加或墨西哥旅游时偶然发现一种烈酒之类。"利斯科夫斯基说。这类小故事可以表现自己的幽默或冒险勇气，促进与其他聚会者的互动。

这份调研报告提示客户：一个优质伏特加品牌如果在营销时仅仅强调"纯度"，有可能会失掉"家庭派对"这块市场。

二、"参与性观察"

"绝对伏特加"公司除了请 ReD 做人种志调查外，也参考其他市场调研公司的数量分析报告。"我们是市场调研的密集消费者，""绝对伏特加"美国经销商、美国保乐力加公司负责伏特加营销的副总裁马克西姆·古奇尼尔说："麦肯锡和波士顿咨询集团在世界各地的分公司会为你提供大量的数据分析。我认为这些研究有时候缺乏人文因素。ReD 带来的是对消费者群体以及社会中各种动态变化的一种深层次理解。"这意味着，不仅要消费者说出他们对酒的要求，还要从他们的实际行为中揭示出他们带酒参加派对时想要追求什么社会效应。"归根结底，我们生产了一种酒精饮料，但我们必须推销一种体验。"

古奇尼尔说。

利斯科夫斯基和同事们采用的实地调研方法名为"参与性观察"，由英国人种志学者布罗尼斯瓦夫·马林诺夫斯基首创。它通常要求研究者在调查对象周围生活一段时间，以便增加彼此间的亲密感和信任感，使对方更易坦诚相待，让调查者得以深入了解对方的日常生活和想法。研究人员观察所得的事实，也许连调查对象自己也不曾察觉。"参与性观察"在学术界的应用已有近100年历史，但引入商业分析领域是近几十年的事。著名智库施乐帕克公司最早于 1979 年开始聘用人类学学者当研究人员。

目前提供人种志市场调研的咨询公司仅有包括 ReD 在内的一小撮。但不少实力雄厚的跨国企业，如通用汽车公司和戴尔公司，都有从事人种志调查的内部团队。微软公司也雇用大量人类学学者，据说人数仅次于美国政府。

这类调研服务的最大客户群来自 IT 行业。"整体而言，技术企业比起其他企业更有可能面临与顾客群体脱节的危险。"供职于英特尔公司的人种志学者肯·安德森说。这种危险源于技术产品设计者往往错以为用户都是工程师。"在我们的观念里，大家跟我们是一样的人，但其实真的不一样。"安德森说。人种志调查能帮助产品设计者和推广者理解那些对科技无甚概念的消费者。

社会科学角度的市场调研可以给企业带来新视角。ReD 公司合伙人李俊（音译）说，经常有客户拿到人种志调查报告后，才恍然发现企业和消费者对产品的认知存在巨大差异。如韩国三星公司在花钱做了人种志调查后，才意识到消费者心目中，三星电视机与其说是电器，不如说是家具。相比电视屏幕尺寸大小或像素高低，他们更关心电视机如何更好地融入家居摆设，如何搭配桌椅、沙发等其他家具。根据这个调研结果，三星公司工程师将更关注产品边框的设计，而非提高技术规格。

问题：

（1）人种志调查的独特之处是什么？

（2）人种志调查会有哪些争议？

第七章 实验法

第一节 实验法及因果关系的相关概念

一、实验法的概念

实验调查法又称因果关系调查，是指市场实验者有目的、有意识地通过改变或控制一个或几个市场影响因素的实践活动，来观察市场现象在这些因素影响下的变动情况，从而认识市场现象的本质和发展变化规律。如实验者改变一个或多个自变量（如产品特征、价格、包装、广告等），研究在其他因素（如质量、服务、销售环境等）都不变或相同的情况下，这些自变量对因变量（如销售量）的影响或效果。

从本质上看，在询问式调查法和观察调查法中，调查人员是一个被动的信息收集者，在实验调查法下，调查人员成了研究过程中的主动、积极参与者。

在使用实验法进行市场调查时要注意以下两点：一是社会经济科学的实验由于受多种不可控因素的影响，因而不可能像自然科学中的实验一样准确。但通过此种方法的对比试验，还是能获得相对比较客观的信息资料。二是用实验法得到的结果最终体现是实际的经济效果的变化情况，如销售量、销售额、市场份额等的变化情况。用观察调查法进行调查主要偏向对消费者的行为特征的反映，并且没有变量的改变。如果改变某些变量后再进行观察则属于实验法。

二、一些常用名词

（一）自变量

自变量也称实验变量或处理变量，是指在实验设计中，实验者能够控制，处置或操纵的变量（实验者可以规定或改变这些变量的取值或称水平）。如包装实验中（包装是自变量），假设有三种不同的包装设计，就是包装设计有三个水平（Level）。

（二）因变量

因变量也叫做响应（Response），是测量自变量对实验单位效果的变量。因变量的取值也叫观察值或实验效果。如在包装设计与销售量的关系中，包装是自变量，销售量常常是因变量。在市场研究中，常见的因变量有销售量、市场占有率、品牌态度、品牌知名度等，这些指标常常用来反映市场营销的绩效。

（三）干扰变量

干扰变量也叫外生变量，是指自变量以外的影响因变量值的其他所有变量。这些变量对因变量的测量产生干扰，从而削弱实验结果或使实验结果无效。

（四）实验组

这是指受到处理作用的组，即改变了自变量水平的组。

（五）控制组

这是指没有受到处理作用的组，即维持自变量初始水平的组。

（六）现场实验

这是指实验在现实情况下进行，如在某些商场进行。

（七）实验室实验

实验室实验是市场调查人员人为的模拟一个场景，分析自变量的变化引起因变量的变化的情况。实验是在仔细控制的环境下进行的，如在模拟商场的实验等。

三、证明因果关系（Causality）

营销的效果常由多个变量引起，它们之间的关系既有一定的必然性，又常常有很大的偶然性。因此，要准确地证明因果关系是不太可能的，只能提供因果关系很可能成立的证据。因果关系的确立一般需要符合以下三个条件：

（一）存在相关关系

因变量和自变量之间首先应该存在相关关系，这种关系可能是正相关，也可能是负相关。调查人员可以借助统计程序如卡方分析、相关分析、回归分析和方差分析等来分析这种相关关系的存在。但单靠相关关系并不能证明因素之间是存在因果关系的，因为可能是两种变量碰巧在一起关联。

（二）变量间存在着先后的时间顺序

为了证明两个变量之间可能存在的因果关系，必须证明的第二件事发生是存在适当的时间先后顺序。即为了证明因变量是由自变量引起的，调查人员必须能够证明自变量在因变量之前发生。如为了证明广告的变化引起了销售量的变化，那就必须能够说明广告的变化发生在销售量的变化之前。但是，即使是前面这两个问题已经得到解决，我们也不能得出明确结论说：自变量的变化是引起可观察到的因变量变化的可能原因。

（三）排除其他可能的干扰因素

为了确定自变量和因变量之间的关系，除了满足上述两个条件外，还要排除其他可能的原因，确保自变量是唯一可能的原因。在许多营销实验中很难做到这样。如广告投入的增加确实引起了销售量的显著增加，但如果不控制引起销售量增加的一些干扰变量，如竞争对手撤出此市场、竞争产品提价、区域经济出现了较快增长、季节性影响等，那么我们无法得出广告投入的增加引起销售量的具体增加值。所以，在进行实验时，要尽可能排除其他可能的干扰变量的影响。

需要指出的是，为了证明因果关系，以上三个条件是必要的，但不是充分的。我们可以从数个调查研究中所获得的经验以及依据与问题密切相关的概念知识来增加我们对因果关系存在的信心。

第二节　实验的效度及其影响因素

一、内部效度

内部效度（Internal Validity），是指实验变量或处理变量真正对因变量产生可观察到的变化。如果所观察到的结果受外生变量的影响或干扰，那么就很难估计自变量对因变量的作用。内部效度是做出因果关系推断的一个必要条件，对外生变量的有效控制对于保证实验的内部效度至关重要。

影响实验的内部效度的外生变量包括历史、成熟、测试效应、计量因素、统计回归、选择偏差、死亡、模仿等。

（一）历史

由于实验需要一段时间，在这段时间内宏观经济环境、竞争对手的营销活动、季节性波动等会发生变化。而且实验的时间间隔越长，这种干扰变量的影响可能性越大。

（二）成熟

受试对象随着时间的推移可能变得更有经验、更成熟，也可能在参与实验的过程中产生厌倦，从而影响了实验结果。

（三）测试效应

测试可能影响受试对象的行为，进而影响实验结果。如为了评估广告效果，在广告投放前如果调查了受试对象对品牌的认知和态度，那么在测试广告投放后效果的时候，前面的调查就可能影响受试对象的答案，使得所测量到的结果不能推广到没有经历调查的人群。

（四）计量因素

测量工具、方法或标准的任何变化。如实验前后采用了不同的量表或测量指标，导致实验前后测量结果缺乏可比性。

（五）统计回归

在某一次观测中具有极端行为的受试者在实验过程中向着均值回归的趋势。因为他们更容易改变其态度，而且改变的空间更大。

（六）选择偏差

所选定的实验组与控制组有系统差异，从而导致了实验结果的偏差。

（七）死亡

在实验过程中受试对象的流失，其原因包括拒绝继续参加实验、失去联系等。

（八）模仿

控制组也受到了实验组的影响。

二、外部效度

外部效度（External Validity），是指把实验结果可以推广到其他环境是否具有普遍意义。如果实验情境没有充分考虑现实世界中对特定因变量有影响的各种关键因素，实验的外部效度就会有问题。

既有内部效度又有外部效度的实验是很难实现的。与实验室实验相比，现场使用具有较高的外在有效性、较低的内在有效性。但如果实验的内部效度没有保证，那么对其结果的推论是没有意义的。因此，要尽可能地提高实验的内部效度。

三、对外生变量的控制

对外生变量控制的主要方法包括随机化、匹配、统计控制和设计控制等。

（一）随机化

随机地将受试者分派到实验组和控制组。随机化可以消除由历史、成熟、选择性偏差和计量因素产生的偏差，但无法消除测试效应、死亡和模仿等导致的偏差。

（二）匹配

为了确保实验组的受试者和控制组的受试者在关键特征上没有显著差异，在实验前，先对受试者在关键特征（如年龄、收入、生活方式等）进行匹配。

（三）统计控制

通过统计分析（如协方差分析和多元回归分析等）对外生变量的影响加以调整。

（四）设计控制

通过特定的设计来控制外生变量对实验结果的影响。

第三节　几种主要的实验设计方法

一、事前事后无控制对比实验

这是最简单的实验调查方法。它是在同一市场内，实验前在正常情况下进行测量，收集必要的数据，然后进行现场实验（对自变量进行处理），经过一定实验期后，收集实验过程中的资料数据，从而进行实验前后对比。其实验设计特点如表7-1所示。

表7-1　事前事后无控制对比实验设计特点

项目	实验组	控制组
实验前测量	Z1	—
实验处理	有	—
实验后测量	Z2	—

实验效果为：$E = Z2 - Z1$

这种设计可用来测试商品包装的变换、商品价格调整后的效果。

如某酒厂为了增加啤酒的销售量，经过对市场的初步分析，认为应该改变啤酒的外包装。但对于新包装设计效果如何，能否增加销量、扩大市场占有率，没有切实的把握，于是，企业决定采用实验前、后对比实验对市场进行一次实验调查。

该厂将其生产的三种式样啤酒包装A、B、C作为实验对象。实验期定为一个月。实验过程中，首先统计汇总未改变包装前一个月三种瓶酒的市场销售量，然后改变包装，经过在同一市场销售一个月后，再统计汇总新包装瓶酒的市场销售量。经过实验，结果如表7-2所示。

表7-2 啤酒包装事前事后无控制对比实验

单位：瓶

啤酒	实验前销售额 Z1	实验后销售额 Z2	实验变动
A	1300	1600	+300
B	2500	2900	+400
C	2100	2500	+400
合计	5900	7000	+1100

从实验前、后测量的啤酒销售数据变化可以看出，实验前3种啤酒销售量分别为1300瓶、2500瓶、2100瓶，实验前销量总量5900瓶。实验后3种啤酒销售量分别为1600瓶、2900瓶、2500瓶，共7000瓶。实验效果为 $Z2-Z1=1100$（瓶）。这说明，改变啤酒的包装可能对啤酒销售产生了影响。

此实验方法的缺陷在于没有考虑干扰因素的影响，因而难以肯定实验的效果是由改变自变量所致。

二、事前事后有控制对比实验

这是指控制组事前事后实验结果同实验组事前事后实验结果之间进行对比的一种实验方法。使用这种方法，是在同一时间周期内，选择两组条件相似的研究对象，一组作为实验组，另一组作为控制组，在实验前后分别对两组进行比较。

实验原理：

设 Z 表示实验组的销售量，Y 表示控制组的销售量。

Z1 表示实验组在实验前的销售量，Y1 表示控制组在实验前的销售量。

Z2 表示实验组在实验后的销售量，Y2 表示控制组在实验后的销售量。

其实验设计特点如表7-3所示。

表7-3 事前事后有控制对比实验设计特点

项目	实验组	控制组
实验前测量	Z1	Y1
实验处理	有	—
实验后测量	Z2	Y2

则实验效果为：E = （Z2-Z1） - （Y2-Y1）

实验前后有控制对比实验和实验前后无控制对比实验相比较有很大的不同，有控制组就可以排除自变量因素以外的其他干扰变量的影响，结果提高了实验的准确性。但实验费用要比无控制组实验大。

如某食品公司为测定某商品改变包装后消费者的反应，随机选两个相类似的商店，一个为实验组，另一个为控制组，实验前后的时间分别是两个月，实验前后各组的销售量如表7-4所示。

表7-4　食品包装实验前后有控制对比实验的销售量统计

单位：袋

项目	实验组 Z	控制组 Y
实验前测量	1500	1550
实验后测量	2000	1650

实验效果 E = （Z2-Z1） - （Y2-Y1）

　　　　　　= （2000-1500） - （1650-1550）

　　　　　　= 400 （袋）

相对提高了：400÷1500 = 26.7%

此例子需要说明的几点是：

（1）控制组没有改变商品包装，但销售量增加了。可能是由于天气变暖了、日照时间增加了、其间经济发展速度增加了、利率调低了等引起。这些因素不能算作包装改变的影响因素。

（2）实验组销售量增加应包括商品包装的改变，另外，对控制组产生影响的因素也影响了实验组。

（3）对于实验效果是否显著，应进行显著性检验。

三、所罗门四组设计

所罗门四组设计思想与实验前后有控制的对比实验设计相似。然而，为了控制所有干扰变量对实验的内在有效性的影响，可以通过加入第二个实验组和控制组，这就是所罗门四组设计。基本思路是：第二个实验组不接受预先测量，否则与第一个实验组没什么区别。第二个控制组只接受后期测量。其实验设计特点如表7-5所示。

表7-5　所罗门四组设计特点

项目	实验组1	控制组1	实验组2	控制组2
实验前测量	Z1	Y1	—	—
实验处理	有	—	有	—
实验后测量	Z2	Y2	Z2′	Y2′

实验效果的测量可以有三种方式：

$E = (Z2-Z1) - (Y2-Y1)$

$E = (Z2' - Y2')$

$E = Z2-Z1$

如果在这些测量中效果有一致性，即发现效果都较显著，那么对实验处理影响所得出的推断更加有力。此外，通过此方法还可以直接测量实验处理的交互作用和前期测量影响。计算值为 $[(Z2-Y2) - (Z2'-Y2')]$。

四、事后有控制

事后有控制是指在同一时间内以非实验单位（控制组）与实验单位进行对比的一种实验调查法。在同一实验时期内，实验单位按一定的实验条件进行试验销售，非实验单位按原有条件进行销售，用来同实验单位进行对比，以测定实验的结果。其实验设计特点如表7-6所示。

表7-6　事后有控制对比实验设计特点

项目	实验组	控制组
实验前测量	—	—
实验处理	有	—
实验后测量	Z2	Y2

实验效果：E＝Z2－Y2

为了使实验结果的可信度更高，可以交换实验组和控制组，再次进行实验。

如某奶制品公司为调查了解现场促销对牛奶销量的影响，选定了 A、B、C 三家商店为控制组，不进行现场促销活动，商品正常在柜台销售，另选定 D、E、F 三家商店做实验组，派出营销人员现场促销，让顾客免费品尝，并发放广告材料。A、B、C、D、E、F 六个商店从经营规模、所处位置等方面大体相似。实验时间为一个月，实验结果如表 7-7 所示。

表 7-7　促销活动事后有控制的实验销售量统计

单位：袋

控制组（无现场促销活动）		实验组（有现场促销活动）	
店名	销售量 Y2	店名	销售量 Z2
A	12000	D	14000
B	7000	E	9500
C	15000	F	18000
合计	34000	合计	41500

作为实验组的 D、E、F 三家店由于开展现场促销活动，一个月牛奶销售 Z2 为 41500 袋，作为控制组的 A、B、C 三家店没有开展现场促销活动一个月的牛奶销售 Y2 为 34000 袋。D、E、F 牛奶销售量比 A、B、C 三家店多 7500 袋。过一段时间后，再将这两组进行调换，即 A、B、C 三组搞现场促销活动，D、E、F 三组不搞现场促销活动，再得出销售量的对比，从而对这两次实验的结果进行对比分析。

五、阶乘设计

如果进行实验的自变量不只一个，如我们要考虑的是新产品以什么价格配合什么包装并以什么样的 POP 促销方式投放市场，这时的实验可能更具说服力。如制造商试图对三种 POP 促销水平、三种价格水平、三种包装水平实验投入组合，得到的是 27 种（3×3×3）组合。也就是要选择 27 家商店来进行实验，以得到所需要的实验效果。

六、拉丁方格设计

阶乘设计法涉及 27 种不同的实验投入组合。如果实验自变量之间不存在相互联系、相互影响的关系，则可用拉丁方格设计法，仅实验 9 种（3+3+3）组合，简单估计各自变量的个别影响。这样，可以减少多因素实验设计的成本费用。那么就可以参考前面所介绍的三种基本实验法即实验前后无控制对比实验、实验前后有控制对比实验、实验后有控制实验。

第四节　市场测试

市场测试常应用于营销研究中。它是利用实验的方法对一种新产品或营销组合的某种要素进行的测试。市场测试研究的目的是协助营销经理确定产品在全国推广后得到的估计利润是否超过潜在风险，从而对新产品做出更好的决策，并对既有的产品或营销战略进行调整。

一、市场测试可以提供的信息

市场测试可以提供的信息有：①评估市场份额与容量以推测整个市场。②新产品上市对公司已有类似的老产品影响。③购买新产品的消费者特征。④测试期间竞争者的反应。

除传统市场测试外，模拟市场测试（STMS）的使用越来越普遍。模拟市场测试以更低的成本，利用询问数据和数学模型来模拟市场测试结果。

二、决定是否进行市场测试时要考虑的四个主要因素

市场测试费用很高。所以，在进行市场测试之前，首先要确定是否进行市场测试，要考虑的四个主要因素如下：

（一）将测试成本、失败的风险、成功的可能性及相关利润进行比较

市场测试成本包括直接成本和间接成本两大块。其中，直接成本是指：商业广告制作、支付广告代理商的服务费、消费研究信息和相关数据分析费、测试点赠券和样本费、为获得分销渠道而支付的高额贸易转让费。间接成本是指：管理者花费在市场测试上的时间成本、一次市场测试失败对其他相同家族品牌带来的负面影响、使竞争者知道你在干什么，从而他们在市场上可以制定更好的策略来击败你。将测试成本与不进行测试直接进入市场失败后导致的成本相比较。如果直接进入市场失败后导致的成本高，而且又不能完全确定成功的可能性，那么就应该考虑市场测试。反之，如果直接进入市场失败后导致的成本低，而且产品失败的风险也小，那么不用市场测试而直接进入市场可能是合适的战略。

（二）考虑竞争者仿制产品并推向全国市场的可能性和速度

如果产品能轻而易举地被复制，最好直接将产品推向全国市场而不必进行市场测试。

（三）考虑为市场测试生产产品所需投资与面向全国市场生产必需数量的产品所需的投资

有时，两者之间的差异可能很小。在这种情况下，不进行市场测试而向全国推广产品可能更有意义。然而，若两者之间存在很大差异的话，在决定向全国推广产品之前进行市场测试更有意义。

（四）考虑不进行市场测试，新产品直接上市失败对公司声誉影响程度

新产品投放市场的失败可能会严重损害公司的声誉；可能会损害分销渠道

的其他成员的声誉，并破坏公司与之今后合作的可能性。

三、市场测试研究的步骤

一旦决定进行市场测试，那么，按市场测试研究的步骤进行将有利于提高测试的效率。市场测试研究的步骤如下：

（一）确定目标

典型的市场测试目标有：①估计份额和销售量。②决定产品购买者的特征。③决定购买频率和目的。④决定在哪购买。⑤测量新产品的销售对产品线和现有相似产品销售的影响。

（二）制订详细的测试计划

以市场定位为依据，根据目标市场消费者的特性，制订合适的商业广告计划、价格策略、媒体计划以及促销活动等。

（三）选择测试市场

测试市场的选择是个很重要的决策。在选择测试市场时，应确保市场测试结果能被用到产品销售的整个地区。为此，应考虑以下几个方面的因素：

1. 所选市场没有进行过太多的测试

因为被其他公司经常测试的市场所做出的反应不会与从来没被利用过的市场做出的反应一样。

2. 所选市场应有典型性，能反映正常发展市场情况

选中的各个城市之间应反映出明显的地区差异，地区不同，销售量极大不同的城市都要选中进行测试。

3. 被选择的市场信息是封闭的

没有什么信息传播出去，也不接受其他市场信息的传播，也比较难以做到。

4. 选中的市场应该大到足以提供有意义的结果

但市场太大可能导致测试成本过高。

5. 选定市场中的分销渠道应该反映全国模式

如销售某一具体产品的所有类型的商店都应该出现在市场中，而且应与占全国市场的比例相当。

6. 选定市场的竞争环境应该与该类产品实际面临的普遍环境相似

如一个没有多个国内主要竞争者参与的市场不宜选为测试市场。

（四）执行计划并分析测试结果

根据测试计划，下一步是执行计划。

首先考虑的问题是：测试所需时间的确定。测试时间的确定是测试必须持续能观察到足够多的重复购买周期次数，以反映一种新产品或营销计划在市场中的"保持力"。根据经验，平均测试时间是 6~12 个月。平均购买周期越短，测试所需的时间也越短。香烟、饮料和剃须刀的测试时间是不一样的，后者所需的时间要长。从这也可以看出一些类型的产品是不适合做市场测试的。重复购买率对估计最终销售量很关键，如果过早地结束测试，很可能过高地估计销售量。

其次考虑的问题是：竞争对手反应的预期速度和测试成本等方面。如果能预计到竞争者对测试活动能做出迅速反应（如立即能推出模仿产品），那么测试时间就要缩短，以便于领先占领市场。测试成本在前期决定是否进行市场测试的决定时就曾考虑过，但在实际测试过程中，可能还要继续考虑测试成本与从测试中所获得的附加信息价值之间的关系。如果测试成本过高，那么可能就要修改市场测试方案。

测试结束时，要对测试结果进行分析。主要是依据市场测试目标所收集的数据进行分析，从而做是否将新产品投放市场的决定。

第五节　模拟市场测试

目前，越来越普遍使用的测试方法是模拟市场测试（STMs）。STMs 并不是真实的市场测试，它依赖的是实验方法和数学模型。如顾客对新产品反应的模型。

一、模拟市场测试实施程序

实验室市场测试或模拟市场测试提供了一种能够降低市场测试所需成本和时间的途径。其实施程序如下：

（一）从新产品的目标市场获得有代表性的消费者样本来参与一系列实验

在实验中，消费者被领入一间测试室，并要求完成一份有关他们的人口统计特征、购买实践以及关于新产品产品类别的购买行为的问卷调查。

（二）让消费者观看在竞争环境中的新产品测试广告

这些商业广告在实际电视节目中播放，其中包括许多在产品类别中现有品牌的商业广告，也有其他一些种类产品和服务的商业广告。目的是使测试环境尽可能现实，而并不是要覆盖产品类别中的每一种品牌，但要将广告投入巨大的领先品牌包括在内。

（三）参与者组成一些小组进入一家模拟商店

这家商店有他们所看节目中做了广告的品牌和一些测试实验内没有包括的其他竞争品牌。受试者被给予一定数量的钱从这家"商店"购买东西，所给钱数低于测试产品的价格，然后要求他们根据自己喜好进行购物（或决定不买）。在这个测试中，只有那些受到品牌特征和用途强烈吸引的人才会用自己的一部分钱购买新产品。

（四）讨论他们的选择以及做出选择的原因，同时填写覆盖同样问题的结构化问卷

在完成讨论和涉及选择原因的问卷调查后，消费者回到家中，按平常的方式使用他们购买的产品。

（五）在过了足够长的时间后，给参与测试者打电话

他们事先并没有被告之会再次联系。电话跟踪的目的是为了查明：①他们

对产品的满意度。②其他家庭成员对产品的反应。③满意与否的原因。④与其他曾使用过的同类产品的品牌比较。⑤使用的产品数量。⑥将来购买此产品的可能性。

测试商店中所有品牌在上述几个方面的信息将列表并加以分析,调研人员可以据此研究测试产品与其他品牌的关系,同时确定出测试产品的相对优势和劣势。

二、导致模拟市场测试日趋普及的主要原因

导致模拟市场测试日趋普及的主要原因如下:

(一) 模拟市场测试是相对秘密的

由于采用的是实验室设计,所以,竞争者并不太可能了解正在进行什么测试、测试的细节以及有关正在测试的产品特性。

(二) 模拟市场测试比标准市场测试进行得更快

模拟市场测试一般最多在 3~4 个月里就能全部完成,而在前面我们说过市场测试平均测试时间是 6~12 个月。

(三) 模拟市场测试比标准市场测试更省钱

模拟市场测试所花的费用是标准市场测试费用的 10%~20%。

(四) 模拟市场测试结果非常精确

ASSESSOR 公司的模拟市场测试显示,其产品市场份额的平均预测值与产品实际所获得份额之间的差额在 0.8 个百分比。根据从 ASSESSOR 公司得出的方差估计,70% 的预测值在实际结果的 1.1 个百分点之内。

思考题:

1. 已经以芭比波朗(Bobbi Brown)、倩碧(Clinique)、魅可(MAC)、悦木之源(Origins)和海蓝之谜(La Mer)等品牌知名的雅诗兰黛公司,推出

一个全新高端品牌"Osiao"，计划进入中国市场，你认为该如何进行市场测试？

2. 非连续渠道是指人们通过博客、短信、电子邮件和在线对话等进行交流，连续性渠道（Continuous Channels）包括面对面的对话以及电话交流，在这种交流渠道中，人们会做出即时回应。请为研究在不同渠道中谈论不同内容的驱动因素设计实验调查方案。

3. 一家微波炉生产商已经设计出一种既能降低能源成本又可以完全加热熟食的改进模型。然而，由于附加部件和工程设计的改变，这种新模型将提高产品价格30%。这家公司想确定一下这种新模型对微波炉销售会产生什么影响。请设计出一种能为经营者提供信息的合适的实验设计。为什么选择这种设计？

4. 为本书谈到的六种主要的实验设计方法描述一个适用的特定情形，说明其理由。

5. 在可供研究人员使用的主要数据收集方法中（询问法、观察法和实验法），为什么实验法是唯一一种可为因果关系提供结论性证据的实验？在各种类型的实验中，哪些类型能最好地证明因果关系？

6. 简述模拟市场测试与传统市场测试有什么不同。

7. 市场测试的主要目的是什么？试销决策需要考虑哪几个方面的问题？

案例7-1　商店中啤酒位置摆放实验

迪克酿酒公司是一家小啤酒厂，迪克产品在其所在城市200公里的区域内销售。公司多年来一直享有盛誉，但最近由于偶然分发一批过期啤酒而使名誉受损。同时，由于国内啤酒商的竞争力增强，逐渐侵蚀了迪克的市场份额。迪克决定委托A市场咨询公司为其啤酒产品线开展一项新的促销活动。

A市场咨询公司立即着手研究迪克的产品线和在整个市场区域内不同商店中现有的货架空间分配。因为它们意识到啤酒在超市中货架上的摆放位置是极为重要的。

在大多数商店里，常温啤酒和冰啤酒都有售。A公司在研究冰箱冷藏室储存啤酒时，注意到大部分冷藏室都很小，通常前面有玻璃门。A公司认为一般消费者都是从左到右的顺序浏览商品。因此，它们建议迪克把他的啤酒产品放在冰箱中所有冷藏啤酒的最左边。

对于常温啤酒，大多数商店都是成箱地摆放，而且通常用一整条通道来放这些产品。A 公司认为一般顾客会走进通道溜来溜去。因此它们建议迪克把他的啤酒放在其他品牌的中间。

为了检验这一假设，A 公司选择了坐落在市郊区的一家便利店。利用这家店进行实验来测量货架摆放位置对啤酒销售的影响。一种实验处理是按现有的商品的摆放形式，即米勒冰啤放在冰箱中所有冷藏啤酒的最左边，米勒常温啤酒放在通道中间；另一种实验处理则是根据 A 公司的新计划来安排这些产品。所有其他因素如价格、瓶子数量等在整个实验过程中始终保持一致。第一种处理用于 4 月的前两个星期，第二种实验处理用于后两个星期。以下统计数字显示了对于每一种处理，主要品牌啤酒购买的百分比：

啤酒品牌	实验处理 1	实验处理 2
迪克	38%	43%
米勒	41%	37%
酷尔	21%	20%

问题：

（1）结合内在有效性和外在有效性来评论该项研究设计。

（2）讨论在这个实验中利用便利店的优点和缺点。

（3）请提出一种更加可行的研究设计。

案例 7-2　消费者如何面对选择困难

在学术性研究中，经常运用实验法来验证假设，从而解决问题，并提出一种新的理论或者丰富理论。实验研究法的步骤是：

（1）发现问题。

（2）在充分研究文献的基础上，根据要解决的问题，提出相应的研究假设。

（3）设计实验方案。

（4）对实验结果进行显著性检验（如回归分析等），验证假设。

（5）讨论。

（6）得出研究结论。

如关于"消费者如何面对选择困难"，即消费者有时候要在琳琅满目的商品中做出选择时，有两种情况：一是消费者非常偏好某种商品属性（极端）；二是商品的各种属性对于消费者都很重要（折中）。学者通过文献研究，提出了如下假设：

H1：当选择困难被归因于选择本身的重要性时，折中效应会被削弱，即消费者会更加倾向于选择极端选项。

H2：当选择困难被归因于产品属性的重要性时，折中效应会被提升，即消费者更加倾向于选择折中性效应。

问题：

（1）请设计一个实验方法，来验证以上假设。

第八章　测量及态度测量

第一节　测量的基本类型

一、测量的概念

史蒂文森曾说："就其广义来讲，测量是按照规则给事物指派数字。"即对事物的特性量化的过程。

如调查人员对被调查对象的人口统计学因素、行为因素、心理因素等特征的测量。不同的被调查者如果某一特征相同，那么此特征被给予的数字应该是相同的。在营销研究中，通常为了两个原因而分配数字：一是数字提供了对结果数据统计分析的可能性；二是数字有助于测量规则与结果的传达。

测量过程主要包括四大步骤：①概念的形成与界定。②测量指标的选择。③操作化（按照规则分派数字）。④信度与效度评估（对测量结果的精确度和准确度的评估）。有些概念很复杂，存在着多种理解，在测量时就要明确。如关于质量好的定义，有的人认为是技术先进，有的人认为是耐用，有的人认为是做工精致，有的人认为是符合性。因此，在确定测量指标的时候，就需要用一系列可以观测的指标来代表产品质量的各个维度。又如顾客满意度的衡量，无法直接测量，就需要用一系列的可以观测的指标进行测量，如顾客的体验、顾客感知的价值等。

二、测量量表的分类

有四种基本的测量尺度，即测量量表，如下：

（一）类别量表（Nominal Scales）

类别量表是市场调查中最普通的量表之一。"类别"是指"与名字类似的"。它是将分类的回答项目赋予不同的数字。各类是互相排斥、互不相容的。如：

(1) 性别： □男1 □女2

(2) 地理区域： □城市1 □农村2 □郊区3

(3) 请问您投保的保费来源是什么？

    □1 单位承担全部费用

    □2 单位和个人各承担部分保费

    □3 自己承担全部保费

    □4 他人为我投保

类别量表的特点是：类别数据之间只有质的区别，没有量的区别。所赋予的数字之间没有数量关系、顺序关系，不能相加，更不能乘除，这些数字之间没有真实的意义，只是些符号。

在进行类别量表的统计分析时，只能对总体中的每一类别进行频次和频率的计算以及众数（出现频次最多的数）的计算。计算平均数是毫无意义的。

（二）顺序量表（Ordinal Scales）

顺序量表是指除了具有类别量表用数字代表特征的特点外，还能够对数据进行排序的量表。顺序量表的目的是排序，因此，任何可以代表顺序关系的数字系列都可以接受。顺序测量是基于可传递假设的应用。可传递假设可描述成："如果 a 大于 b，而 b 大于 c，则 a 大于 c。"如：

请对下列自行车品牌按 1~4 进行排序，其中 1 表示最喜欢的，4 表示最不喜欢的。

永久 _____

凤凰 _____

飞鸽 _____

金狮 _____

数字实际上表示了等级的顺序。通过数字的不同，我们能知道什么品牌的自行车最受顾客的青睐、什么品牌其次、什么品牌最没有竞争力。但是一般来说，数字既不表明绝对数量，也不表明两个数字之间的差距是相等的。

顺序量表的特点是：在顺序量表中，没有绝对的零点，两个数字之间的差距没有绝对的意义，不能进行加、减、乘、除等普通的算术运算。在特殊情况，如两个数字之间的差距相等的话，那么顺序量表就可以看作是等距量表。

（三）等距量表（Interval Scales）

等距量表是指各点之间具有相同的间距以显示相对数量。除了包含类别量表和顺序量表的所有特征之外，还增加了量表范围内各点之间的间距相等这一特征。温度的概念就是基于相同的间隔。

使用等距量表，调查人员能够研究两个目标对象之间的差距。

等距量表的特点：①等距量表是一类连续的数量，因此，它在等级之间是有程度的差异的。②等级之间的差距相等，各点之间能进行加减，不能进行乘除，因为等距量表没有绝对的零点，所以限制了调查人员对量表的表述。如对自行车品牌满意度打分，最高分是 10 分，最低分是 1 分。如果给永久 8 分、金狮 2 分，那么我们可以说永久比金狮多 6 分，但我们不能说永久得分是金狮得分的 4 倍，因为在量表中没有给出最低分是零分。③等距量表得到的数据可以计算算术平均值、标准差和相关系数，也可以用 t 检验、F 检验等进行显著性检验。

（四）等比量表（Ratio Scales）

等比量表拥有绝对零点，可以对变量的实际数据进行比较，是测量数据中最高水平的量表。可以进行分类、排序、加减、乘除等运算。应答者的物理特征，如体重、年龄、身高等都是等比量表的例子，其他的等比量表有面积、距离、货币数量、人口数量、时间间隔等数据。

如果在满足日常消费之后另有一笔结余资金 10 万元，根据以下信息，您愿意怎样处理它们？注意各百分数之和必须为 100%，投资意向如表 8-1 所示。

表 8-1　投资意向

序号	投资种类	投资百分比
1	储蓄于银行	
2	投资于股市	
3	购买养老保险	
4	住宅	
5	其他	

三、四种测量量表的实例

（一）四种量表的比较

四种量表的比较如表 8-2 所示。

表 8-2　测量量表类别比较

类型	规则描述	基本操作	应用实例	统计计算
类别量表	用数字识别对象，对其分类	判断相等或不等	品牌编号、商店编号、受访者性别分类	频数、百分比、众数
顺序量表	除识别外，数字表示对象的相对顺序，但不表示差距的大小	判断较大或较小	产品质量等级评价、对商店的偏好程度或社会阶层的划分	百分位数、中位数、众数
等距量表	除具有排序量表的特征外，可比较对象之间差别的大小，但原点不固定	判断间距相等性	温度、品牌认知水平等复杂概念和偏好的测量	均值、方差或标准差、z 检验、t 检验、因子分析
等比量表	具有上面三种类型的性质，并有绝对零点或原点	判断等比相等性	销售量、市场份额、产品价格、家庭收入等精确数据的测量	几何平均数、变异系数

（二）四种量表的实例

以对观众看电视的行为分析为例，四种量表的运用如表8-3所示。

表8-3 测量量表实例

电视栏目名称	类别量表	顺序量表	等距量表	等比量表
	栏目编号	按喜好程度排序	按喜好程度打分（1~7分）	上月内收视时间（小时）
A	1	7	5	20
B	2	2	7	40
C	3	8	7	0
D	4	3	6	35
E	5	1	7	50
F	6	5	5	30
G	7	9	4	0
H	8	6	5	20
I	9	4	6	35
J	10	10	2	2

第二节 态度测量

态度是一种与我们周围环境的某些方面相关的包括动机、情感和认知过程的持久结构，是对某一客体所持有的一种比较稳定的赞同或不赞同的内在心理状态。态度测量是调查被调查对象对本人及他人（事件）的能力、兴趣、意见、评价、情感、动机等方面的资料。对人们的态度测量比较困难，而且极少用精确刻度。在许多情况下，测量态度的量表属于类别量表或顺序量表，一些更精细的量表使研究人员可以在等距水平上测量。一般态度量表达不到等比量度的程度。态度量表有如下几种类型：

一、列举评比量表

列举评比量表（Itemized Rating Scales）是指对某一对象的各项指标进行列表评比。它是市场调查中最常用的一种顺序量表。调查者在问卷中事先拟定有关问题的评比答案量表，由回答者自由选择回答。量表两端为极端性答案，在两个极端之间划分为若干个阶段，阶段可多可少，少则3个，多则5~7个。

（一）划分3个阶段量表

喜欢	无所谓	不喜欢
1	2	3

（二）划分为7个阶段的量表

很喜欢	喜欢	稍喜欢	无所谓	稍不喜欢	不喜欢	很不喜欢
1	2	3	4	5	6	7

设计评比量表时应注意以下几个方面：

（1）量表的阶段划分一般不超过7个阶段，划分过细，使回答者难以评价。

（2）如果研究人员在以往的调研或预先研究已查明，大多数的意见是肯定的，那么量表的设计就应该有偏向肯定的倾向，这能使研究者确定对于被测概念的肯定程度。常用偏向肯定倾向的回答项目为：

非常好	很好	好	一般	差

列举评比量表容易制作，使用方便，可靠性高。能对各项指标进行直观比较。常见的兴趣方面的列举评比指标如：购买意向、同意程度、质量、可靠性、式样、满意度、价格、使用的简便性、颜色、式样等。顾客对某产品满意度评比量表如表8-4所示。

表8-4　产品满意度评比量表

测评指标	满意（5）	较满意（4）	一般（3）	较不满意（2）	不满意（1）
产品外观					
质量稳定性					
使用性能					
安全性					

二、等级顺序量表

等级顺序量表是将有关的回答项目按要求进行比较后排序。列举评比量表属于非比较量表，因为应答者在没有其他参照的情况下做出判断。而等级顺序量表是可比较量表，它要求应答者通过比较后来排序。如：

将您购买汽车时所考虑的前三位的因素按重要程度从大到小进行排序，3表示非常重要，2表示其次，1表示重要性居第3位。

☐ 品牌

☐ 价格

☐ 款式

☐ 颜色

☐ 性能

☐ 百公里耗油

☐ 其他请注明_____。

这种等级顺序量表的局限是仅给调研人员提供了顺序信息，但不能提供顺序之间有多大的差距，即某一个等级相对于另一个等级态度上有多大的差异。

三、语义差异量表

语义差异量表（Semantic Differential Scales）是由美国心理学家查尔斯·奥斯古德等人研究开发的。语义差异量表是用成对的反义形容词来测试回答者的态度。语义差异量表可以迅速、高效地检查产品或公司形象与竞争对手相比所具有的长处和短处。它主要用于市场比较、个人及群体差异的比较以及人们对事物或周围环境态度的研究等，而且制作非常简洁、直观，因而受到市场研究人员的青睐，经常用来作为测量企业形象的工具。

具体做法是：将被测量的事物放在量表的上方。然后，将对该事物加以描述，各种反义形容词列于两端，中间可分为若干等级，每一等级的分数从左至右为7、6、5、4、3、2、1等，由回答者按照自己的感觉在每一量表上适当的位置上画上记号。

如以售鲜花店为目标让调查对象来评价 A 和 B 店的情况，语义差异量表如图 8-1 所示。

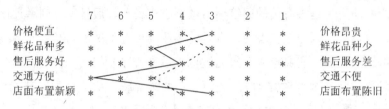

图 8-1　鲜花店的语义差异轮廓

注：实线代表 A 店，虚线代表 B 店。

通过语义差异量表得出结论，除了店面布置要改进外，A 店其他指标均比 B 店都好。从总体综合指标看，A 店比 B 店强。

四、李克特量表

李克特量表（Likert Scale）是李克特在 1932 年提出来的。人类对事物的态度虽然极为复杂，但在两个极端的态度中决定每个人态度的位置是一件可能的事。李克特量表是对所研究的概念编制一系列的陈述句，应答者被要求回答对每一个陈述句子的同意或不同意的程度。然后根据应答者的判断结果来分析其态度。

企业开展市场调查的一个主要目的是寻找目标市场，为委托方进行营销决策提供依据。因此，细分市场的两个标准行为因素和心理因素经常要在问卷中体现出来。由于消费者的购买及消费行为反映了一个社会或群体的生活方式。

所以，研究生活方式成为市场调查问卷设计中的一个很重要的内容。由威尔斯和泰格特（Wells & Tigert）所提出的 AIO 量表是测量生活方式最常见的量表。威尔斯和泰格特采用口语化的表述方法，直接询问研究对象的活动（Activities）、兴趣（Interests）和观点（Opinions）。其中，AIO 中的"A"即活动，指一种具体、明显可见的行动；"I"代表兴趣，指人们对于事物、事件或主题的兴奋程度以及所引发的特别或者连续性的注意；"O"表示观点，可以用来描述对于问题的解释、期望与评价。以此为基础，普鲁莫（Plummer）整合并发展了AIO 生活方式的李克特量表，并将人口统计变量，如年龄、收入水平、受教育程度、居住地等结合来进行分析。现在，一家国际营销机构 DDB 开发了包含206 个 AIO 的题库，在全美消费者总体的大样本调查中被采用。

李克特量表的建立步骤如下：

第一步：调研人员根据所要测量的概念收集大量的与要测量的态度有关的语句，一般在 75 条以上，保证其中对主题不利的、中立的和有利的语句都占有足够的比例，并将其分别写在特制的卡片上。

第二步：选定 20 人以上的评定员，按照各条语句所表明态度的有利或不利程度，将其分别归入 11 类。第一类代表最不利的态度，……，第六类代表中立的态度，……，第十一类代表最有利的态度。当然，每个评定员对各语句的态度认识是不一样的，如某评定员认为第一句语句是负态度最极端的，就将它列入第一层次，其他评定员也可能将它列入第二、第三层次内。而事实上，所有语句都可以分为三类：正态度、中性态度和负态度。有利态度的语句不可能列入表示不利态度的量级层次内，反之亦然，并对每个测量项目给出数字，如从非常不同意到非常同意的正态度项目分别为 1、2、3、4、5 的数字，对负态度项目也为 1、2、3、4、5 的数字。

第三步：所有评定员将语句分别放入相应的层次后，即可根据各语句在各层次内的分配状况，计算其平均值。同时删除那些次数分布过于分散的语句（评定者的态度都各不一致的语句）。

第四步：确定每一语句的平均值所属层次，在每一层次中选出 2~3 个标准差最小的语句构成一个李克特量表。这样就形成了 20~25 个句子。

如测量人们对用名人来推荐产品的广告的态度所构建的包括吸引力、一致性、专业性、可信赖性和道德声誉的李克特量表的语句如下：

（1）名人推荐者有产品知识。

（2）名人推荐者有产品使用经验。

（3）名人推荐者是诚实的。

（4）名人推荐者有吸引力。

（5）名人推荐者令人愉快。

（6）名人推荐者能给产品带来积极的联想。

（7）名人推荐者有良好声誉。

（8）名人推荐者尊重社会公德。

（9）产品可以和名人推荐者联系起来。

（10）名人推荐者可以代表消费者的身份。

（11）名人推荐者的身份和产品相适应。

（12）名人有资格做产品的推荐。

（13）我认同这种推荐。

（14）产品适合我。

（15）我喜欢名人推荐者。

（16）名人推荐者的形象与产品相一致。

（17）名人推荐者可以熟练使用产品。

（18）名人推荐者长得漂亮。

（19）名人推荐者没有丑闻。

（20）名人推荐者是可信赖的。

（21）名人推荐者是可靠的。

（22）我知道名人推荐者。

五、购买意向量表

购买意向量表是商业市场调查中用得最频繁的量表。在新产品研制期间，当新产品处于概念测试阶段时，进行购买意向的测试就可以对需求有一个大致的认识。通过调查，决策者可以尽快排除潜在的没有发展前途的项目，仔细挑选那些拥有中等购买意向的项目，并积极推进有明显潜力的项目。在这一阶段，投资较少，通过购买意向的调查，进行产品调整和重新定位比较容易，所以，应该引起重视。在试销之前，当产品的样品发放到各测试城市的顾客家中，在经过一段时间的试用后（一般2~6周），询问他们的试用感受，是否愿意购买等。一般情况下，决策者将回答"肯定买"和"可能买"的人数的百分比相加，来作为决策的依据。如对于消费品制造商，可能要求在概念测试阶段这一比例达到80%以上，在试用阶段，这一比例要达到65%以上才考虑试销。

在购买意向量表调查中经常提出如下相关问题：

Q10：如果×××产品的价格是98元，而且您在通常光顾的商店就能买到，您将：

□ 肯定买

□ 可能买

□ 可能不买——跳至Q12

□ 肯定不买——跳至Q12

Q11：您会使用×××产品作为：

□ 替代产品

□ 已有产品的附加品

Q12：您会将这种产品推荐给您的朋友吗？

□ 肯定会

□ 可能会

□ 可能不会

□ 肯定不会

第三节　量表的信度和效度

理想的市场调查要能够提供精确、清晰、及时的数据。正确的数据来自正确的测量。但是，在市场调查中根本不可能出现测量值正好和实际值相等的情况。即它们之间总会有测量误差，包括系统性误差和随机性误差。

一、测量误差

可以用如下的公式来表示真实值和测量值之间的关系。用 T 表示量表的测量值，X 表示量表的真实值，则有：

$X = T + B + \varepsilon$

其中：B 为系统性误差，ε 为随机性误差。

当 $\varepsilon = 0$，即 $X = T + B$ 时，说明测量结果有很高的一致性，即测量是可靠的、高信度的。

当 $\varepsilon = 0$，$B = 0$，即 $X = T$ 时，说明测量结果准确，即测量是有效的、高效度的。

导致系统误差的原因很多，主要的原因如下：

（一）替代信息误差

替代信息误差，是指实际所需的信息与调研者所收集信息之间的差距而产生的误差。这种误差与调研设计的主要问题有关，特别是对一些问题不恰当定义而产生的。可口可乐公司就出现过这样的错误，结果导致了新可乐的失败。据报道，新可乐的调查仅集中在消费者对于可口可乐新口味的意见而没有考虑到老顾客对于可口可乐所倾注的感情和象征意义。又如调查人员试图测量某餐饮店的满意度，所采用的量表只是所有实际问题的一部分或者量表用词不够准确等。

（二）调查员误差

调查员误差，是指因调查员与被调访问对象之间的沟通而引起的误差。调查员用不同的语气和语调来提问，被访问对象就可能有不同的反应。另外，调查者是否友善、穿着方式、性别等其他原因都会对被访问对象有影响。使他们给出不真实或不准确的回答。

（三）测量工具误差

测量工具误差，是指因测量工具而产生的误差。这种误差是由于所提出的问题模糊不清、过于复杂等导致回答的偏差。如提出的问题是："你住的地方离该商店多远？"回答项是：A. 少于 5 分钟；B. 5 ~ 10 分钟；C. 10 ~ 15 分钟；D. 15 分钟以上。但是没有提示用什么交通工具到达。像这种类型的错误能够通过细致的问卷修改和在实地调研前进行充分的试调查而加以避免。

（四）数据处理误差

数据处理误差，是指调研资料或调研数据在向计算机输入过程中所产生的误差。如在计算机辅助电话访谈中，访问员可能错误地输入某个问题的答案。这类错误可以通过在数据录入以及调研结果处理过程中严格的质量控制加以避免。

（五）拒访误差

如果我们从某个特定群体中抽选 400 个样本，理想的情况是对这 400 个样本都进行调查。而在实际中，这是很难实现的。在邮寄调研中，回答率一般在 5%左右，甚至更低。因这种差异而引起的误差被称为"拒访误差"。很明显，回答率越高，拒访误差的影响便越小，因为拒访者在总体中占的比例减小了。拒访误差在以下三种情况下发生：①在特定时间无法联系到被访者。②虽然得到了默许，但在当时的环境下不能或不愿意接受访谈。③虽然能够联系到被访者，但被访者拒绝接受访问。

其中，最后一种情况最为严重。因为，前两种情况都有重新进行调研的可能。拒访率现在已经达到了前所未有的水平，近 40%。

（六）回答误差

如果被访问者在某一特定问题的回答中有特定的偏向，则产生回答误差。回答误差的产生有两种基本的形式：有意错误与无意错误。有意错误的产生是因为被调查者故意对所提问题做出不真实回答或者故意隐瞒真相。无意错误是指回答者希望能够做出真实、准确的回答，但他们不知道问题的答案，或者本身就对某些东西有特殊偏好，或者受到当时的情绪波动、健康状况、时间限制、周围环境等的影响。因此他们给出了不正确的答案。

二、信度

对量表的评价一般包括两个方面：信度评价和效度评价。信度（Reliability）即可靠性，是指使用相同指标或测量工具重复测量相同事物时，得到相同结果的一致性程度。如果研究单位的属性不变，测量结果也不变，则这种测量是可信的。如果想知道某人的体重，我们可以叫两个人来估计，一个人的估计为70公斤，另一个人的估计为65公斤，那么我们就可以认为，叫别人来估计体重是非常不可信的方法。如果用磅秤，连续测量两次的结果都是相同的，因而我们可以说，在测量体重方面，用磅秤的方法要比人来估计更可信。可靠性来自随机误差大小。随机误差越小，调查的信息就越可靠。信度的测量方法主要有如下三种：

（一）重测信度（Test-retest Reliability）

这种方法通常是在尽可能相同的条件下，在两个不同的时间进行重复同样的测量所得到结果之间的一致性。信度系数可以用相关系数来表示。假如我们第一次测量时的观测值是X，第二次测量时的观测值是Y，那么重测信度就等于X与Y的相关系数。如用有35个问题的量表对某商城的满意度进行调查，在不同的时点上对同一调查者进行调查，如果两次结果高度相关，那么我们可以推断测量的信度较高。但重复测量时，我们要注意两次测量的时间间隔要恰当。如果时间间隔太久，可能会发生一些变故包括环境和个人因素等，这会影响被调查者的态度改变，那么就会导致前后的测量有很大的差异。

（二）复本信度（Alternative-forms Reliability）

复本是针对原本而言的，它是原本的复制品。对一项调查的问题，让被调查者接受问卷测量，并同时接受调查问卷的副本调查，然后根据结果计算原本和复本的相关系数，就得到复本信度。如对是否申办奥运会，人们有两种态度，赞同和不赞同。可以针对赞同形成一个问卷，针对不赞同形成一个问卷。但是，制订完全等价的原本和复本的问卷是相当困难的，甚至是不可能，同时也是不值得的。如：

以下是大家对于申办奥运会的态度的调查。

1. 赞同的测量

A. 奥运会将提高中国的声望。

B. 我为奥运会在北京召开感到自豪。

C. 只要能开好奥运会影响生活和工作也没关系。

D. 奥运会有利于振奋民族精神激扬爱国主义。

E. 奥运会召开可带来可观的经济效益。

F. 奥运会体现了我国安定团结和改革的成就。

2. 不赞同的测量

A. 国家财政困难不应该举办奥运会。

B. 办奥运会花钱太多不如把钱用于改善人民生活。

C. 奥运会的宣传声势有些浪费。

D. 我对奥运会后的经济形势发展感到忧虑。

E. 奥运会向老百姓集资增加了人民负担。

（三）内部一致性信度 （Internal Consistency Reliability）

通常是在无副本且不准备重测的情况下，就用内部一致性信度也称折半信度来计算信度系数。即在同一时间内，将测量的所有内容随机分成两个部分。如果这两部分的得分高度相关，则存在内在一致性。举例来说，如果有一份问卷，其中有 10 个问题涉及女性歧视现象。利用折半信度时，可将 10 个问题随机分成两组，每组有 5 个问题，然后根据每组的测量结果来计算两组的相关系数。目前最常用的是"克罗巴奇—阿尔法"（Cronbach Alpha）信度系数。通常认为，α 信度系数应该在 0~1，如果量表的 α 信度系数在 0.9 以上，表示量表的信度很好；如果量表的信度系数在 0.8~0.9，表示量表的信度可以接受；如果量表的信度系数在 0.7~0.8，表示量表有些项目需要修订；如果量表的信度系数在 0.7 以下，表示量表有些项目需要抛弃。小于 0.6 的 α 值一般表明内部一致性信度不佳。

三、效度

效度（Validity）即有效性、正确性程度，是指测量工具在多大程度上反映了我们想要测量的概念的真实含义。效度越高，即表示测量结果越能显示出所要测量的对象的真正特征。效度是一个多层面的概念，它是相对于特定的研究目的和研究侧面而言的。一般来说，无法对效度进行直接检验。因而，检验效度必须针对其特定的目的功能及适用范围，从不同的角度收集各方面的资料分别进行。检验效度的方法大体有如下三种：

（一）内容效度

内容效度（Content Validity）又称表面效度或逻辑效度，是指所设计的题项能否代表所要测量的内容或主题。考察内容效度旨在系统地检查测量内容的适当性，并根据我们对所研究概念的了解去鉴别测量内容是否反映了这一概念的基本内容。检验内容效度就是检验由概念到指标的经验推演是否符合逻辑，是否有效。内容效度实质上是一个判断问题。K. D. 贝利在《社会研究方法》中指出，内容效度必须考虑两个主要问题：一是测量工具所测量的是否正是调查人员所想要测量的那种行为；二是测量工具是否提供了有关的那种行为的适当样品。为了使内容效度更加有效，调研人员需要在收集大量的相关文献资料的基础上，召开小组座谈会和专家座谈会，以便对所要测量的概念进行准确界定。

（二）准则效度

准则效度（Criterion-related Validity）又称效标效度或预测效度，是根据已经得到确定的某种理论，选择一种指标或测量工具作为准则（效标），分析测量内容与准则的联系，若二者相关显著，或者测量对准则的不同取值、特性表现出显著差异，则为有效的测量。评价准则效度的方法是相关分析或差异显著性检验。如先询问被调查者对于某种新产品的购买意愿，然后收集实际的购买数据，得出购买意愿的程度与实际购买行为的相关关系及是否显著的结论。在测量的效度分析中，选择一个合适的准则往往十分困难，使这种方法的应用受到一定限制。

(三) 建构效度

建构效度（Construct Validity），是指测量结果体现出来的某种结构与测值之间的对应程度。由于它是通过与理论假设相比较来检验的，因此建构效度也被称为理论效度。建构效度分析所采用的方法是因子分析。因子分析的主要功能是从全部量表中提取一些公因子，各公因子分别与某一群特定变量高度关联，这些公因子即代表了量表的基本结构。在因子分析结果中，用于评价结构效度的主要指标有累积贡献率、共同度和因子负荷。累积贡献率反映公因子对量表或问卷的累积有效程度，共同度反映由公因子解释原变量的有效程度，因子负荷反映原变量与某个公因子的相关程度。

四、信度与效度之间的关系

信度与效度之间的关系可以概括为：①信度低，效度不可能高。因为如果测量的数据不准确，也并不能有效地说明所研究的对象。②信度高，效度未必高。信度是效度的必要条件，但不是充分条件。如果我们准确地测量出某人的经济收入，却未必能够说明他的消费水平。③效度低，信度很可能高。如即使一项研究未能说明社会流动的原因，但它也很有可能精确可靠地调查各个时期各种类型的人的流动数量。④效度高，信度也必然高。

思考题：

1. 简述四种类型的测量量表之间的区别。请各举一例。

2. 为在学校餐厅就餐的大学生设计一个购买意向量表。如何衡量这一量表的可靠性和有效性？你认为购买意向量表能在商业市场调查中如此流行的原因是什么？

3. 为喜欢喝啤酒的大学生设计一个等级顺序量表。

4. 设计一个用来评估中小学生"减负"问题的李克特量表。

5. 一些人认为所有需要测量的顾客满意度可以归结为一个问题："你会把我们推荐给朋友吗？"你认为呢？

6. 信度和效度有什么区别？请各举一例。

7. 简述评估信度的方法。

8. 简述评估效度的方法。

9. 打分和排名之间的不同有哪些？哪一个最适合态度测量？为什么？

10. 将学生分组。每个组都要创造出5组形容词用语义差别法调研你的学校或大学的形象。然后教师将这些建议综合到一个单独的语义差别量表中。之后每个组都要对不在课堂中的学生进行5次采访。然后进行分析。

案例8-1 Frigidaire 电冰箱公司

Frigidaire 电冰箱公司希望自己的企业形象同许多其他电器公司进行比较。以下是问卷中使用的一些问题：

Q1：我们想了解你对5家电冰箱生产公司的全面印象。请给它们评级，从1到5，1表示最好，5表示最差。（要保证每个公司都有一个分值）

公司名称	等级
通用	_____
西屋	_____
Frigidaire	_____
西尔斯	_____
惠而浦	_____

Q2：现在，我想知道您对一些用来形容 Frigidaire 和它所生产冰箱的陈述意见。对我所读出的每个陈述，请告诉我，你同意或不同意这个关于 Frigidaire 陈述的程度。如果完全同意此陈述请给10分，如果完全不同意请给0分。或者你可以用其间的任何最能表达你对每个关于 Frigidaire 陈述意见的数字。（从画钩的陈述开始，并分别给每个陈述一个数字，保证每一个答案都被记录下来。）

陈述	评比
（　）它是一个现代的、新潮的公司	____
（　）它生产的冰箱比其他公司的冰箱提供更高价值	____
（　）它生产的冰箱比其他公司的冰箱更耐用	____

（　　）它是关注产品的公司　　　　　　　　　　　　　　　____

（∨）它生产的冰箱比其他公司的冰箱具有更特殊的特点　　____

（　　）它是一个根基稳定的、可靠的公司　　　　　　　　____

（　　）它生产的冰箱比其他公司的冰箱更可靠　　　　　　____

（　　）它生产的冰箱比其他公司生产的冰箱具有更高质量　____

（　　）它生产的冰箱具有比其他公司的冰箱更好的担保或保修　____

Q3：假设你今天要买一个（以下电器），哪种品牌是你的第一选择？第二选择呢？第三选择呢？（从画钩的电器开始，在相应的电器下圈出数字）

（　　）电冰箱　　　　　　　　　（∨）电炉灶

品牌	第一选择	第二选择	第三选择	第一选择	第二选择	第三选择
通用	1	1	1	1	1	1
西屋	2	2	2	2	2	2
Frigidaire	3	3	3	3	3	3
西尔斯	4	4	4	4	4	4
惠而浦	5	5	5	5	5	5

其他（指明）＿＿＿＿＿＿＿＿＿＿＿＿＿＿

Q4：假设你今天要在市场上买一台冰箱，会有多大兴趣购买你在广告上看到的 1998 型的 Frigidaire 冰箱？（圈出一个数字）

非常感兴趣	1
有些兴趣	2
无所谓	3
不感兴趣	4
完全没兴趣	5

Q5：为什么您会这样感觉？（探寻完整和有意义的答案）

＿＿＿＿＿＿＿＿＿＿＿＿＿＿＿＿＿＿＿＿＿＿＿＿＿＿＿＿＿＿＿＿＿＿

＿＿＿＿＿＿＿＿＿＿＿＿＿＿＿＿＿＿＿＿＿＿＿＿＿＿＿＿＿＿＿＿＿＿

Q6：现在我想只为统计的目的问您几个问题：

（1）您目前是否拥有由 Frigidaire 制造的电器？（圈出一个数字）

是	1
否	2

（2）持家的人是男性还是女性？（圈出一个数字）

男性　　　　　　　1

女性　　　　　　　2

（3）卡片上的哪些字母适合您所处的年龄段？（圈出一个数字）

A. 25 岁以下　　　　1

B. 25~34 岁　　　　2

C. 35~44 岁　　　　3

D. 45~54 岁　　　　4

E. 54 岁以上　　　　5

问题：

（1）问卷使用了哪几种测量量表？其中，在对于态度测量时，又用的是什么具体的态度测量量表？每种量表的目的是什么？有哪些其他量表可以用来代替以获得相同信息？

（2）可以在这份问卷中使用语意差别量表吗？如果可以，有哪些可以使用的形容词组？

（3）你是否认为 Frigidaire 的经理已经拥有足够信息来评价顾客所认知的他们的竞争地位？如果不是，还应该询问哪些其他的问题？

第九章　问卷设计

第一节　问卷的定义与作用

一、调查问卷的概念

问卷是指调查者根据调查目的与要求设计的，由一系列问题、备选答案及说明等组成的用于从调查对象获取信息的一种工具。在数据收集过程中，问卷起着核心作用，也是影响数据质量的主要因素。

根据市场调查方法的不同，调查问卷可分为：访问调查问卷、邮寄调查问卷、电话调查问卷、网上调查问卷等。根据问卷填写方式的不同，调查问卷可分为自填式问卷和代填式问卷。

问卷设计的最大弱点是不能保证设计出最优的或理想的问卷。问卷设计是一门通过经验获得的技巧，它是一门艺术而非科学。

二、问卷的作用

（一）实施方便，提高精度

问卷提供了标准化和统一化的数据收集程序，它使问题的用语和提问的程序标准化。每一个访问员按照问卷上的问题提问，每一个被调查者看到或听到相同的文字和问题。只要被调查者有一定的文化水平和语言表达能力，就能完成问卷。如果没有问卷，应答者的回答可能受到访问员用词的影响，而不同的访问员会以不同的方式提问，导致的结果是所收集的资料精确度下降，这会严重影响调查报告的质量。另外，如果问卷设计不好，那么所有精心设计的抽样方案、训练有素的访问人员、资料的编辑和编码、合理的数据分析技术都将是资源的浪费。

（二）便于对资料进行统计处理和定量分析

问卷调查的结果统计可以用计算机将每一个被选择的答案进行汇总、归类。问卷设计不仅将人们实际的购买行为以提问和回答的方式设计出来，而且将人们的态度、观点、看法等定性的认识转化成定量的研究，这样便于研究者除了对调查对象的基本状况有一定的了解外，还可以对各种现象进行相关分析、回归分析和聚类分析等。如果没有问卷，对不同应答者进行比较的有效基础就不存在了，一堆混乱的数据从统计分析的角度看也难以处理。从这个意义上讲，问卷是一种控制工具。

（三）节省调查时间，提高调查效率

由于许多项目设计成由被调查者以选择答案的形式回答，调查人员对调查对象只需稍作解释，说明意图，调查对象就可以答卷。而且一般不需要被调查者再对各种问题做文字方面的解答，只需对所选择的答案做上记号即可。因此节省了许多时间，使被调查者能在较短的时间内回答更多的对研究者有用的信息，而且不需要访问人员做大量记录。

三、优秀问卷的标准

优秀问卷应该是满足如下条件的：

（一）能提供必要的决策信息

任何问卷的主要作用都是提供管理决策所需的信息，如果所选择的问题

不能包括将用于获得解决营销问题所需要信息的所有主题，或者如果它们遗失了一些关键性信息，那么该营销问题就不能得到完整的解决，或者更为糟糕的是，产生的信息可能是错误的或者造成误导。所以，在进行问卷调查之前，问卷的设计者必须与将要利用数据的高层进行反复沟通，任何不能提供管理或决策重要信息的问卷都应被放弃或加以修改，直到问卷被高层主管所认可为止。

（二）问卷设计简洁、有趣、具有逻辑性

据估计，由于问卷设计欠佳，超过 40％ 的被联系者拒绝参与调查。应答者一般不会专门等着来回答问题。他们可能在忙于其他事先安排的事务，也可能在家观看有趣的电视节目，还可能正忙于购物或家务。所以，当他们对问卷的题目感觉乏味或不重视时，都不会参与调查。如果问卷设计简洁、有趣，如针对应答者是儿童，就使用儿童的语言进行询问，那么，应答者会考虑给予合作。至于问卷题目编排的顺序应注意的问题，在后面会给予介绍。

（三）应满足的其他条件

1. 与调查目标相一致

问卷设计是为调查目标服务的。一份优秀的问卷必须是将所要调查的内容全部涉及，而且没有遗漏。同时，也尽量避免多余的问题，尽量使问卷不要过于冗长。

在考虑调查目标的同时，市场研究人员必须将调查目的转化为应答者能理解的形式，并将其转化为满足管理者信息要求的调查结果和建议。

2. 与应答者沟通，获得合作

问卷设计要考虑应答者的智力水平，这样才能与应答者沟通，获得合作。

3. 便于整理

便于访问员记录；便于快捷编辑和检查已完成的问卷，易于编码和数据输入。

第二节　问卷的基本结构

问卷的格式一般是由问卷的开头部分、甄别部分、主体部分和背景部分组成。

一、开头部分

开头部分主要包括问候语、填写说明、问卷编号等内容。不同的问卷所包括的开头部分会有一定的差别。

（一）问候语

问候语也叫问卷说明，其作用是引起被调查者的兴趣和重视，消除调查对象的顾虑，激发调查对象的参与意识，以争取他们的积极合作。一般在问候语中的内容包括称呼、问候、访问员介绍、调查目的、调查对象作答的意义和重要性、说明回答者所需花的时间、对被调查者信息的保密承诺及感谢语等。此外，问候语还要求尽量简短。如：

女士们、先生们：

您好！

我是×××市场调查公司的访问员王××，我们正在进行一项×××产品的市场需求调查，我们很乐意知道您对此类产品的看法和意见，以便我们改进产品，请您根据您的实际想法作答。依照《统计法》，有关您个人或家庭的资料我们将严格保密。访问只需要20分钟，访问结束后我们将送您一份小礼物以表示感谢。

对于邮寄调查，一般可以先给调查对象寄一封说明信（相当于问候语），然后再把问卷寄到调查对象的手中。说明信的写法要求更规范一些，并注意在说明信中提供返回地址和返回日期，便于被调查者将问卷寄回。如：

亲爱的学生家长：

有一个问题正在困扰×××大学——怎样减少大学生的旷课率？这个由学校发起的问卷调查的目的是希望寻求这个问题的答案。

您被选中是：您有孩子在本大学念书，上个月，一份相似的问卷已经发给了您的孩子，而且他们的回答正在整理中。我们希望了解社会、家长和学生本人的想法，并比较两代人对学校教学同社会联系的看法与建议。

由于资金有限，我们只选了一个比较小的样本家庭来回答这份问卷。这样，您的回答对该研究的成功极为重要。信里并附有一个回寄信封（已贴好邮票）。

谢谢您的支持和帮助。

×××大学教务处

20××年×月

（二）填写说明

在自填式问卷中要有详细的填写说明，让被调查者知道如何填写问卷，如何将问卷返回到调查者手中。如：

（1）请您在所选择答案的题号上画圈。

（2）对只许选择一个答案的问题只能画一个圈；对可选多个答案的问题，请你在认为合适的答案上画圈。

（3）需填写数字的题目在留出的横线上填写。

（4）对注明要求您自己填写的内容，请在规定的地方填上您的意见。

（三）问卷编号

问卷编号主要用于识别问卷、调查者以及被调查者的姓名和地址等，以便于校对检查、更正错误。

二、甄别部分

甄别部分也称问卷的过滤部分，是先对被调查者进行过滤，筛选出非调查对象，然后有针对性地对特定的被调查者进行调查。通过甄别，一方面，可以筛选掉与调查事项有直接关系的人，以达到避嫌（避免回答过于专业）的目的；另一方面，确定哪些人是合格的调查对象，通过对其调查，使调查研究更具有代表性。

甄别内容一般包括两大方面：一是看被联系者及家人的工作性质。如被联系者或家人如果在广告公司或市场调查公司或咨询公司或电视、广播和报纸等媒介机构以及与调查目标相关的行业工作的话，一般不属于调查对象。二是看是否与调查项目所要求的标准相符合。如年龄，经常是一个要甄别的项目。"对中国老年人健康问题的调查"中，调查对象的年龄要求是65岁以上，如果小于65岁，则被联系者不属于调查对象。

如"北京市酒店式公寓需求研究"的甄别部分包括如下部分（避嫌的问题如S1；合格性审核如问题S2、S3）：

S1：请问您或者您的家人有没有在下列行业工作？

☐ 广告、公关机构　　　　　　　　　　　　　　终止访问

☐ 市场研究、咨询、调查机构　　　　　　　　　终止访问

☐ 电视、广播、报纸等媒介机构　　　　　　　　终止访问

☐ 房地产公司　　　　　　　　　　　　　　　　终止访问

☐ 以上皆无　　　　　　　　　　　　　　　　　继续访问

S2：请问您的大致年龄？

☐ 25岁以下　　　　　　　　　　　　　　　　　终止访问

☐ 25～34岁　　　　　　　　　　　　　　　　　继续访问

☐ 35～44岁　　　　　　　　　　　　　　　　　继续访问

☐ 45～54岁　　　　　　　　　　　　　　　　　继续访问

☐ 55～65岁　　　　　　　　　　　　　　　　　继续访问

☐ 65岁以上　　　　　　　　　　　　　　　　　终止访问

S3：请问是由您决定或者参与决定在此租房居住吗？

☐ 是　　　　　　　　　　　　　　　　　　　　继续访问

☐ 不是　　　　　　　　　　　　　　　　　　　终止访问

三、主体部分

主体部分也是问卷的核心部分，包括所要调查的全部问题，主要由问题和答案组成。详细叙述见第三节。

四、背景部分

背景部分通常放在问卷的最后，主要是有关被调查者的一些背景资料，该部分所包括的各项内容，可作为对调查者进行分类比较的依据，一般包括性别、民族、婚姻状况、收入、教育程度、职业等。

教育程度分为小学、初中、高中、职高、中专、技校、大专、大学或以上。

职业分为政府机构/公共事业单位（医院、学校、警察）、外资/合资企业、私营企业、国营集体企业、学生、下岗、待业、离退休、其他。

背景资料说明了调查对象的基本特征。由于不同性别、年龄、民族、职业和收入水平在同一问题上会表现出不同的行为和态度，它们在市场营销中常用来作为细分市场的依据，因此，背景资料在调查问卷中是不可缺少的部分。

第三节 问卷设计程序及内容

设计问卷包括一系列逻辑步骤，具体说明如下：

一、确认所需信息

问卷设计的第一步是确认所需信息。随着研究项目的进行，所需信息变得越来越清晰。这时，应该根据调查方案中所提出的问题和假设，确定目标人群的特点，拟定问卷设计提纲。

二、确定数据收集方法

数据收集的方法主要有：访谈法、电话调查、邮寄调查、留置调查、互联网调查、观察法、实验法等。不同的调查方法对问卷设计的要求是不同的。街头拦截式的面访调查，访谈时间应尽量控制在 15 分钟以内，因为路上行人一般有要事在身，不会花太多的时间来接受访谈。那么，就要求问卷内容尽量简短。电话调查经常需要丰富的词汇来描述一种概念以肯定应答者理解了正在讨论的问题。而在入户访谈中，访问员可以给应答者出示图片以解释或证明概念。在邮寄调查中，有关说明要写得非常详细，因为访问人员不在现场，没有澄清问题的机会。

如想要调查被访者对一些商店的偏好程度，各种调查方法的提问如下：

（1）邮寄问卷：请按照您在下列商店购物的偏好顺序为它们排序。从挑出您最喜欢的一家商店并填入数字 1 开始，然后找出第二偏爱的百货商店并填入数字 2，继续这一过程直到您按偏好顺序为所有的商店排好顺序，最不喜欢的商店应该填 10。任何两家商店不应该得到同样的序位数字。偏好的标准完全取决于您，没有正确或错误的答案。

（2）电话问卷：我将向您读出一些百货商店的名字，请根据您在这些商店购物的偏好为它们评分。采用 10 分制，其中 1 表示不太偏爱，10 表示非常偏爱。1~10 的数字反映了偏好的程度。此外，请记住数字越大，偏爱的程度越高。现在，请告诉我您对下列商店购物的偏好程度。（请一次读一行）

（3）入户访谈问卷：（给调查对象递上百货商店卡片）这里是一组百货商店的名称，每一家写在一张单独的卡片上，请仔细查看这些卡片。（给调查对象时间）现在，请再次查看这些卡片，并挑出写有你最喜欢的商店，也就是你最偏爱去购物的商店名字的卡片（记录下商店名字并将卡片留下）。现在，请查看剩下的卡片，在剩下的这些商店中，您最偏爱去购物的是哪一家？（依次重复这一程序直到调查对象只剩下一张卡片）

三、确定提问类型

在市场调查中，有两种主要的提问类型：开放式提问和封闭式提问。

（一）开放式问题

开放式提问也称自由问答题，只提问题或要求，不给具体答案，要求被调查者根据自身情况自由回答，调查者不对被调查者的选择进行任何限制。被调查者使用自己的语言或提供精确的数字来回答。

1. 开放式提问的优点

（1）比较灵活，被调查者的观点不受限制，便于调查者深入了解被调查者的建设性意见、态度、需求等问题。有利于发挥被调查者的主动性和想象力，使被调查者能提供大量丰富的信息，特别适合那些尚未弄清各种可能答案或潜在答案类型很多的问题。

（2）应答者是以自己的体会和感想来回答问题的，他们可能用生活中的语言而不是用实验室或营销专业术语来讨论有关问题，这样有助于帮助设计广告主题和促销活动，使文案创作更接近消费者的语言。

（3）能作为解释封闭式问题的工具。在封闭式提问后再进行追问，经常可在动机或态度上有出乎意料的发现。如在产品特性的重要性研究中，通过封闭式提问，得知颜色排在第一位，但知道为什么颜色排在第一位也许更有价值。

2. 开放式提问的缺点

（1）花费被调查者的时间和精力较多，如果被调查者缺乏心理准备，就容易放弃回答。

（2）应答者表达能力的差异易形成调查偏差，答案很多，而且很难对答案进行归类，给调查后的资料整理带来一定的困难。

（3）得到的信息可能有所偏重。一个能够阐述其观点而且有能力表达自己意思的应答者也许会比一个害羞、不善言辞的应答者输出更多的信息。而后者可能也是产品的潜在购买者。

（4）收集的资料可能包括大量无价值或不相关的信息。

从以上优缺点可以得出结论：在问卷设计中，开放式提问应是对封闭式提问的有效补充。因此，不适合在问卷中占有太多的题目，而且也不太适合应答者自己记录答案（如邮寄问卷、留置问卷）的方式。比较适合对新生事物的探索性研究，因为新生事物潜在答案比较多，答案比较复杂，设计者自己也不能穷尽其答案。

（二）封闭式提问

封闭式提问是指对问题事先设计出各种可能的答案，由被调查者从中选择。优点是被调查者能更快、更容易地回答问题，更可能按设计者希望的意图来回答问题，收集起来的数据更容易分析；与开放式问题相比，封闭式问题的编码和数据录入也更容易，花费更省；如果一个问题被用于多项调查之中，运用相同的回答选项将有助于对调查结果进行比较。缺点是封闭性问题对答案的要求高，对一些比较复杂的问题，有时很难把答案设计周全。

传统上，市场调查人员把封闭式提问分为两种类型：两项选择题和多项选择题。

1. 两项选择题

回答项目只有对立的两项。两项选择法也称真伪法或二分法，如"是"或"否"、"有"或"没有"、"喜欢"或"不喜欢"、"想"或"不想"等。被调查者只能选择其中一项，要么否定，要么肯定，答题性质相反。对这种提问常见的说明是：请选择两者中其一作为回答，用√表示。如：

（1）您家有冰箱吗？

□ 有　　　　　　　□ 没有

（2）贵单位是否用磺化煤为软化剂？

□ 是　　　　　　　□ 否

在抽样设计的样本量的确定中以比率作为研究的基本目标时，所涉及的比率提问项目都是两项选择题。

这种回答项目的优点是回答比较容易，答案明确，调查后的数据处理也很方便。缺点是得到的信息量较少，当被调查者对两项答案均不满意时，很难做出回答。在涉及对被调查者的态度调查时，不能反映应答者在态度上的细微差异。所以，对于态度方面的调查很少用两项选择题。

总之，此方法适合互相排斥的两项选一的问题以及询问较简单的事实性问题。

2. 多项选择题

多项选择题是指在设计问卷时，对一个问题给出两个以上的答案，让被调查者从中选择进行回答。根据要求选择的答案多少不同，又有三种选择类型。

（1）单项选择型。要求被调查者对所给出的多项问题答案只选择其中的一项，用√表示。如：

贵单位所用软水剂是下述何地产品？

☐ 北京

☐ 天津

☐ 南京

☐ 上海

☐ 安徽

☐ 其他＿＿＿＿＿＿

（2）多项选择型。让被调查者选择自己认为合适的回答，数量不限。如：

请问您在购买小轿车时，主要考虑哪些因素？

☐ 价格

☐ 款式

☐ 品牌

☐ 耗油量

☐ 售后服务

☐ 维修费用

☐ 乘坐舒适

☐ 行使平稳

☐ 其他＿＿＿＿＿＿

（3）限制选择型。要求被调查者在所给出的问题答案中，选择自己认为合适的答案，但数量要受到一定限制。如在上面提到的问题中，可要求被调查者限选三项。

多项选择法的优点是比两项选择法的强制选择有所缓和，答案有一定的范围、可区分被调查者在态度上的差异程度，易于了解消费者的购买动机及对商品的评价，也便于统计处理。多项选择法是常用的方式之一。

在多项选择法中要注意以下三种情况：一是要求考虑全部可能出现的结果，其答案不能出现重复或遗漏，对于在回答项目中可能设计者不能表达被调查者所有的看法，在问题的最后可设"其他"项目，以便被调查者表达自己的看法。二是要注意选择答案排列顺序应没有规律性。因为有些被调查者习惯选择第一个答案，如果排列顺序有规律性，这样就会产生次序误差。次序误差可以通过在选项上打"×"，第一张问卷的"×"打在第一个，第二张问卷的"×"打在第二个，依次类推，并指导访问人员从打"×"的选项开始读。三是答案选择不能太多，当样本有限时，答案太多，容易使结果分散，缺乏说服力。而且所列的选项太长，应答者可能会被搞糊涂或失去兴趣。一种克服的方法是向应答者出示卡片或与他们一起读下去。

四、提问和答案的实际设计

一旦决定了提问类型，下一步是设计问题。设计一般遵循以下八条指导原则。

（一）定义清楚所讨论的主题

一个提问是否清楚地表达了问题的主题，可以根据人物（Who）、事件（What）、时间（When）、地点（Where）、原因（Why）和方式（Way）6W来进行检查。如：

"您使用哪种牌子的洗衣粉？"表面上看，这似乎是一个定义得很好的问题，但是，当我们根据6W来检查时，就会发现，时间不清楚，不同时间可能使用的洗衣粉牌子不一样；地点也不清楚，问题暗示着在家中使用，但是并没有清楚地表达出来。这个问题的更好措辞应该是："这个月，您本人在家所使用的洗衣粉的品牌是哪种？若有一个以上的品牌，请列出所有你用过的品牌。"

涉及人口统计学的内容，如年龄有实数、虚数，家庭人口有常住人口和临时人口，经济收入的含义是指工资，还是包括奖金、补贴、其他收入在内，如果调查者对此没有很明确的界定，调查结果也很难达到预期要求。

（二）用词清楚、简单、通俗易懂

如果研究人员认为问题是绝对必要的，那么，问题的表达对每个人来说必须意味着同样的意思。所以用词必须清楚、通俗易懂。

如美国宝洁公司曾以两种品质不同的肥皂，询问消费者的意见。其中一个问题是："您认为哪一种肥皂比较温和一些？"结果是：认为 A 肥皂温和些占57%，认为 B 肥皂温和些占23%，无意见占20%。后来换成"您认为哪种肥皂对您的皮肤刺激性较小？"结果是：认为 A 肥皂对皮肤刺激性较小的占41%，认为 B 肥皂对皮肤刺激性较小的占39%，无意见的占20%。两种问法的反应差异很大，究其原因一方面是由于部分被调查者猜测答案和随便回答外，另一方面的原因（而且可能是很大的一部分原因）在于"温和"的含义难以确切理解。

因此，为了使提问项目设计时少犯错误，在问卷中词汇选择应当尽量具体而不抽象。只要可能，问题应该清楚、明确、具体、特定，使回答者不仅熟悉问题中的概念，而且熟悉适当的回答范畴。

如"您觉得××电视机的画面质量怎么样？"这里的画面质量的含义就很笼统，因此应该改为："您觉得××电视机的画面是否清晰？"

又如"您认为软饮料的分销充分吗？"应该改为"您认为当您想买软饮料时容易买到吗？"

另外，从修辞的角度来说，修辞词多一些，语句长一些，会使语言显得很优美。但是，如果提问问题太长，不仅会给被调查者的理解带来一定的困难，增加作答的时间，也会使其厌烦，从而不利于对结果的回答。因此，在语义能表达的前提下，句子要尽量简洁。当一个词足以表达时，决不用两个或两个以上的词来表达。

（三）尽量少使用副词

"一般"、"经常"、"普遍"、"目前"、"很多"、"最近"等都属于过于笼统、含义不确切的词，不同的人可能有不同的理解，从而造成回答的偏差。如：

您是否经常化妆？

☐ 从不

☐ 偶尔

☐ 有时

☐ 经常

每个人理解的"经常"的含义是不同的，可以改成：

您一天化几次妆？

☐ 0 次 　　　 ☐ 1 次 　　　 ☐ 2 次

☐ 3 次 　　　 ☐ 3 次以上

（四）用词应避免对被调查者的诱导

问卷提问不能带有倾向性，而应保持中立。词语中不应暗示出调查者的观点，不要引导被调查者该做何种回答或该如何选择。如"您厂喜欢使用金狮牌油漆吗？"应改为"您厂愿意使用什么牌号的油漆？"又如"多数人认为长虹牌彩电质量不错，你觉得怎么样？"这个问题就明显带有倾向性，暗示了长虹牌彩电质量很好，对被调查者的选择具有引导作用，使被调查者有从众心理。应改为"您认为长虹牌彩电质量怎么样？"诱导性提问会使回答者产生顺从心理，导致回答结果不客观。

（五）应考虑应答者回答问题的能力

在某些情况下，应答者可能对所要回答的问题本身一无所知。如询问应答者从来没听说过的品牌，得到的答复多半是瞎猜，对研究毫无价值可言，而且还产生测量误差。

另外问句要考虑时间性。时间太久的问题人们会想不起来，如"您第一次购买皮鞋是在什么商店？""您去年6月的家庭生活费开支是多少？"除非被调查者有记录的习惯，否则人们很难准确记住。所以如果改问"您家上月生活费支出是多少？"这样缩小时间范围显然能使问题容易回忆，答案相应也比较准确。

（六）应考虑应答者回答问题的意愿

有些尴尬的、敏感的、有威胁的或有损自我形象的问题，这些问题要么得不到回答，要么朝符合社会准则的方向倾斜。解决的方法是：用第三人称方式提问或先说明事实，声明这种行为很正常。如"许多人的信用卡都透支，您对此持什么态度？"又如"许多人都患有痔疮，您或您家庭成员有这方面的问题吗？"

（七）避免一问多答

在问卷中，一个题目应该只包括一个问题，否则，会使被调查者不知所措。如"您觉得这种新款轿车的加速性能和制动性能怎么样？"这实际上包含两个方面的问题，如果被调查者认为加速性能好，而制动性能不好，或者反过来，那么很难做出回答。所以应该分开提问，改为："您觉得这种新款轿车的加速性能怎么样？"和"您觉得这种新款轿车的制动性能怎么样？"

避免这种错误的有效办法是检查一下已设计好的问卷，看看提问项目是否有"和"、"跟"、"与"、"及"、"或"、"同"的字眼，如果有这种字眼，就应该小心地审查，一旦发现一问多答，要将其修改。

（八）避免所提出的问题与答案不一致

所提的问题与设计的答案应该一致。如：

您经常看哪个栏目的电视？

□ 经济生活

□ 电视红娘

□ 电视商场

□ 经常看

□ 偶尔看

□ 根本不看

在此回答项目中回答了两个方面的问题，一是类别的提问，二是看电视栏目的频率，而提问是前一类问题，所以显得矛盾。一般对于类别的提问和对于程度的提问都应该分别进行。

五、确定问题的顺序

在系统阐述问题后，下一步就是将其排序并形成编排的问卷。心理学研究表明，调查表排列的前后顺序有可能影响被调查者的情绪。同样的题目安排得合理、恰当，有利于有效地获得资料；编排不妥当，可能会影响被调查者作答，影响问卷的回收率甚至影响调查的结果。所以，在设计问卷时，应站在被调查者的角度，顺应被调查者的思维习惯，使问题容易回答。下面是题目编排的一般原则：

（一）具有逻辑性

这是指问题的编排应该符合人们的思维习惯。否则会影响被调查者回答问题的兴趣，不利于其对问题的回答。第一个问题应与调查的目的直接相关。如采用当面访问时，开头宜采用开放式的问题，先造成一个良好、和谐的谈话气氛，保证后面的调查能够顺利进行。采用书面调查时，开头应是容易回答且有趣味性的问题，核心的调查内容放中间部分，专门或特殊的问题放在最后。如对百货商店项目的调查，第一个问题是："您家中谁到百货商店购物的次数最多？"这个提问，因其简单、易答，能赢得被调查者的合作。

（二）先易后难

这是指将容易回答的问题放在前面，难以回答的题目放在后面，问卷的前几道题容易作答能够提高回答者的积极性，有利于他们把问卷答完。如果一开始就让他们感到费力，容易使他们对完成问卷失去兴趣。

一般对公开的事实或状态的描述要容易一些，因此放在问卷的前面位置，而对问题的看法、意见等需要动脑筋思考，因此放在问卷靠后一点的位置。

另外，从时间的角度来考虑，一份问卷可能包含有好几段时间的问题，如近期的事情（最近一周、最近一个月）、远期的事情（前几个月、上一年等），由于近期的事情容易回想，便于作答，因此放在问卷前一点的位置，至于远期的事情，由于记忆容易受到干扰，不容易回想，因此放在问卷较后一点的位置。如可先问"您现在使用的是什么牌子的洗发水？"然后再问"在使用这种牌子的洗发水之前您使用过什么品牌？"

（三）敏感性问题、开放性问题和背景部分（人口统计）的问题置于问卷的最后

敏感性问题如收入、婚姻状况、政治信仰等一般放在问卷的后面，因为这类问题容易遭到被调查者的拒答，从而影响后继问题的回答。如果将这类问题放在后面，即使这些问题被拒答，前面问题的回答资料仍有分析的价值。并且，此时应答者与访问者之间已经建立了融洽的关系，从而增加了获得回答的可能性。

开放性问题一般需要较长时间来作答，而一般的被调查者是不愿意花太多的时间来完成一份问卷的。如果将开放性问题放在问卷前面的位置，会使被调查者觉得回答问卷需要很长时间，从而拒绝接受调查。表 9-1 举例说明了问卷中问题的编排顺序。

表 9-1　问卷中雪橇需求调查问卷的逻辑顺序

位置	类型	例子	理论基础
过滤性问题	限制性问题	过去 12 个月中您曾经滑过雪吗 您拥有一副雪橇吗	甄别部分，对去年滑过雪的雪橇拥有者的调查
最初的几个问题	适应性问题	您的雪橇是什么品牌 您使用几年了	使用情况调查，易于回答，向应答者表明调查很简单
前 1/3 的问题	过渡性问题	您最喜欢雪橇的哪些特征	态度调查，与调查目的有关，回答困难些
中间 1/3 的问题	难以回答或复杂的问题	以下是雪橇的 10 个特点，请您用打分的方式表达您的看法	李克特量表，这时候，应答者发现只剩下几个问题了
最后部分	人口统计学资料	您的最高教育程度是什么	个人背景资料在调查的最后部分，承诺对其保密

六、预调查及修改

预调查是将编排好的问卷用于小规模的调查，目的是及时发现问卷设计中存在的问题（如错误解释、不连贯、不正确的跳答、存在大量额外选项等）并加以修改，避免将来大规模地返工，浪费人力、物力、财力。

一般来说，如果有两个以上的受访者对同一问题有同样的批评，那么设计者就应该对该题目作删除或修改；对于大量无回答的问题，要检查是什么原因造成的，并努力去克服；如果有些题目大多数回答者都选择同一答案，要检查一下答案是否在同一维度上，不同的答案是否相互包含等。

预调查所选取的调查对象一般是一些比较容易找到的符合条件的受调查者（15~30 人不等）。如熟悉的同事、朋友、同学、家庭成员等。预调查的样本不一定与研究对象具有完全相同的特征，只要基本特征相符合即可。但预调查的方法要与将来实际进行调查的方法一致，如调查方案设计的是采用拦截访问的方式，那么，预调查也要采用拦截访问的方式。

一次预调查通常是不够的，问卷的每一次重大修正之后，应该使用不同的调查对象来进行另一次预调查，如此下去，直到不再需要对问卷进一步修改为止。从预调查中获得的答案应该被编码和分析。

七、问卷的最后印刷

此部分包括将预调查后删除、修改的问卷进行整理，编制出正式付诸实施的问卷，并将问卷印刷出来。准备实施调研。这时，问卷应该有一个专业的外观。

思考题：

1. 问卷的作用是什么？

2. 为什么预调查很重要？是否存在可以省略预调查的情况？

3. 简述问卷设计的主要步骤。

4. 简述开放式提问和封闭式提问的优缺点。

5. 以下提问应该如何改正？

（1）您认为这种高质量麦氏咖啡的口味如何？

（2）您认为这种蛋糕的口味和原料构成如何？

（3）从您的住处到最近的商场要花多长时间？

（4）您一般在何处购买衣服？

（5）您认为我国政府目前的治理整顿政策是否恰当？

6. 讨论基于网络的调查问卷的优缺点。

7. 评价问卷设计质量的主要标准是什么？

8. 问卷设计中常见的错误有哪些？请举出 3 个例子。

9. 有哪些办法能够有助于调查对象如实回答敏感问题？

案例 9-1　北京市高、中档商品房需求调查

【抽样地址号】所在社区编号：＿＿＿＿＿＿＿

【督导填写】问卷编号：＿＿＿＿＿＿＿编号主要用于识别调查问卷，调查者、被调查者的姓名和地址等，以便于检查校对。

【访问员填写】访问员姓名＿＿＿＿＿＿　访问员编号＿＿＿＿＿＿

访问日期：＿＿＿＿年＿＿＿＿月＿＿＿＿日

被访者姓名＿＿＿＿＿＿＿

被访者现居住地址＿＿＿区＿＿＿路/街道＿＿＿栋楼＿＿＿单元＿＿＿号

家庭电话＿＿＿＿＿＿　单位电话＿＿＿＿＿＿　手机号＿＿＿＿＿＿

【一审填写】问卷验收签名＿＿＿＿＿　验收情况：1□一次合格　2□补问合格　3□不合格

【二审填写】问卷复核签名＿＿＿＿＿　审核意见：1□ 合格　2□不合格

【编码员填写】编码员签名＿＿＿＿＿　编码情况：1□部分　2□ 全部

【录入员填写】录入员签名＿＿＿＿＿　录入员编号＿＿＿＿＿＿

过滤部分

S1：请问我可不可以和您或您家里任何 25 岁以上的成年人通话？

□可以　　　　　　　　　　继续访问

□不可以　　　　　　　　　停止访问

S2：请问您或您的配偶是否已经购买了有完全产权的高、中档商品房？

□是（跳至 Q16）

□否

S3：请问您是否在两年内打算购买具有完全产权的高、中档商品房？

☐是

☐否 停止访问

主体问卷

（访员注意 Q1～Q14是对意愿购买者的问题，Q15之后是对已经购买者的提问）

Q1：提起北京市商品房地产公司的名单，您都听说过哪些？（请说出三个名字）

☐ _____

☐ _____

☐ _____

Q2：下面是北京一些较著名的商品房名单，请问您听说过哪些？

☐ 今典花园

☐ 万泉新新家园

☐ 嘉慧园

☐ 曙光花园

☐ 冠城园

☐ 现代城

☐ 京华豪园

☐ 其他（请注明）_____

Q3：您是通过何种渠道了解商品房消息的？

☐ 报纸

☐ 杂志

☐ 互联网

☐ 朋友介绍

☐ 电视

☐ 房展会

☐ 广播

☐ 其他（请注明）_____

Q4：目前所推出的商品房相对于您的购买力来说：

☐ 很高

☐ 有些高

☐ 适中

☐ 有些低

☐ 很低

Q5：您认为商品房价格趋势将会怎样？

☐ 会上升

☐ 变动不大

☐ 会下跌

☐ 说不清楚

Q6：您购房所能承受的总价格是_____元。

Q7：您希望选择的付款方式为：

☐ 一次性付款

☐ 分期付款

☐ 小于 5 年的银行贷款

☐ 10 年的银行贷款

☐ 15 年的银行贷款

☐ 15 年以上的银行贷款

Q8：您若购房，选择的最佳地段是：

☐ 东城区

☐ 西城区

☐ 崇文区

☐ 丰台区

☐ 海淀区

☐ 宣武区

☐ 朝阳区

☐ 石景山区

Q9：您心目中预期购买商品房的建筑面积是_____平方米。

Q10：您预期购买商品房的户型是_____室_____厅_____卫。

Q11：您预期购买的商品房楼型是：

☐ 多层

☐ 高层

☐ 复式结构

☐ 别墅式

Q12：您购房的目的是为了：

☐ 投资

☐ 自用

☐ 为家人购买

☐ 其他（请注明）_____

Q13：您购置商品房所考虑的前三位最重要的因素是：

第一位因素_____

第二位因素_____

第三位因素_____

Q14：您在购买商品房时所希望的装修标准是：

☐ 毛坯房

☐ 初装修

☐ 厨卫精装

☐ 全部精装

Q15：您购买商品房所期望的是：

☐ 期房

☐ 现房

[访员注意：意愿购房者回答完 Q15 后跳至 D1 个人部分

（Q16~Q26）仅对已经购置商品房者提问]

Q16：您目前所在的商品房小区是_____。

Q17：您当时购置商品房所考虑的前三位最重要的因素是：

第一位因素_____

第二位因素_____

第三位因素_____

Q18：您购买商品房的价格是_____元。

Q19：您购置的商品房付款方式为：

☐ 一次性付款

☐ 分期付款

☐ 小于 5 年的银行贷款

☐ 5 年的银行贷款

☐ 10 年的银行贷款

☐ 15 年的银行贷款

☐ 15 年以上的银行贷款

Q20：您购买商品房的总建筑面积是_____平方米。

Q21：您家的房屋户型是_____室_____厅_____卫。

Q22：您购买商品房的楼型是：

☐ 多层

☐ 高层

☐ 复式

☐ 别墅式

Q23：您购房的目的是为了：

☐ 投资

☐ 自用

☐ 为家人购买

☐ 其他

Q24：您在最近的两年内会不会再购买商品房：

☐ 会

☐ 不会

Q25：您对所处小区的物业管理满意度是：

☐ 很满意

☐ 满意

☐ 稍为满意

☐ 无所谓

☐ 稍不满意

☐ 不满意

☐ 很不满意

Q26：您所购买的商品房房价相对您的购买力来说：

☐ 很高

☐ 有些高

☐ 适中

☐ 有些低

☐ 很低

Q27：您认为商品房今后两年的价格趋势是：

☐ 会上升

☐ 变动不大

☐ 会下跌

☐ 说不清楚

个人及家庭背景

D1：您的年龄是_____岁。

D2：您的性别是：

☐ 男性

☐ 女性

D3：您的婚姻状况是：

☐ 已婚

☐ 未婚

☐ 离婚

☐ 分居

☐ 丧偶

☐ 其他

D4：您的家庭有几口人？

☐ 一人

☐ 二人

☐ 三人

☐ 四人

☐ 四人以上

D5：您的职位是：

□ 董事长

□ 部门主管

□ 总经理/副总经理

□ 市场营销/销售总监

□ 财务总监/总会计师

□ 专业人士

□ 行政经理/人事经理

□ 其他（请注明）＿＿＿＿＿＿

D6：您工作单位的地点是：

□ 东城区

□ 西城区

□ 崇文区

□ 丰台区

□ 海淀区

□ 宣武区

□ 朝阳区

□ 石景山区

D7：您的教育程度是：

□ 研究生及以上

□ 大学本科

□ 大学专科

□ 高中

□ 中专

□ 初中

□ 小学毕业及以下

D8：您的家庭年收入为：

□ 小于1万元

□ 1万~3万元（含3万元）

□ 3万~5万元（含5万元）

□ 5 万~7 万元（含 7 万元）

□ 7 万~9 万元（含 9 万元）

□ 9 万~11 万元（含 11 万元）

□ 11 万~13 万元（含 13 万元）

□ 13 万~15 万元（含 15 万元）

□ 大于 15 万元

□ 不知道／拒答

D9：您是否有供自己自由支配的汽车？

□ 是

□ 否

问题：

（1）你认为以上问卷设计中有哪些提法需要修改？

（2）还有需要补充的问题吗？如果有，请补充。

第十章 样本设计

20 世纪 30 年代早期，乔治·盖洛普在美国很受欢迎。他先任 Drake 大学新闻系的系主任，然后转至西北大学任教。在此期间，他从事美国东北部报纸、杂志的读者调查。1932 年的夏天，一家新的广告代理商电扬广告公司，邀请他去纽约创立一个旨在评估广告效果的调查部门，并制订一套调查方案。同年，他利用他的民意测验法帮助他的岳母竞选艾奥瓦州议员。盖洛普证实，通过科学抽样，可以准确地估测出总体的指标，同时，在抽样过程中，可节省大量资金。

第一节 抽样调查的基本概念

由于市场是一个庞大、复杂的总体，分类范围广，采用普查不仅耗费资金多、时间长，而且调查的时效性往往跟不上市场形势的变化。所以，市场调查经常采用抽样调查的方法，即抽取部分个体或单位进行调查。但抽样调查的主要目的不是为了了解这些部分单位本身的情况，它的任务是从要调查总体中抽取样本进行调查，以取得所需要的指标，据以从数量上推断对象总体。因此，在抽样调查中，抽取的样本是否具有代表性，就成了抽样调查是否准确、可靠的重要衡量标准。在进行抽样设计时，首先要弄清楚一些重要的基本概念。

一、总体和样本

总体（Population）也称目标总体，是指所要调查对象的全体。总体有有限总体和无限总体之分。有限总体是指总体的数量是可以确定的；无限总体是指总体的具体数值无法准确确定。总体必须定义精确，不精确的总体定义将会导致研究无效，甚至导致误解。

样本（Sample）是总体的一部分，是指从总体中抽选出来所要直接研究的全部单位。每一个被抽到的个体或单位，就是一个样本。

二、指标和标志

指标和标志是非常基本的两个概念。

指标是用来说明总体数量特征的基本概念和具体数值。指标都可以用数值表示出来。

标志是用来说明个体特征名称，如个人年龄、性别、职业等。标志可以是数量标志，也可以是品质标志。用数量来加以反映个体特征的叫数量标志，如年龄、收入等；不用数值来反映个体特征的，叫品质标志，如职业、性别等。它们虽然可以用0、1来表示，但它只是一种代号，不代表数值。还有一种是既可以用数量，也可以用品质来反映个体特征的表示方法，如每个同学的学生成绩等，可以是分数值，也可以是优、良、中、差、及格和不及格等等级制。

三、重复抽样和不重复抽样

重复抽样又称回置抽样，是指任何一个样本单位被抽出进行登记以后，再放回去参加下一次的抽取，总数始终不变。

不重复抽样又称不回置抽样，是指各样本单位被抽出进行登记，不再放回去参加第二次抽取，被抽中的样本不会再有第二次被抽取的可能性。

四、抽样框（Sampling Frame）

在抽样设计时，必须有一份目标总体的资料，这份资料就叫抽样框。抽样框的类型有名录框和区域框。

（一）名录框

名录框又可分为实际的名录框和概念的名录框。在市场调查中，有些调查的抽样框是现成的（实际的名录框），有些则根本不存在（概念的名录框）。

实际名录框通常有正规的出版物，这类名录框包括：

1. 生命统计登记

总体中所有关于出生和死亡的记录（由当地公安局收集）。

2. 工商名录

所有正在经营的公司及企业的名录（由工商行政管理部门收集）。

3. 邮政编码簿

所有城市地区的住址和邮政编码册（由当地公安局和邮政局收集）。

4. 电话号码簿

所有电话号码公开的家庭的电话号码簿。

有些总体是只有当调查正在进行时才会出现，以这样的总体为基础建立的目录框就是概念或观念上的目录框。如某天早上9点至晚上8点进入某购物中心停车场的所有车辆的名录。

（二）区域框

区域框是由许多地理区域构成的抽样框。目前最常用的是住宅的区域抽样框。其方法是：以居委会的行政区为界限，画出该居委会的住宅分布路线图，同时依一定的顺序（如右拐弯原则），抄写出区域内各住户的详细地址。这些地址和线路图就是一份完整的抽样框。在描画出住宅分布图和线路图时，通常要注意标出该区域内的标志性建筑物以及公共汽车站，以便访问人员查找。

准确的抽样框包括两个含义：完整性和不重复性。但实际中很难设计出准确的抽样框。但是，如果抽样框选择错误，就会大大增加调查的误差，严重的情况下会对企业的决策产生致命的影响。以下是一个抽样框设计失误的例子：

狗食品制造商拟将一种狗食品投放市场，于是，他们对狗的主人进行了广泛的访问调查，主要调查顾客对狗食品包装式样和型号的要求。产品投入市场的初期，经历了一个高销售额的阶段。但数月后，销售量却下降了。这家公司讨论研究后，把自己生产的狗食品带到当地的流浪狗收容所，然后把狗食品放在狗的面前，但它们却连碰都不碰！

五、大样本和小样本

大样本和小样本是根据市场调查中所抽选的样本数量不同而划分的。一般当样本数大于 30 时，称大样本，当样本数小于 30 时，称小样本。在市场调查中，只有抽样方法选择适当，样本数足够大，抽样结果才具有一定的代表性，这是由大数法则所决定的。大数法则是统计研究的重要定律，也是对复杂总体进行市场调查时应遵循的法则。

第二节　抽样调查的基本类型和组织方式

随着抽样理论研究的不断深化和抽样实践的发展，多种抽样方式被创造出来并运用于市场调查中。如果按抽样是否随机性，抽样调查包括随机抽样和非随机抽样两部分内容。其详细分类如图 10-1 所示。非概率抽样被用于概念测试、包装测试、名称测试和文案测试中，因为这些测试通常不需要对总体的推论。概率抽样常用于对整个市场的市场份额或者销售容量做出高度精确的估计。另外，概率抽样也常用于调查产品偏好、品牌使用率、用户的心理和人口概况等方面。

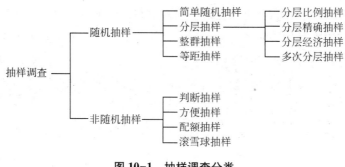

图 10-1　抽样调查分类

一、随机抽样（Probability Sampling）

随机抽样又称概率抽样，是指按随机原则从总体中抽选样本的抽样方式。在随机抽样中，总体的每一个子体都有均等被选中成为样本的可能性。这种抽样方法排除了主观上的随意性，使样本更具客观代表性。而且，这种已知的概率有助于用统计分析来判断抽样误差。为什么概率抽样具有科学性？理由有三个方面：一是抽样的部分来自全体，必带有反映全体的信息；二是构成总体的一些个体之间在性质上必定相似或相近，所以彼此有相当代表性；三是不管原始分布如何，样本的分布总可视为正态分布，而且由此得到准确总体参数的概率值极大。

随机抽样中根据调查对象的性质和研究的目的不同，又可分为简单随机抽样、分层抽样、整群抽样、等距抽样四种类型。

（一）简单随机抽样（Simple Random Sampling）

简单随机抽样又称单纯随机抽样，是指从总体单位中不加任何分组、排队，完全按随机原则抽取调查单位。简单随机抽样中全及总体中的每个个体被抽中的概率是相等的。

如果总体数值是确定的和有限的（有限总体），可以采取对总体编号的方式进行随机抽样。但在实际运用中，我们经常遇到全及总体太大或总体没法确定（无限总体），如要从《青年文摘》杂志的读者中进行简单随机抽样来了解有关杂志的满意度问题，我们无法确定读者的具体人数和每个读者的特征，因此没法将他们进行编号。针对有限总体和无限总体，我们有不同的抽样方式。

1. 有限总体的简单随机抽样方法

针对有限总体的简单随机抽样的基本方法有以下几种：

（1）抽签法。对目标总体中的个体进行编号，充分混合后以抽签的方式来抽取调查单位作为样本。

（2）摇号机。用机器来摇号，对于总体较大时一般采用此方法。如体育彩票、福利彩票、足球彩票都是通过在公证人员的公证下，摇号进行的。

（3）随机数表。这是由一些任意的数字毫无规律地排列而成的数字表。

本书附表一是一个由数字无规律排列的随机数表。随机数表的使用很简单，可以从任意一个数字开始从上到下或从左到右选取。如要从总体数是 100 中抽取 10 个个体，那么可以先将 100 个单元从 1 到 100 编上号码。假设从附表一中的第二行第九列交叉处开始沿竖列方向查，并规定凡最后三位数字不大于 100 的均可纳入样本，则 002，033，037，032，……就组成了调查样本。

2. 无限总体的简单随机抽样方法

如果一个自无限总体的样本满足以下两个条件，则称该样本为无限总体的简单随机样本：①每个个体来自同一总体。②各个体的选择都是独立的。

如某快餐店的老板想了解午餐时间（11:30~13:00）来此店的顾客对本快餐店的服务态度方面的意见，那么午餐时间来此店的顾客的总体数是不确定的，如何进行简单随机抽样呢？来这儿吃快餐的都是这儿的顾客，是总体中的一员，当确保某一顾客的入选并不影响其他顾客的入选时，第二个条件也满足，即独立性。

一个国外著名的快餐店恰好在这种情况下进行了一次简单随机抽样。该抽样过程基于这样一个事实，一些顾客有三明治、饮品、法式炸薯条等食品的打折赠品券。当一名顾客出示打折赠品券时，他之后的下一名顾客将被选入样本。因为顾客出示打折赠品券是随机而且独立的，所以厂商的抽样计划满足来自无限总体的简单随机样本的两个条件。

在一篇题为《购物中心的顾客行为：调查、比较与验证》的研究论文中，国内外学者为了能得到研究数据并保证抽样的随机性，研究人员采用在购物中心外邀请离店的顾客回答问卷的方式进行调查，并在随机选取了第 1 个顾客之后，再访问第 10 个走出购物中心的顾客，如果该顾客不愿回答，则询问下一个顾客，然后再数到第 10 个顾客进行访问，直至完成每天的配额，每天的访问时间从上午 10 点到晚间 10 点。

简单随机抽样从理论上说，最能保证调查总体中各个单位都有同等被抽中的机会，是最符合随机抽样原则的，它是其他抽样方法的基础。如果总体单位数少、易编号，可采用此方式。但是，如果总体单位数多、编号工作量大、需要时间长，而总体单位之间标志变动度大，又要求调查结果的精确度很高时，就要抽取很多的样本单位，这样所需时间和经费比较多。所以当遇到实际问题时，必须调整方案，利用其他的随机抽样方法就方便多了。

（二）分层抽样（Stratified Sampling）

分层抽样又称分类抽样，是指先对总体各个体按被研究标志的有关标志（用来细分市场的因素）来加以分组，然后再从各组中按随机原则抽取一定的个体构成样本。它与系统抽样不同，只能按有关标志来分组，分组的标志与我们关心的总体特征相关。如在丰台区调查居民年收入，可按收入由小到大顺序排列来分层，就不能按无关标志"姓氏"来分层。又如在进行一次民意调查时，要预测选举结果。如果假设男性和女性所关心的方面有明显的差异，那么，"性别"是划分层次的适当标志。如果不以这种方式分层，分层抽样就得不到什么效果，花再多的时间、精力都是白费。

分层抽样充分地利用了总体的已有信息，因而是一种实用的抽样方法。但是，将总体分成几层，如何分层，则要视具体情况而定。总的一个原则是：各层内的个体之间的差异要小，尽可能同质；而不同层的个体差异要大，尽可能异质。

1. 分层抽样的抽样步骤

分层抽样的抽样步骤如下：

第一步：确定分层的特征，通常是按照与所研究的行为有关的人口统计特征如年龄、性别、行政区等分类。

第二步：将总体（N）分成若干个互不重叠的部分（分别用 N_1、N_2、N_3、……表示），每一部分叫一个层，每一个层也是一个子总体。

第三步：根据一定的方式（如各层单元占总体的比例）确定各层应抽取的样本量 n_1、n_2、n_3、……

第四步：分别采用简单随机抽样或系统抽样方法，从各层中抽取相应的样本，这些样本也叫子样本，子样本之和为总样本 n。

2. 分层抽样的类型

分层抽样中抽取的单位数是事先确定的，各层按一定标准分配样本数目。为了使分层抽样更合理、科学，在具体实施中，可采用四种方式抽样：分层比例抽样，分层精确抽样，分层经济抽样，多次分层抽样。

（1）分层比例抽样，是指按照各个层中个体数量占总体数量的多少等比例地分配各个层的样本单位数量的方法。计算公式为：

$$n_k = \frac{N_k}{N} \times n$$

式中：n_k 为每层的（单位）数量；N 为母体的（单位）数量；n 为总样本数；$\frac{N_k}{N}$ 为每层占总体的比重。

分层比例抽样适合各层的标准差大致相近的情况，若各层之间差异较大时，宜采用分层精确抽样。

（2）分层精确抽样，又称最佳分层方法或牛曼（Neyman）分层法，是指在各层内根据变异数大小（标准差）调整各层的样本数量，以提高样本的可信度。计算公式为：

$$n_k = \frac{N_k 6_k}{\sum N_k 6_k} \times n$$

式中：6_k 为任意一层内的标准差；N_k 为任意一层的总人数；N_k 为任意一层抽取的样本量。

应注意在分层精确抽样时，$\frac{N_k}{N} \neq \frac{n_k}{n}$，在计算时不能互相代替。

以上两种方法均未考虑调查费用支出问题，当各层样本调查费用有显著差异时，宜在不影响可靠程度的情况下，调整各层之间的样本数。

（3）分层经济抽样，又称得明（Deming）分层抽样。是指各层的调查费用有明显差异时，在不影响可信度的前提下，调整各层的样本量，使调查费用尽量减少。它兼顾了各层的差异程度与调查费用两者，计算公式为：

$$n_k = \frac{\dfrac{N_k 6_k}{\sqrt{C_k}}}{\sum \dfrac{N_k 6_k}{\sqrt{C_k}}} \times n$$

式中：C_k 为各层中单位调查费用。其余符号与前面相同。

分层经济抽样的公式，也应注意当 $\frac{N_k}{N} \neq \frac{n_k}{n}$，在计算时不能互相代替。

（4）多次分层抽样。在分层抽样中，有时可在分层子总体的基础上进一步加以分层，即多次分层抽样或相互控制分层抽样。如对某市空调市场需求的调查，确定抽样样本数为 400 个，按消费者性别、年龄两个标准来分类。按性别划分，可分为：男性 200 名、女性 200 名；按年龄划分，可分为：20~29 岁（占 25%）、30~39 岁（占 40%）、40~49 岁（占 20%）、50 岁以上（占 15%）。那么这 400 个样本在各层的分配如表 10-1 所示。

表 10-1 某市空调市场需求情况调查抽样分配表

性别 ＼ 年龄	20~29 岁	30~39 岁	40~49 岁	50 岁以上
男	50	80	40	30
女	50	80	40	30
总和	100	160	80	60

分层抽样由于充分利用了总体已有的信息，分配比较合理，样本的代表性及推论的精确性一般都优于简单随机抽样，所以在实际中应用较广泛，适合总体单位情况复杂，各单位之间差异程度较大，单位数较多时采用。

（三）整群抽样（Cluster Sampling）

整群抽样指将总体各个单位按一定标准划分成若干群，然后从中随机抽取一定数量的群作为样本。

整群抽样有两个步骤：①同质总体被分为相互独立的完全的较小群。②随机抽取一些群构成样本。

整群抽样又可以分为：

1. 一级整群抽样

每个被抽中群中的所有个体都被包括进样本。

2. 二级整群抽样

先抽取一定数量的群，然后再从每个抽中的群中随机抽取一定比例或数量的个体。

3. 三级整群抽样

先抽取一定数量的群，然后从抽中的群中随机抽取一定比例或数量的子群，再从每个抽中的子群中随机抽取一定比例或数量的个体。

如要调查某市职工家庭平均收入情况，采用三级整群抽样法，就可以从全市各区中随机抽取两个区，再在这两个区的所有住宅区内随机抽取 10 个住宅区，然后在抽取的 10 个住宅区内，每区随机抽取 5 个家庭作为样本单位。这样对总共 100 个单位进行调查和统计。

整群抽样与分层抽样在形式上有相似之处，但实际上的差别很大。分层抽样的样本是从每个层中抽取，而整群抽样则是抽取部分群；分层抽样要求各层之间的差异大，层内个体差异小，而整群抽样则要求群与群之间的差异比较小，群内的个体差异大；分层抽样的样本是从每个层内抽取若干个体构成，而整群抽样则是要么整群抽取，要么整群不被抽取。

在分群过程中，需要注意的是分成的群体之间差异要小，以使被抽中的群体代表性强。如果分成的群体之间差异大，抽取的群体就不能很好地体现总体属性，抽样误差就大。

分群的标准通常是地域或自然构成的团体。整群抽样是营销研究，尤其是涉及区域广泛的研究中常用的抽样方法。在进行全国性的消费者调查时，我们经常是先随机抽取一些县、市，然后编制抽中县、市的下一级抽样框，这样不仅能够减少工作量，而且简单、易行、大大节约成本。

区域抽样的关键是要有准确、详细的地图，并能够利用街道、河流和其他明显的地标划分出边界清晰的小区。现在，由于电子地图的逐步普及与完善，在进行区域抽样时，就可以在地图上将一个城市划分为不同的区域并依次编号，然后随机抽取部分区域作为样本。

（四）等距抽样（Systematic Sampling）

等距抽样又称机械抽样或系统抽样，是指先将总体各个体按某一标志值的大小排列，再分成若干个组，每个组的个体数基本相等，依照时间或空间上相等的间隔来抽取调查个体。其抽样间隔是由总数除以规定抽取样本数的商而定。即

$$样本距离 = \frac{总体数}{样本数}$$

此标志值可以是有关标志，也可以是无关标志。如在丰台区调查居民年收入，按收入由少到多顺序排列，则是按有关标志排列；如年龄或按姓氏笔画来

排列，则是按无关标志排列。

下面举例来说明系统抽样的步骤：如为了调查某大学学生的每月消费情况，已知学生总数是 3000 名，要从中按系统抽样的方法抽取 120 名，如何抽取？

第一步：将总体中每一个个体按顺序排列并加以编号，1，2，3，4，…，2999，3000。

第二步：计算抽样距离。3000÷120＝25，即把 3000 名学生分成 25 组，第一组：1，2，3，4，5，…，25；第二组：26，27，28，…，50，依次类推，抽样距离等于总体的数量除以样本的数量。

第三步：抽取第一个样本。根据确定的抽样距离，从第一个抽样距离单位内的单元中采用简单随机抽样方法抽取一个单元作为第一个样本。

第四步：抽取所有的样本。确定了第一个样本之后，每隔一个抽样距离抽取一个个体，这样所有样本就可一一抽取出米。如在第一组中按抽签法抽到了第 3 个学号，那么就可得到所有样本是 3，28，53，78，103，…。

一般而言，等距抽样比简单随机抽样简便、易行、经济，使选择的调查个体在总体中能均匀分布，提高了样本的代表性。使用等距方式的最大缺陷在于总体中个体的排列。

二、非随机抽样

非随机抽样也称非概率抽样，是指抽样时任何不遵循随机性原则，按照调查人员主观上设立的某个标准抽选样本个体。

在非随机抽样中，由于总体中的每个个体被抽中的概率是未知的，没有随机性，就不能估计抽样误差。但是只要抽样进行得适当，其准确度也会达到抽样概率的程度。但是，当解释由非随机抽样方法得到的结果时，要特别小心。目前使用较多的四种非随机抽样方法是：判断抽样、方便抽样、配额抽样和滚雪球抽样。

（一）判断抽样（Judgmental Sampling）

判断抽样又称目的抽样，是指根据专家的判断或调查人员的主观决定抽取样本的方法。使用此法要求调查者必须有经验，对总体的有关特性熟悉，选择"多数型"或"平均型"的样本作为调查对象，避免那些"极端化"的类型，以便通过样本的研究了解整体状况，它比较适合特殊需要，调查回收率较高，但易出现主观判断有误而导致的偏差。如对于新产品投放市场之前的市场测试，选择哪几个商场作为测试场所就是一种判断抽样。又如某进出口公司要调查各零售商销售其产品的情况，根据经理本人判断，选定一些具有代表性的零售商作为调查对象。典型调查是一种判断抽样。通过主观判断抽取样本，样本的代表性完全依赖调研人员的经验，容易出现误差。

（二）方便抽样（Convenience Sampling）

方便抽样又称任意抽样，是指样本的选定完全根据调查人员的方便来决定，特别适合全及总体明显集中的场所。街头拦截法是典型的方便抽样。如果对某大学的学生进行调查，调查者可以在食堂、图书馆等学生经常出入的地方任意选择要询问的学生。另外，调查人员在调查公司周围、住所周围都属于方便调查。抽样时，样本一个一个地抽取，直到满足样本量要求为止。这种抽样方法的一个基本原则是假定母体的特性是相同的，认为任意选定的样本特性与母体并无差别。

方便抽样法是非随机抽样中最简便、费用最省的一种方法。但是，如果母体中个体差异较大时，抽样误差也较大，其结果可信度大为降低。因此，一般来说，方便抽样法多用于探索性调查中。如某公司的 P&D 部门经常让员工对其开发的新产品进行初步测试，它们要求员工提供总体评价，就采用方便调查的方式。

（三）配额抽样（Quota Sampling）

配额抽样也称定额抽样，是指对总体依据一定标准或某种特性分成不同群体并事先分配各群体的样本数量，然后再由调查人员按分配的样本数量在各组内主观的抽取样本。因此，配额抽样实质上是分层的判断抽样。它与分层抽样有些相似，因为在这里也是根据总体的某些特征将总体分成若干个层次。样本被选择的可能与他们在总体中的重要程度成正比。

配额抽样较之判断抽样加强了对样本结构和总体结构在量的方面的质量控

制，能够保证样本有较高的代表性。

配额抽样实施简单，而且所抽取的样本不太偏重某一层次，因此，在市场调查中被广泛加以运用。

（四）滚雪球抽样（Snowball Sampling）

滚雪球抽样，是指先取得少量符合要求的样本，然后在访谈之后要求这些被调查者推荐一些符合条件的其他人。这一过程可以通过一轮一轮的推荐进行，因而形成了一个"滚雪球效应"（见图 10-2）。滚雪球抽样适用某些特殊社会群体的研究，由于这些个体在人群中比较稀少，所以只能通过间接方式逐渐了解。滚雪球抽样大大降低抽样成本。

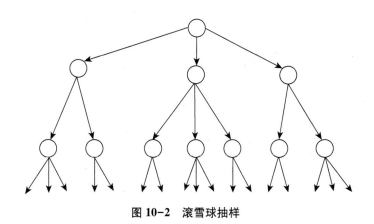

图 10-2　滚雪球抽样

第三节　样本量的确定

在市场调查中要解决的一个重要问题是所调查的样本量究竟多少才最合适，通常最好的选择是对经费和精度进行权衡。较大的样本可以提供较高的精度，但费用较高。

一、随机抽样下影响抽样数目确定的因素

影响样本数多少的因素是依据抽样误差的情况决定的。表现在以下几个方面：

（一）被调查对象个体标志的变异程度

常用方差 6^2 或 P（1-P）来衡量，变异程度大，样本量就要多取些。

（二）极限抽样误差数值 E 的大小

允许极限抽样误差数值越大，样本量越少；极限抽样误差数值越小，样本量越大。

（三）所要求的调查结果的把握程度（置信度）

要求的把握程度越高，就应该多抽；要求的把握程度越小，就可以少抽。如果要达到100%的把握就要进行全面调查。

（四）抽样方法

在其他条件不变的情况下，重复抽样的抽样误差要大于不重复抽样的抽样误差。因此，重复抽样可以多抽一些，不重复抽样可以少抽一点。

（五）抽样的组织形式

总体经过了分类或排队，能缩小随机抽样个体的差异程度。根据调查经验，按有关标志排队的等距抽样方式的抽样误差最小，分层抽样的抽样误差其次，再次是按无关标志排队的等距抽样，又次是简单随机抽样的抽样误差，整群抽样的抽样误差最大。因此，采用系统抽样和分层抽样比简单随机抽样需要的样本量小。

二、简单随机抽样下样本量的确定

通常，选择样本量的方法是首先规定所需要的精度，然后确定满足精度的最小样本容量。下面分别对简单随机抽样下（重复抽样）的估计总体平均数的样本量计算方法和估计总体比率的样本量计算方法进行分析。

（一）估计总体平均数的样本量的确定

估计总体平均数的样本量计算方法为：

$$n = \frac{Z^2 6^2}{E^2}$$

式中：Z 为标准误差的置信水平；6 为总体标准差，6^2 为方差；E 为可接受的抽样误差范围（极限误差）。

1. 关于 E 和 Z

E 和 Z 是在调查之前，必须由调查人员与其客户进行磋商后才能确定。置信水平和误差范围的确定不仅要根据统计原则，同时要顾及财务与管理方面的要求。因此，要在精确度、置信度与成本之间进行权衡。有时不要求很高的精确度和置信度，如只想基本了解消费者对产品的普遍态度是正面的还是负面的。这里的精确度就显得不太重要。但如果是一项产品创意测试，就需要精确度很高的销售估计值，以便做出是否向市场推荐某种新产品的高成本、高风险的决策。

置信度与置信水平的对应关系如表 10-2 所示。

表 10-2 对应关系

置信度	0.3829	0.6827	0.8664	0.90	0.95	0.9545	0.9973
置信水平（Z）	0.5	1	1.5	1.65	1.96	2	3

2. 关于 6

调查人员在还没抽取样本的情况下，如何确定总体标准差 6 呢？可采取的方法有以下四种：

（1）利用以前的考察结果。许多情况下，公司以前曾经进行过类似的调查，这时，可以利用以前的调查结果作为本次总体标准差的估计值。

（2）进行试点调查。如果调查总体规模太大，可以投入一定的时间和资源对总体进行小规模的试验调查。根据调查结果估计总体标准差。

（3）利用二手数据。有时候通过二手数据也可以对总体标准差做出估计。

（4）通过判断。如果其他方法都失败了，还可以判断总体标准差。即把许多管理人员的判断集中起来进行分析，而这些管理人员都有能力对有关的总体参数做出有根据的猜测。

如调查某大城市平均每个家庭每月花在给孩子买玩具的费用。要求最大误差不超过 5 元，置信度为 95%，标准差为 30 元，样本数应该是多少个家庭？

$$n = \frac{Z^2 6^2}{E^2} = \frac{1.96^2 \times 30^2}{5^2} = 139 \text{（个）}$$

（二）估计总体比率 P 的样本量的确定

简单随机抽样下，当研究的目标是比率或成数（总体中个体的类型只有两种）时，常要调查以下情况：①知道某一广告的人数占总体百分比。②平均 1 周上网 3 次以上的总体百分比。③最近 30 天内吃过 4 次以上快餐的人数占总体的百分比。④观看某一电视节目的观众占看电视总体的百分比。

估计总体比率的样本量计算方法为：

$$n = \frac{Z^2 \times P (1-P)}{E^2}$$

式中符号同前。只是与确定估计平均值所需的样本容量的过程相比，调查人员在确定估计比例 P 时有一个优势：如果缺乏估计 P 的依据，可以对 P 值做最悲观的假设。给定 Z 值和 E 值，P 值为多大时要求的样本量最大呢？当 P＝0.5 时，P（1-P）有极大值 0.25 存在。这时，样本量最大。即在未知 P 的情况下，通常取 P＝0.5 来进行样本量的计算。

如在某城市家庭中进行变频空调的市场需求调查。假定根据以前购买冰箱的研究结果，预计 14% 的家庭将购买变频空调，要求估计值与真值之间的最大误差不超过 4%，置信度是 95%，问至少要抽取多少个家庭来进行调查？

已知：Z＝1.96，P＝14%，E＝0.04，求样本数 n。

$$n = \frac{Z^2 \times P\ (1-P)}{E^2} = \frac{1.96^2 \times 0.14\ (1-0.14)}{0.04^2} = 290\ (\text{个})$$

又如调查 30 天内曾在网上购物的成年人占上网成年人的比例。E = 2%，置信度为 95%，以前有过类似的调查，P = 5%，那么样本数是多少？

$$n = \frac{Z^2 \times P\ (1-P)}{E^2} = \frac{1.96^2 \times 0.05\ (1-0.05)}{0.02^2} = 457\ (\text{人})$$

以上是简单随机抽样下计算样本量的基本方法，对于分层随机抽样，先按简单随机抽样的方法或 Neyman 分配法计算样本数，再按比例分配到相应的层中进行抽样。其中，Neyman 分配法的计算公式为：

$$n = \frac{Z^2\ (\sum N_k 6_k)^2}{NE^2 + Z^2 \sum N6_k{}^2}$$

对于系统抽样的样本量确定，计算方法相同，只是在抽样实施时要按照等距的原则来抽取样本；对于分群随机抽样，样本量大小的计算方法也一样，然后再按简单随机抽样的方法抽取所要调查的群。

三、有限总体的修正系数（FPC）

在进行简单随机抽样的样本量计算时，样本量的公式中没有涉及总体量。这是因为一般都假设样本的抽取是相互独立的，这一假设在样本量相对于总体量很小时才成立。但在样本量相对于总体量很大时就不成立了。根据经验，当样本量超过总体量的 10% 时，就需要调整样本量了。n/N>10% 时，计算出 n 值后，在确定抽样实施的样本数时要进行修正，实际上是使样本量减少。修正后的样本量的计算公式为：

$$n' = \frac{nN}{n+N-1}$$

式中：n' 为修正后的样本量；n 为原样本量；N 为总体量。

如果总体量 N 为 1000，原样本量 n 通过计算为 200，经过 FPC 调整，需要的样本量 n' 为：

$$n' = \frac{nN}{n+N-1} = \frac{200 \times 1000}{200+1000-1} = 167$$

而且经验表明，此时样本量虽然减少，但也能十分准确地反映总体特征。许多著名的全国性调查和民意测验的样本量都不超过 2000。

四、非概率抽样的样本大小的确定

在非概率抽样中，目标总体的每个个体被抽中的概率是不同的。因此，正态分布的一些原理就不能用于非概率抽样的分析。

非概率抽样样本量的确定通常采用经验分析方法，取决于主观的因素，现有资金来源的大小等。除了个别深入访谈、专家调查和小组座谈会等定性调查所选样本量较少（少于 30 人）外，对于产品测试、广告测试、消费者行为研究、市场细分等调查都有这样的规则：样本大小不要小于 30 或样本大小应当在总体的 1/10 左右。但无论如何，样本大小取决于研究者是否感到样本结果足以能推广到总体。

思考题：

1. 中国工商银行有 1000 个客户，经理想从中抽取 100 个进行抽样调查。如果用等距抽样该怎样去做？如果抽样框名单是按存款额顺序排列的，有什么缺点？

2. 哪种概率抽样法可以用于挨家挨户的调查？

3. 假设某地区有商店 20000 个，按商店规模分层，有大型商店 1500 个、中型商店 8500 个、小型商店 10000 个，计划抽取样本为 200 个。采用分层比例抽样法应从各层选多少样本呢？如果某企业的产品销售中，在大商店的销售占其总销售量的比例为 60%，这个企业想对各种类型的商店进行调查，计划抽取样本仍为 200 个，那么又该如何分配样本呢？

4. 某市进行居民家计调查，按照简单随机抽样方式，已知 Z = 2，6^2 = 10000，E = 10 元时，问需要抽取的样本数目是多少？

5. 假设对快餐店的偏好调查，以前的相关调查表明有 80% 的顾客喜欢法式薯条，调查人员希望误差低于 6%，置信度为 95%，求需要的样本量。（95% 的置信度）

6. 一个客户要求置信度为 95%，允许抽样误差为 2%，按此计算需要样本量为 500，调查费用为 20000 元。但他只有 17000 元的预算，问有没有其他方案可供选择？

7. 判断抽样和方便抽样之间的主要区别是什么？配额抽样和判断抽样之间又是什么关系？

8. 如果一家地方电视台想了解家庭的收看习惯和对节目的偏好，如何定义目标总体并建立抽样框。

9. 举例说明滚雪球抽样法，并指出这种方法有什么缺点。

案例10-1　平安保健保险公司

平安保健保险公司是一个管理水平先进的保健组织，为某市用户提供多种保健保险产品。公司即将进入树立品牌形象活动的第二年，打算花 350 万元在某市内的用户中提高知名度，树立其产品的正面形象。之所以实行这一战略，是因为给员工提供多种保险险种的企业越来越普遍了，而且公司希望越来越多的企业能够选择平安保健保险公司。

在树立品牌形象活动开展的第一年，公司花了 300 万元用于提高知名度和形象。为了了解活动是否取得成效，公司进行了电话跟踪调查，在活动前后分别进行预先测试和事后测试。前后两次调查结果的变化将反映出广告活动的成效，整个活动中平安保健保险公司的市场战略都没有改变。

用户对平安保健保险公司的无提示认知度（当您需要投团体保健保险时，您能想起的公司有哪些），从预先测试中的 21% 上升到事后测试的 25%。预先测试中有 42% 的人对平安保健保险公司的形象持肯定态度，而在事后测试中这一比例上升至 44%。虽然两个关键的衡量标准都有增长，但两次测试选取的样本量相对过小，一共只选取了 100 名顾客作为随机样本。对认知度的测定，其抽样误差在置信度为 95% 时 p 值为 ±8.7%，而美誉度测定 p 值为 ±9.9%。其中 p 值用的是事后测试的结果。由于抽样偏差相对较大，认知度和美誉度前后变化相对较小，公司只能认为事后测试中认知度（25%±8.7%）范围内的置信度为 95%。而对于企业形象方面，公司只能认为对公司形象持肯定态度的顾客的比例在（44%±9.9%）范围内的置信度为 95%。要测量的变化较微小，误差又较高，使平安保健保险公司无法确定哪一项测量确实发生了变化。

公司的总经理在为广告费用发愁，不知道广告究竟是否达成预期的效果。他认为需要进行一次更精确的测试，以便对广告到底能产生多少效果做最后的论断。

问题：

（1）事后测试的抽样误差是如何计算的？

（2）如果总经理要求认知度和美誉度的估计值在实际值的±2%范围以内的置信度为95%，问需要多大的样本量？

（3）如果电话访问现有预算为20000元，且每个访问的成本为19元，问公司能否达到问题（2）设定的目标？如果预算有20000元，那么对测量对象的估计的误差水平可以达到多少？

案例10-2　全国电视观众抽样调查的抽样方案

一、调查对象

全国电视观众。

二、调查目的

观众的节目选择倾向。

三、抽样方式

利用全国城乡住户抽样网，采用多层多阶段随机抽样。

四、设计思想

1. 样本量的确定

在置信度为95%，抽样误差为3%的条件下，样本量为1067。

所以，所抽到的省每个省的样本量是1000个左右，对于没抽到的省，调查100个样本作为补充调查，对6~12岁的儿童进行附带调查。

2. 样本分配方法

考虑到经费的可行性，样本分配以国家统计局城乡队的调查网为基础，采用分层抽样的方法进行，分为农村层和城市层。农村又分为平原、丘陵和山区；城市又分为大型、中型和小型。

为了减少误差，提高调查效率，达到反映观众的节目选择倾向的目的，使用 Neyman 样本分配公式，将按不同的经济地理特征分层，各层人口规模与其收入差异结合起来，确定样本在各层的分配数量。

五、操作步骤

1. 分层分配样本

（1）城市层（CITY）和农村层（RURAL）的样本分配。

$$n_c = \frac{N_c 6_c}{N_c 6_c + N_r 6_r} \times n$$

$$n_r = \frac{N_r 6_r}{N_c 6_c + N_r 6_r} \times n$$

式中：N 为全省总人口数量；N_c 为全省城市总人口数量；N_r 为全省农村总人口数量；n 为总样本数；6_c 为全省城市收入标准差；6_r 为全省农村收入标准差。

（2）城市子层的样本分配。

$$n_{c大} = \frac{N_{c大} 6_{c大}}{\sum N_{ck} 6_{ck}} \times n_c$$

$$n_{c中} = \frac{N_{c中} 6_{c中}}{\sum N_{ck} 6_{ck}} \times n_c$$

$$n_{c小} = \frac{N_{c小} 6_{c小}}{\sum N_{ck} 6_{ck}} \times n_c$$

式中：$N_{c大}$ 为全省大城市总人口数量；$N_{c中}$ 为全省中等城市总人口数量；$N_{c小}$ 为全省小城市总人口数量；k 包括大、中、小城市。

（3）农村子层的样本分配。

$$n_{r平原} = \frac{N_{r平原} 6_{r平原}}{\sum N_{rk} 6_{rk}} \times n_r$$

$$n_{r丘陵} = \frac{N_{r丘陵} 6_{r丘陵}}{\sum N_{rk} 6_{rk}} \times n_r$$

$$n_{r山区} = \frac{N_{r山区} 6_{r山区}}{\sum N_{rk} 6_{rk}} \times n_r$$

式中：$N_{r平原}$ 为全省平原总人口数量；$N_{r丘陵}$ 为全省丘陵总人口数量；$N_{r山区}$ 为全省山区总人口数量；k 包括平原、丘陵、山区。

2. 抽选调查单位（等距抽样、入户调查）

如小城市要抽取的人数是 180 人，随机在此省抽取 3 个小城市，每个城市抽取 60 个人。在每个抽取的小城市随机抽取 3 个居委会，每个居委会 20 人，按居委会名册，随机起点，等距抽样的方法，抽取所需要的若干个调查户。

3. 直辖市的样本分配

对北京、上海、天津的调查。分为：城区 D1、近郊 D2、远郊 D3，样本分配见上述 1.、2. 的方法。

4. 直辖市入户调查

与省级调查方式类似。

六、补充调查

对未抽取的省，每个省调查 100 个样本作为补充样本。

七、抽样复调查

为了控制调查质量，按 3% 的比例对各地的抽样情况进行调查。要求调查员将居委会、村的抽样资料、被调查人的详细地址及个人资料精心保存，以便复查时使用。

问题：

（1）请对上述抽样方案进行评述。

第十一章　调查的实施

第一节　调查实施队伍的组织

一、实施主管的职责

对于一般规模不大的市场调查机构，市场调查的实施主管往往就是项目负责人，其职责主要有以下几个方面：

（1）深入了解调查研究项目的性质、目的以及具体的实施要求。

（2）负责选择合适的实施公司（如果需要的话）并与之进行联络。

（3）负责制订实施计划和培训计划。

（4）负责挑选实施督导和调查员（如果需要的话）。

（5）负责实施过程中的管理和质量控制。

（6）负责评价督导和调查员的工作。

二、实施督导的职责

实施督导是调查机构的入门职位。对于决心投身调查业的大学毕业生来说，从督导工作开始，负责现场的实施、数据的编辑和编码，还有参与一些数据的分析，是入门的最基础性的工作。

（一）公开或隐蔽地对调查人员实行监督

实施督导是具体的项目运作监督人员，负责实施过程的检查监督和实施结果的检查验收。监督的方式可以是公开的，也可以是隐蔽的。但是对于训练有素的调查员和动机目的明确的调查员，在没有任何迹象表明其可能有欺骗或错误的情况下，公开的监督是没有必要的。隐蔽的监督之所以有必要，是因为如果调查员知道在受到（公开的）监督时，其行为表现可能会有所差别。隐蔽的监督有两种方式，在访问的名单中或在访问的现场中放上一些调查员不认识的人士，要求这些人士将受访问的情况向督导报告；或是在调查员不知道的情况下对访问进行监听或录音，督导应该对调查员的访问结果进行尽可能频繁的和尽可能及早的检查。如果在实施的过程中有可能进行隐蔽的监督，那么一定要事先通知调查员，说明可能会有不公开的检查监督发生。否则如果过后调查员发现他们在受到暗中的监督时，肯定会感到极大的不满。

（二）现场指导调查人员进行调查

使实施有一个良好的开端非常重要，而且督导很有必要经常到实施现场去，以确保调查员没有松懈，没有养成什么坏习惯，也没有投机取巧走捷径。如对于面访调查，督导应该对调查员开始进行的几个试调查实行陪访；并在整个实施的过程中有计划地进行陪访。对于电话调查，开始的几个访问应当有督导在场，督导可以通过分机聆听访问的对话，以便进行必要的帮助。

（三）对实施情况进行检查

最好要求调查员每天都将当天完成的访问结果（完成的问卷）上交督导。督导对实施的情况可以一天一检查，一天一报告。

三、调查员的挑选

调查员是调查实施的具体执行者，因此调查员的自身素质是调查实施能够成功的最重要的保证。调查员一般都是从申请者中经过认真的挑选后确定的。

（1）应当考虑的是访问对象的特征（性别、年龄、文化程度、职业等）

和社会经济特征，要尽量选择能与之相匹配的调查员。

（2）应当考虑的是调查员完成访问工作的有效性和可靠性。

（3）考察调查人员能够按照访问指南工作要求去进行调查，并有持之以恒的决心。

（4）善于交流。调查员的工作是与被访者进行交流，因此，能干的调查员应该既善于向他人作有效的询问，又能细心地倾听、正确地领会和理解他人的回应。虽然一般都希望调查员比较合群善于交际、性格外向或是有着开朗的个性，愿意并喜欢与他人接触，但是调查员不能过于活跃。

（5）调查员的信念和个人的道德是避免作弊的最重要的因素，所以，很有必要只接受那些种种迹象都表明是完全诚实和勤奋的申请者。如向申请者以往的雇主那儿去了解情况，包括申请者旷工的记录。最好还要获取一些个人的参考资料，询问有关个人的所属、所在的社区以及其他任何能表示其个人责任感和社会责任感的有关信息。

第二节 现场准备与管理

一、编写手册

调查手册分为调查员手册和督导手册两部分。

（一）调查员手册

调查员手册是主要的工作指南，通常包括以下内容：

（1）一般信息：陈述调查的目的和重要性、数据的用途及机构收集数据的原则。

（2）简介。

（3）问卷说明：问卷调查中所用的概念和术语的定义。

（4）问卷的审核与整理：访员在访问期间或访问结束之后立即对问卷进

行现场审核。

（5）单个样本单元的管理：对无回答的调查者的再访，访员为了得到答案应尝试的次数。

（6）作业管理：管理的细节。

（7）问题与答案：手册的最后一部分，列出访员会遇到的问题和正确的解决办法。

（8）一般的访问技能和技术。

（二）督导手册

督导手册包括以下内容：

（1）招聘和培训访员。

（2）向访员分配任务。

（3）质量和执行控制。

（4）后勤服务。

（5）特殊情况下替代数据的收集方法。

（6）被调查者的安全和隐私保密承诺。

（7）说服拒访者。

二、调查人员的培训

（一）调查人员的培训方法

1. 自学

认真学习"访员手册"并完成书面作业。

2. 课堂培训

主要学习与被调查者建立良好关系。

3. 模拟访问

模拟访问练习。

4. 实习访问

可以使访员感受到实际访问时所面临的情况，习惯于调查中出现的意外情况并做出正确调整。

（二）对调查人员培训的内容

1. 思想道德方面的教育

（1）实事求是，绝不弄虚作假。

（2）诚实守信，保守秘密。

（3）谦虚谨慎，礼貌待人。

2. 性格修养方面的培养

（1）耐心细致、不焦不躁。

（2）克服畏难心理、遇挫不妥。

（3）愿意与人交流，深入实际，了解社会。

3. 市场调查业务方面的训练内容

（1）总体方案介绍。

（2）问卷的解释和试填写。

（3）对调查员的要求。

（4）调查实施的一般技巧包括进行最初接触的技巧、提问的技巧、追问的技巧、记录的技巧、结束的技巧等。

（5）现场可能遇到的问题及处理方法。

（6）解答调查员不清楚的问题。

（三）培训的途径

对调查员培训的途径主要有两种，即业余培训和离职培训。

三、对调查员的监督管理

对调查员监督管理的目的是要保证调查员能按照培训的方法和技术来实施调查。要搞好对调查员的监督管理，首先要了解调查员在调查过程由于调查员本身的原因可能出现的问题；其次要掌握监控的各种方法手段，对调查员的工作过程和质量实施监督管理。

（一）常见问题

（1）调查人员自填问卷，而不是按要求去调查被访者。

（2）没有对指定的调查对象进行调查，而是对非指定的调查对象进行调查。

（3）调查人员自行修改已完成的问卷。

（4）调查人员没有按要求向被访者提供礼品或礼金。

（5）调查过程没有按调查要求进行，如调查员将本应由调查员一边问一边记录的问卷交由被访者自填。

（6）调查员在调查过程中带有倾向性。

（7）有些问题答案选择太多，不符合规定和要求。

（8）有些问题漏记或没有记录。

（9）调查人员为了获取更多报酬，片面追求问卷完成的份数，而放弃有些地址不太好找的调查对象，或放弃第一次碰巧没有找到的调查对象。

（10）家庭成员的抽样没有按抽样要求进行。

（二）监控手段

对调查员的监督管理，重点在于保证调查的真实性，保证调查的质量，同时也是衡量调查员的工作业绩、实行奖优罚劣的需要。如每天按15%的比例，由督导采取公开与隐蔽结合的方法，监视调查员每天的工作。如果发现操作问题，及时纠正解决，必要时对调查员进行进一步的培训。对问卷质量的监控由督导每天回收当天完成的问卷，并且每天都要对每份问卷做检查，看是否所有该回答的都回答了，字迹是否清楚，跳答的问题是否按要求进行了，等等。对检查中发现的问题，及时对调查员进行正面反馈。

（三）调查员的评价和报酬支付

1. 调查员的评价

对调查员进行评价是一件非常重要的工作。调查员评价准则主要有：

（1）费用和时间。

（2）回答率。

（3）访问的质量。

（4）数据的质量。

2. 调查员的报酬支付

调查员的报酬主要有两种支付方式，即按完成调查问卷份数支付（计件制）和按工作的实际小时数支付（计时制）。在有些情况下，也有按月支付工资或根据全部工作量付费的。

四、调查进度的监督管理

调查进度安排是否合适，直接影响调查的完成情况，影响调查工作的质量。而调查进度表经双方一致认可后，市场调查公司就必须严格按照这个进度表来执行，保证市场调查的所有工作在进度表规定的时间内完成。

（一）确定调查进度

调查进度与调查质量密切相关，切记要防止调查员为了赶进度，讲求经济效益，片面追求完成问卷的数量，而忽视调查的质量。为此，很有必要对调查员每天完成问卷的份数做出规定。进度的安排要综合考虑所有相关的因素。确定调查进度主要考虑的因素有：客户的要求、兼职调查员和督导员的数量和比例、调查员每天所完成的工作量等。

1. 客户的要求

客户的要求是市场调查公司安排调查进度时必须考虑的第一重要因素。

2. 兼职调查员和督导员的数量和比例

实施期间可以工作的兼职调查员的人数，督导的数量和比例也直接影响调查进度。

3. 调查员每天所完成的工作量

确定调查员每天应完成的工作量主要从下面几个方面考虑：

（1）调查员的工作能力。

（2）调查员的责任心。

（3）调查问卷的复杂程度。

（4）调查的方式。

（5）调查的区域和时段。

4. 调查进度控制图

调查进度控制图是进行调查进度控制的有效工具。运作督导每天记录调查员所做的工作（完成的问卷数），以便掌握实际进度与计划进度的差距，以及调查员存在的问题。调查员在调查过程中必须按规定进度开展调查，在确保问卷质量的情况下，每天完成的问卷数不能突破规定的上限。

（二）调查质量监控

1. 概念

调查质量监控是以调查结果为对象，以消除调查结果的差错为目标，通过一定的方法和手段，对调查过程进行严格监控，对调查结果进行严格的审核和订正的工作过程。

2. 调查质量控制

控制调查质量应根据调查工作的不同阶段分段进行。具体为：

（1）设计阶段的质量控制。

（2）调查实施阶段的质量控制。

（3）资料整理阶段的质量控制。

3. 寻踪抽样框的更新

（1）进行寻踪的目的：①对样本单元进行定位。②更新抽样框中单元的基本信息。③确认样本单元是否仍在调查范围内。

（2）常用的寻踪工具：①当前的电话簿和其他辅助目录。②从其他抽样框获得的信息。③从其他政府机构的卷宗得到的信息。④重复性调查中提供的信息。

第三节　访谈技巧

访员与被调查者建立良好关系的基础是介绍。拒绝访问是市场调查中常见的情况，研究发现，拒访率因调查方法的不同而不同，因国家的不同而不同，还因地区、收入、职位的不同而不同。市场调查要努力降低拒访率。

一、介绍的内容

介绍的主要内容如下：

（1）访员的姓名和调查组织机构的名称。

（2）调查名称和目的。

（3）数据的用途。

（4）数据收集的权威性。

（5）对数据安全及保密性的保证。

（6）示意礼品。

二、有效访谈的关键

有效访谈的关键点如下：

（一）信心

访员相信自己的能力。

（二）倾听技巧

要求调查人员在受访者回答问题时，一是不要随便打断受访者的话题，即使受访者答非所问或说话啰嗦。如果记录中有不清楚的地方，也要等受访者讲完以后再做询问。二要集中精力、专心致志，注意用体态语言来表现自己对受访者谈话的高度重视。

（三）语言的表达

询问问题时要注意用问卷中的用词来询问，大多数受访者处于礼貌，或者为图省事，喜欢按调查人员所期望的回答问题。因此，调查人员不要通过自己的面部表情或声音提示受访者回答问题"正确"或"错误"，"赞同"或"反对"。

（四）洞悉问卷，适当追问

涉及开放式问题时，为了获得更多的信息，经常要采用追问的方式。

（五）记录回答

记录回答要注意以下几点：一是访问期间记录回答；二是使用应答者的语言；三是记录包括与问题的目标相关的一切事物；四是记录下所有的追问；五是记录答案时重复一遍。

（六）结束访谈

访谈结束时，调查人员要感谢受访者抽出时间给予合作，并使受访者感受到自己对这项调查研究做出了贡献。离开之前要迅速检查问卷，看有没有遗漏。

三、入户访谈拒访率高的原因及应对

（一）开始时就拒访的原因

1. 主观的原因

（1）怕麻烦：随着市场调查越来越普及，被访问者以前有过不愉快的经历或怕麻烦而拒绝接受访问。应对："完成调查只需要几分钟的时间。"

（2）怕露底：由于社会治安方面的问题，担心随便让人入户会不安全。应对："如果不方便进屋，我就在防盗门外问您一些问题行吗？"

（3）感到调查对自己没有意义。应对："我们是抽样调查，每一个被抽到的人的意见都很重要，否则结果就出偏差了，请您协助一下。"

2. 客观的原因

（1）调查人员行为不当：调查人员的仪表、态度、语言、举止等受访对象感到不舒服。这就要求调查员从以下几个方面加强注意：一是持介绍信取得居委会或物业管理有关人员的支持或帮助；二是注意掌握敲门的声音和节奏；三是注意整体形象，如仪表端正、穿着整齐、用语得体、口齿伶俐、态度谦和、给人亲切感。

（2）被访问者担心文化程度低：看不懂问卷、不理解问卷的意思等。应对："问题一点也不难，答案无所谓对错，很多人都像您一样担心，但最后都回答得很好。"

（3）有事不顺心而无法配合：如工作不顺心、生病等引起心情不好。应对："对不起，打扰了，××时间再来访问可以吗？"

（4）家中有客人。

（二）访问过程中拒访

1. 问卷太长

在回答提问的过程中，受访对象发现问卷太长，完成问卷花费的时间过多，因而产生厌烦的情绪，没有了耐心。

2. 问题不好回答

问卷上的提问是受访对象不太熟悉的领域，与受访对象的生活经历相差太远，或者有些问题需要受访者极力去回忆。

3. 问题不便回答

问卷中涉及一些不便回答的问题，如婚姻、个人收入、政治倾向等。应对："我们不要求您填写您的姓名，并承诺对你的所有资料保密。"

4. 其他事情的打扰

如有人拜访、电话打扰、突然有事需要处理等。

另外，可以运用一些心理学上的小策略，如得寸进尺和得尺进寸的应用等。

四、提问的一些指导原则

提问时在措辞、顺序和态度上的微小差异都可能影响问题的含义以及得到的回答。以下是关于提问的一些指导原则：

（1）对问卷做到完全熟悉。

（2）按照问卷设计的顺序提问。

（3）使用问卷中的措辞。

（4）慢慢读出问题。

（5）如果调查对象不明白问题的意思，请重复问题。

（6）对每个问题都要提问，不要遗漏。

（7）按照问卷说明和要求的跳跃模式提问，并且仔细地追问。

五、追问技巧

追问的目的是鼓励调查对象进一步说明、澄清或解释其答案。追问不应该存在任何误导倾向。常用的追问技巧如下：

（一）重复问题

用同样的措辞重复问题能够有效地引出回答。

（二）重复调查对象的回答

通过逐字地重复调查对象地回答，可以刺激调查对象给出进一步的信息，这可以在调查员做记录的时候进行。

（三）使用短暂停顿或沉默式追问

沉默式的追问或者期待性的停顿或眼光，都可以暗示调查对象提供更完整的回答。但是，注意沉默不要变成尴尬的局面。

（四）鼓励或打消调查对象的疑虑

如果调查对象表现出疑虑，调查员就应该打消调查对象的疑虑，可以说"答案不分对错，我们只是想了解您的看法"等。如果调查对象需要对一个词或短语做出解释，调查员不应该进行解释，而应该要求调查对象自己做出解释，调查员可以说"按照您的理解就可以了"。

（五）引导调查对象做出说明

调查员可以通过提问提高调查对象配合和给出完整答案的积极性，如"我不是很理解您的意思，您能不能说得详细一些"、"还有其他原因吗"、"还有别的吗"、"您为什么有这样的感觉"等。

思考题：

1. 市场调查人员主要包括哪些？

2. 实施主管的职责是什么？

3. 实施督导的职责是什么？

4. 对调查人员培训的内容包括哪几个方面？

5. 有效访谈的关键有哪些内容？

6. 记录答案要注意哪几点？

7. 在提问中要注意哪些事项？

8. 结合实际情况，谈谈市场调查过程中曾经遇到的困难和你的看法。

9. 如何能够有效地预防和制止调查人员的舞弊行为？

第十二章 调查数据整理

调查问卷的整理是指运用科学的方法对调查所得的各种原始资料进行审核、初步加工和综合，使之系统化和条理化，从而以集中、简明的方式反映调查对象总体情况的工作过程。

对调查问卷的整理过程，一般包括问卷审核、数据插补、数据编码、数据录入等几个阶段。

SPSS（Statistical Package for the Social Science）是目前中国流行的两大统计分析软件（SPSS 和 SAS）之一，已被广泛应用于经济、管理、教育、心理等许多领域。

第一节 调查问卷的审核及插补

一、调查问卷审核的项目

对已经回收的调查问卷，审核的项目主要有：

（一）完整性

主要检查收集的资料是否完整，所有应问或应答的问题是否都已询问或回答。不完整的答卷分为三种情况：

（1）某一份问卷相当多的问题没有回答或某一份问卷不符合多条审核规则的

要求，或者不符合少数几条关键审核规则的要求，从而使得后续的研究失去意义。在这种情况下，通常可以将这一问卷作废，同时将调查样本的权数进行调整。

（2）某问卷个别问题没有回答，这样的问卷应作为有效问卷，未回答的问题留待作插补处理。

（3）相当多的问卷对同一问题没有回答，仍作为有效问卷。未回答的问题要查明原因，在资料分析时应给予适当注意。

（二）内容的一致性

这是指调查对象对问卷所给的答案是否一致，是否相互矛盾。若有这些情况，应设法澄清。根据全卷答案的内在逻辑联系对前后不一致的地方进行修正，或将矛盾的答案舍弃。假设某份问卷中关于一位被调查者的背景资料是：受教育程度为大学本科，婚姻状况为已婚，性别为女，年龄为 10 岁。显然，这条记录中，年龄与婚姻状况、年龄与受教育程度之间关系是不符合审核规则的。为了纠正审核失效，可以同时调整婚姻状况和受教育程度，也可以只对年龄作调整，一般倾向于采用后者。

（三）明确性（特别针对开放性问题的答案）

检查答案的含义是否明确。对含混不清、指代不明的答案要设法弄清楚。特别对于开放式的问题，首先要检查调查人员记录的合理性。所记录的应该是调查对象的原话，而且为了弄清楚事情的原委，要求调查人员应该提出追问。如：

对这样一个开放式提问，"你为什么在众多的快捷、方便的餐馆中选择经常去麦当劳店？"，有三种记录的答案如下：

A：顾客似乎觉得麦当劳有更加美味的食物和统一的服务环境。

B：因为我喜欢它。

C：因为我喜欢它，我喜欢它并且我经常去那儿，因为那儿是离我工作地方最近的餐馆。

请问，哪种记录是合理的呢？

（四）计量单位的统一性

以统一的计量单位记录答案是非常重要的，这样便于对答案进行归类和比较。

二、数据插补

无论在问卷调查或实验性研究中，被试的部分数据，可能因种种原因而缺失。当数据有缺失值（Missing Value），在统计分析之前需要考虑如何处理。

列删法（Listwise Deletion）是删除有缺失值的被调查者，只用数据齐全的被调查者。这是一种最简单的数据处理方法。但若有许多被试者都有少量缺失值，列删法会删除过多被调查的样本，使得余下的样本数太少。

在数据录入（见本章第二节）后，对记录中的缺失值可能要进行插补。在SPSS窗口的 Data->Select Data->If condition is satisfied 里有一个"MISSING()"函数，结合这个函数，Select Data 就可以直接找出缺省值。

插补是对审核过程中发现的所有缺失信息的记录进行补充或用合适的数值进行替代，确保得出内在一致的记录。插补方法可以归为两类：确定性插补（对于特定的被调查数据，可能的插补值只有一个）和随机插补（含有随机因素，每次得出的插补值可能会不一样）。

每一种确定性的插补方法都对应着一种随机插补方法。插补数值时，用确定性的方法得出一个插补值，加上从某个适宜的分布或模型产出的一个残差作为最后的插补值，就成为随机插补。随机插补能更好地保持数据集的频数结构，保持比确定性插补方法更真实的变异性。

几种确定性插补方法如下：

（一）推理插补

缺失的或不一致的数据能通过推断确定。通常，这种推理是根据问卷上其他回答项的数据得来的。如一个四项数值的和是 100，其中两项分别是 60 和 40，其余两项空着，那么可推算出这其余两项的值一定是 0。

（二）均值插补

缺失或不一致的值可用插补类的均值来代替。如某问卷中的年龄缺失，可利用与缺失问卷类似的（在性别、文化程度、职业等类似的）回答者的平均年龄来代替。

均值插补会得到较好的点估计，但由于在插补类均值这一点形成一个人为的"峰值"，从而破坏了分布状态和变量之间的关系。因此，如果用常规的抽样方差公式进行计算，就会低估最终的方差。

均值插补通常在没有辅助信息可用或只有少量记录需要做插补处理时，才被采用。

（三）比率或回归插补

比率或回归插补是使用辅助信息及其他记录中的有效回答建立一个比率或回归模型，该模型表明了两个或多个变量之间的关系。

例如，某调查者的收入＝（平均收入/平均受教育年限）×受教育年限

比率或回归插补计产生的插补值比简单均值法产生的插补值更加稳定。这种方法常用于商业调查中的定比量表。

（四）序贯热平台插补

序贯热平台插补是用需要插补数据前面最近的一个相似者（供者）的数据来代替受者缺失的数值（见表12-1）。

序贯热平台插补可以用来插补定量数据，也可以用来插补定性数据，但通常只依据定性变量相似的供者建立插补，并且用人工方式补齐。

表 12-1　汽车拥有情况统计

样本序号	性别	年龄	婚姻状况	收入	汽车拥有
1	男	青年	未婚	70	无
2	男	中老年	已婚	100	有
3	女	青年	未婚	50	无
4	男	中老年	已婚	70	有
5	男	青年	未婚	90	有
6	女	中老年	丧偶	30	无
7	男	中老年	已婚	—	—
8	女	青年	离异	45	有
9	男	青年	未婚	—	无

样本序号	性别	年龄	婚姻状况	收入	汽车拥有
10	女	中老年	丧偶	20	—
11	男	青年	未婚	50	有
12	男	中老年	已婚	—	—

插补结果：

受者序号	收入	汽车拥有	供者序号
7	70	有	4
9	90	—	5
10	—	无	6
12	70	有	4

（五）序贯冷平台插补

序贯冷平台插补与序贯热平台插补类似，不同之处在于热平台插补使用当前调查的供者，而序贯冷平台插补经常使用前期的调查或普查中的历史数据。

三、用 SPSS 进行数据插补

SPSS 中，在 Transform 栏下，有 Replace Missing Values 命令可对缺省值进行插补。

在 Method 中，可供选择的方法有：

（1）数列平均数（Series Mean）：用所选变数的数列所有值的平均数来代替缺省值。

（2）附近点的平均数（Mean of Nearby Points）。

（3）附近点的中位数（Median of Nearby Points）。

（4）线性内插法（Linear Interpolation）：利用某一缺省值的前后二值的中间值来代替缺省值。

（5）点上的线性趋势法（Linear Trend at Points）：在对原有资料进行线性回归的基础上，用线性预测来代替缺省值。

第二节　调查资料编码及录入

一、建立 SPSS 数据文件

对于所收集到的问卷调查资料在使用 SPSS 软件进行数据分析之前，首先要建立数据文件。通常一个数据文件的建立可以包括定义变量、数据输入、数据整理、数据文件的保存和输出等内容。其步骤如下：

第一步：单击命令窗口的 File-> New-> Data，然后单击窗口左下角的 Variable View（变量视图）。出现如图 12-1 的界面。

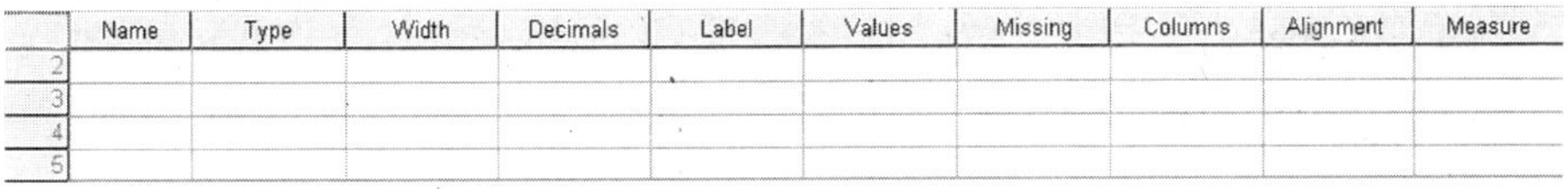

Name	Type	Width	Decimals	Label	Values	Missing	Columns	Alignment	Measure
2									
3									
4									
5									

图 12-1　变量视图

第二步：这样，就可以对问卷中所有的问题及回答进行定义。其中，

◆ Name：变量名，一般用问卷中的提问项目的关键词。

◆ Type：变量类型，一般用的是 Numeric（数值型）。其列出的 8 种可选的基本变量类型：数字型（Numeric）、逗号型（Comma）、句点型（Dot）、科学计数型（Scientific Notation）、日期格式型（Date）、美元型（Dollar）、定制货币型（Custom Currency）和字符串型（String）。

◆ Width：变量的总宽度。

◆ Decimal：小数位数，一般设置为 0。

◆ Lable：变量标签。

◆ Value：变量的值（与编码相对应，即对回答项目每类都分配一个数字，单选题、多选题一般依据事前编码，开放式提问要进行事后编码）。

◆ Missing：缺失值。

◆ Columns：列宽。

◆ Alignment：表示对齐方式。

◆ Measure：量表测量。

第三步：接着单击左下角 Data View（数据视图），就可以输入样本数据了。每一行记录着一个调查样本的所有回答情况的资料。输入完成后，单击 File，选择 Save，把输入的数据保存为后缀为 ∗.save 的数据文件。

典型问卷示例如下：

1. 单选题

关于上网购物的态度调查的一个问题如下：

您是否喜欢上网购物？

（1）非常喜欢。

（2）喜欢。

（3）无所谓。

（4）不喜欢。

（5）非常不喜欢。

在 Values 值栏定义变量的值如图 12-2 所示。

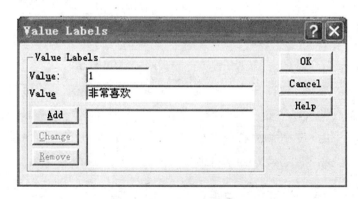

图 12-2　定义变量视图一

2. 多选题

关于获取新闻方式的调查如下：

请问您通常获取新闻的方式有哪些？

（1）报纸。

（2）杂志。

（3）电视。

（4）收音机。

（5）互联网。

对于以上题型，常用多重二分法（Multiple Dichotomy Method）进行多选题的录入，具体做法是，以回答项目的各选项作为变量名，用"是"或"否"两项作回答标签，相当于将原来的题型变成了五个问题，分别是：您是否通过报纸获取新闻；您是否通过杂志获取新闻；您是否通过电视获取新闻；您是否通过收音机获取新闻；您是否通过互联网获取新闻等。

在 Values 值栏定义变量的值如图 12-3 所示。

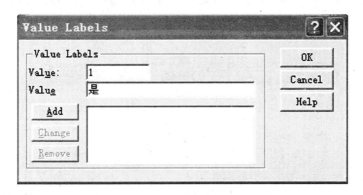

图 12-3　定义变量视图二

3. 多选并排序题

对于手机品牌偏好的调查问题如下：

请您在下面 9 个品牌中选出您购买手机时认为优先考虑的三个品牌，并加以排序。

（1）三星。

（2）苹果。

（3）联想。

（4）诺基亚。

（5）小米。

（6）HTC。

（7）摩托罗拉。

（8）中兴。

（9）华为。

第一考虑的品牌：＿＿＿＿＿＿＿＿

第二考虑的品牌：＿＿＿＿＿＿＿＿

第三考虑的品牌：＿＿＿＿＿＿＿＿

对于以上题型，与第2种题型的数据建立方法类似，即以回答项目的各选项作为变量名，用第一考虑的品牌，第二考虑的品牌，第三考虑的品牌作回答标签，在Values栏定义变量的值如图12-4所示。其中，用3表示给第一考虑的品牌得3分，用2表示给第二考虑的品牌2分，用1表示给第三考虑的品牌1分。这样取值是为了方便今后的统计分析。

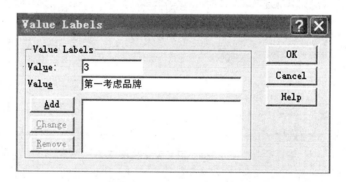

图12-4　定义变量视图三

4. 开放题

对开放式问题的回答数据录入需要采用以下四个步骤：

（1）列出所有答案。对于开放性问题，在录入之前，编码员首先要将所有回答者的答案浏览一遍，列出所有的可能答案。一般要求所有的答案都应列出。

（2）合并答案。把一些在形式上看来不同，但在本质上相同的答案适当地合并为一类。如"您为什么在今后两年内不想购置燃气式热水器？"这个提问属于开放性问题，几个回答者，回答的内容从形式上都不相同，如表12-2所示。

表 12-2　开放式问题回答实例

1. 它们体积都较大，在我的厨房里无法安装

2. 我可在工作单位洗澡，没必要买

3. 它们在外观上不太好看

4. 它们的颜色不太好看，并且比较贵

5. 我听说使用它不安全，常常会发生事故

6. 购买后安装和维修都很困难，还是不买算了

7. 国产热水器使用不方便

8. 我对它不太了解

9. 我不喜欢它的外观，颜色也不太好看

可以想象，若对100个人询问，可能会得到100种答案。如果不进行归类处理，那么就不容易进行分析。所以可以将一些意思相近的答案归到某一类中去，从中分析为什么不买的主要原因。完成合并的过程就可得到表12-3。

表 12-3　不购买热水器的答案合并分类和编码

回答类别描述	答案归类	分配的数字编码
产品设计不美观	3, 4, 9	1
价格贵	4	2
使用不方便	1, 6, 7	3
使用不安全	5	4
其他	2, 8	5

还要注意的是：如果样本量很大时，编码员可以从全部资料中随机抽取20%来确定答案类别。在确定答案类别时不宜过多。因为答案类别过多会使所研究对象在该项目上的本质特征被掩盖，并且在一些类别上的回答者比率小于5%，对分析没有太大的意义。

二、调查数据的统计整理

打开 SPSS 软件，点击左下角的 Data View（数据视图），可以对于数据进行如图 12-5 所示的各种操作。

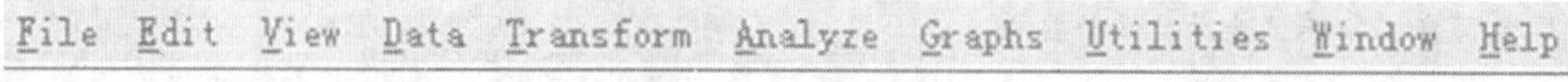

File Edit View Data Transform Analyze Graphs Utilities Window Help

图 12-5　数据视图栏

菜单栏有以下几个选项：

（1）File：文件管理菜单，有关文件的调入、存储、显示和打印等。

（2）Edit：编辑菜单，有关文本内容的选择、拷贝、剪贴、寻找和替换等。

（3）Data：数据管理菜单，有关数据变量定义、数据格式选定、观察对象的选择、排序、加权、数据文件的转换、连接、汇总等。

（4）Transform：数据转换处理菜单，有关数值的计算、重新赋值、缺失值替代等。

（5）Statistics：统计菜单，有关一系列统计方法的应用。

（6）Graphs：作图菜单，有关统计图的制作。

（7）Utilities：用户选项菜单，有关命令解释、字体选择、文件信息、定义输出标题、窗口设计等。

（8）Windows：窗口管理菜单，有关窗口的排列、选择、显示等。

（9）Help：求助菜单，有关帮助文件的调用、查找、显示等。

点击菜单选项即可激活菜单，这时弹出下拉式子菜单，用户可根据自己的需求再点击子菜单的选项，完成特定的功能。

（一）在 Transform 菜单下变量的数据整理

根据已有变量生成新变量，有以下常用的操作命令：

1. 利用算术符号和函数生成新变量（Compute）

假设某问卷回答项目 5、4、3、2、1 分别代表非常满意、满意、一般、不满意、很不满意。

运行 Compute：新变量＝6-原来变量，则 5、4、3、2、1 就转化成 1、2、3、4、5 了。

2. 用新变量代表名次（Rank Cases）

如对总成绩进行排名，分数最高的排在第一名。

3. 连续变量离散化（Recode）或变量的重新赋值

选 Transform 菜单的 Recode 命令项，此时有两种选择：一是对变量自身重新赋值（Into Same Variables...）；二是对其他变量或新生成的变量进行赋值（Into Different Variables...）。对于连续变量的分组就是运用这个命令。如将个人背景信息中的年龄、收入等连续变量进行分组。

与 Compute 方法不同的是：Recode 方法不能进行运算，只能根据指定变量值做数值转换，且这种转换是单一数值的转换。

4. 产生计数变量（Count...）

比如符合设定范围内的观测值将被设为 1，不符合设定范围内的观测值将被设为 0，新变量的可能值只有 0 与 1，不会出现其他数值。这样就可计算出合乎条件的资料频数。

（二）在 Data 菜单下的文件管理

可以进行如下操作：①合并文件——增加变量。②合并文件——增加样本。

选 Data 菜单的 Merge Files 命令项，选 Add Cases... 项，就可以合并不同个体的相同信息，在样本合并时，需注意合并的样本必须是在相同的 SPSS 环境下所建立的样本，使用相同格式、相同的变量定义、相同的变量顺序，否则，合并时将遭遇非配对与遗漏问题。

选 Add Variables... 项，就可以合并相同个体的不同信息。

1. 数据汇总

选 Data 菜单的 Aggregate 命令项，可以：

（1）按一个分类变量汇总，如性别。

（2）按多个分类变量汇总，如性别、年龄段。

（3）按一个变量进行多个统计量的汇总，如销售总额、平均每笔销售额。

（4）生成次数变量，如成交次数。

（5）汇总生成新文件或直接显示在数据窗口。

2. 数据转置（Transpose）

可以将一条记录变成多条记录，或多条记录变成一条记录等，但在问卷调查中很少采用这条命令。

另外，对于变量或记录的剪切、复制或粘贴，其操作与 Word 环境下操作基本一样，操作者可借助鼠标右键，灵活实现这些功能。

3. 赋权（Weighting Cases...）

赋权是指通过人为的方法，调整数据的大小。加权计算有两种形式：一是加权样本（Weight Cases...）。常用于提高具有某种特性的调查对象的重要性，如研究产品改进问题，研究人员可能要对那些频繁使用者的建议重点考虑，因此会给予这些样本较大的权重，对于少量使用者可能给予较小的权重。加权样本在 SPSS 主菜单"Data"中的子菜单"Weight Cases"中进行，增加的是数据库的记录数，只不过这些记录是相同的，用频数变量反映重复的次数。样本被加权之后，原数据库并没有发生变化，但后续的分析过程将会以样本的加权值进行分析。如果要去掉加权，可选择"不加权"选项删除样本加权定义。二是加权变量。常用于对个案的综合评价。如评价营业员的工作好坏，可能设计了多个指标，要将这些指标综合起来形成一个总的评价指标，往往不能简单地将多个指标汇总，而是根据各个指标的重要程度，给各个指标一个权数，通过加权平均计算综合评价指标。变量加权可利用 SPSS 的计算功能（Compute），通过若干变量的加权运算，形成新的变量。

4. 其他命令

（1）数据记录选择（Select Cases...）：按某种需求分析其中的一部分，这时使用 Select Cases 程序可以大大简化工作。具体做法是在 Select Cases 对话框中选择满足条件变量或过滤变量等，SPSS 会自动建立一个命名为 filter_ $ 的新变量，用 1 表示要的资料，用 0 表示不用的资料。

（2）拆分数据（Split File...）：所谓分割，是依据某一个或几个变量按照一定顺序把原有资料进行重新排列，在资料编辑器中集合在一起。如果要对资料以一个或几个变量为分类基础形成的各组资料进行对比分析，则可以考虑用分割（Spilt）。

思考题：

1. 王新华是一名访问员，他进行了 50 份问卷调查，现以 10% 的比例对 5 人做电话回访时，5 人确认接受了调研。回访涉及对问卷中的一个关于态度和两个关于人口统计特征问题的确认。其中，有一份问卷，被访者称其年龄是 30~40 这个年龄段，但在调查问卷中标明的却是 20~30 岁这个年龄段。在另一份问卷中，当被访者被问及："政府面临的最重要的问题是什么"时，访问员写的回答是"政府急于提高税率"。但当这份问卷确认时，被访者说："该城市的税率过高"。作为一名审核人员，你认为该访问员是否诚实？是否可以认为这 50 份问卷均有效，可以接受？如果答案是否定的，你将如何做？

2. 人们常说，开放式问题的编码是一种艺术。你同意这种观点吗？为什么？如果在对一大堆问卷进行编码后，调查员发现，许多被调查者最终选择了"其他"这一栏，这意味着什么？如何修正它？

3. 请对以下回答进行归类和编码。

问题：你为什么喜欢喝 A 品牌的啤酒？

回答如下：

（1）因为它口味好。

（2）已经喝了 20 多年了。

（3）没有原因。

（4）不喜欢其他啤酒太重的口味。

（5）最便宜。

（6）不像其他牌子的啤酒那样使我的胃不舒服。

（7）我买任何打折的啤酒，因它大部分时间都打折。

（8）我总是选择这个品牌。

（9）其他牌子使我头痛，但这种不会。

（10）具有最好的味道。

（11）是大多数同事喝的品牌。

（12）我的所有朋友都喝它。

（13）这是我妻子在食品店中买的品牌。

（14）这是我妻子最喜欢的品牌。

（15）没有想过。

（16）喜欢它的口味。

（17）不知道。

4. 有哪些处理无效值和缺失值的方法？各自的优缺点是什么？

5. 事前编码和事后编码有什么不同？

6. 调查问卷审核的项目主要有哪些内容？

7. 发现不合格问卷通常应当如何处理？

第十三章 调查数据制图和描述性统计

第一节 统计图

俗话说："一图值千字"，调研的结果特别是重要的结论，可以用图形更充分有效地表达。在 SPSS 的 Graphs 菜单中包括了各种统计图类型。在调查问卷中常用的统计图有如下四种：

一、柱状图（Bar）

大多数情形下，统计图都是以组为单位的形式来体现数据的。柱状图如图 13-1 所示。用直条的长短来表示非连续性数据的数值大小。在定义选项框的上方有 3 种直条图可选：Simple 为简单柱状图、Clustered 为聚类柱状图、Stacked 为堆积柱状图。柱状图适用于非连续性的变量；还有一种直方图（Histogram），适用于连续性的变量。

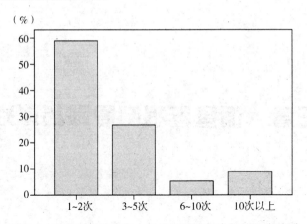

图 13-1 某大学学生半年内平均上网购物次数的调查统计

二、线型图（Line）

调用 Graphs 菜单的 Line 命令，绘制线型图。线型图是用线条的上下波动形式反映连续性的数据资料的变化趋势（见表 13-1）。非连续性的资料一般不用线型图表现。

表 13-1 心理问题检出率统计

单位:%

年龄分组	心理问题检出率	
	男性	女性
15 岁以下	10. 57	19. 73
15~25 岁	11. 57	11. 98
26~35 岁	9. 57	15. 50
36~45 岁	11. 71	13. 85
46~55 岁	13. 51	12. 91
56~65 岁	15. 02	16. 77
65 岁以上	16. 00	21. 04

在 SPSS->Graphs->Line->Multiply->Summaries of Separate Variables->…得出图 13-2 即为系统输出的线型图。分析表明，15 岁以下组和 65 岁以上组的心理问题检出率较其他年龄组高，女性的心理问题检出率较男性高。

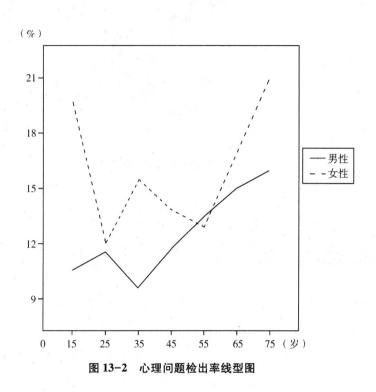

图 13-2　心理问题检出率线型图

三、饼状图（Pie）

用一个圆来表现百分构成，如图 13-3 所示。根据圆中各个扇形面积的大小，可判断某一部分在全部中所占比例的多少。

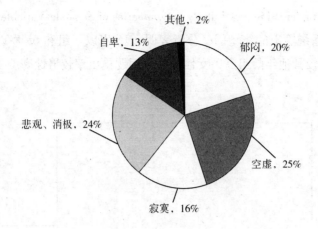

图 13-3　出现颓废时心理状态

注：其他选项主要包括虚伪、自暴自弃。

四、散点图（Scatter）

如图 13-4 所示，散点图用于表现数据的原始分布状况，如果分析的是两

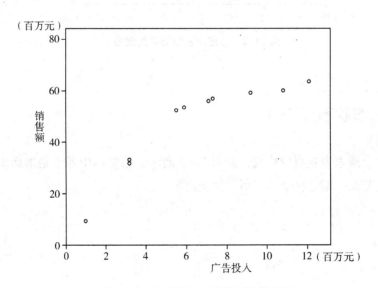

图 13-4　广告投入与销售额的散点图

变量间的关系，就用简单散点图（Simple）；如果要快速发现多个变量间的主要相关性，用矩阵散点图（Matrix）；如果要在一张图中比较各组变量的相关性，用重叠散点图（Overlay）；如果要分析三个连续变量间的关系，用三维散点图（3-D）。在进行聚类分析之前，可以用散点图发现点的密集及其区隔，从而决定将数据分成几类。

另外，用 SPSS 作出图形后，可以在 OUTPUT 下双击图形，来对图形进行编辑。如改变图形外观、改变比例、改变颜色、样式、加上变量和数值等。

值得一提的是，在制图过程中我们可能会发现一些特别大或特别小的数据，称为异常数据（Outlier）。尤其当被调查人数不多的时候，少数异常数据就可能对数据的结果产生非常大的影响。一元的异常数据，可以用简单柱状图等找出，较易辨认。多元数据，可以用二维或三维散点图等找出，一般并不容易找出。但可以重复进行分析，比较含异常数据和不包含这些数据的结果，若两者相差很大，表示异常数据影响很大。一般而言，可删除异常数据。

第二节　描述性统计

构成表格的基本元素是：层（Layer）、行（Rows）、列（Columns）、单元格（Cells）。市场调查中对数据进行制表，常常用来分析数据出现的频数。这样用户可以对数据的总体特征有比较准确的把握，从而选择更为深入的分析方法对数据进行研究。

在 SPSS 的 Analyze 菜单中包括了一系列统计分析过程。其中 Reports 和 Descriptive Statistics 命令项中包括的功能是对单变量的描述统计分析。

Descriptive Statistics 包括的统计功能有：

（1）Frequencies：频数分析（适合定类变量或称为名义尺度）。

（2）Descriptives：描述统计量分析。

（3）Explore：探索分析。

（4）Crosstabs：多维频数分布交叉表（列联表）。

Reports 包括的统计功能有：

（1）OLAP Cubes：OLAP 报告摘要表。

（2）Case Summaries：观测量列表。

（3）Report Summaries in Row：行形式输出报告。

（4）Report Summaries in Columns：列形式输出报告。

一、频数分布（Frequencies Distribution）

（一）频数分布表

频数分析一次只考察一个变量，目的是了解该变量不同取值的调查对象的数量。这个变量中不同取值的出现频率以百分比的形式示现。一个变量的频数分布可以产生频数、百分比和累计百分比的列表。打开 SPSS 系统中自带的数据库"VOTE"，通过 SPSS->Analyze->

Descriptive Statistics-> Descriptives，得到如图 13-5 所示的对话框：

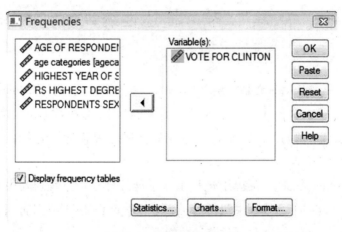

图 13-5　频数分析对话框

表 13-2 是调查某地区居民对选择空调时主要考虑因素排序分析中对品牌排序的统计表：

表 13-2　品牌偏好排序表

		Frequency	Percent	Valid Percent	Cumulative Percent
Valid	第一位	26	27.7	37.1	37.1
	第二位	19	20.2	27.1	64.3
	第三位	17	18.1	24.3	88.6
	第四位	8	8.5	11.4	100.0
	Total	70	74.5	100.0	
Missing	System	24	25.5		
Total		94	100.0		

对于多项选择题，在进行频数分析之前，可以考虑先转置（Transpose），再计数（Count），最后制表。制表时，可以考虑用 SPSS->Analyze->Multiple Reponse 来获得。

（二）与频数分布相关的统计量

如前所述，通过频数分布可以很方便地观察变量的取值情况。频数表清楚易读，并能提供一些基本信息，但有时，这些信息可能过于详细，需要用描述性统计量进行概括。与频数分布有关的最常用的统计量包括集中趋势指标（如均值、众数、中位数等）、数据的离散程度或称差异性指标（如全距、四分互差、方差、标准差、离散系数等）和分布形状指标（偏度和峰度）。主要指标的定义如下：

1. 众数

这是指总体中各个单位在某一标志上出现次数最多的变量值。这个指标在调查分析中最常用。

2. 中位数

这是指总体中各单位按其在某一标志上数值的大小顺序排列时，居于中间位置的变量值。这个指标适合于全体及总体中个体之间的同质性较强时使用。

3. 平均数

这是指总体中各单位数值的和除以标志值项数得到的数值。通常用来计算定比变量，如收入、年龄、花费、身高、体重、评分值等的平均值。

4. 全距

这是指所有标志值中最大值与最小值之差。

全距＝最大标志值－最小标志值

5. 平均差

平均差即平均离差，它是将离差数值的总和除以离差的项数的结果。即：

$$\frac{\sum |X - E(X)|}{n}$$

6. 标准差

这是各个离差平方的算术平均数的平方根。即：

$$\delta = \sqrt{\frac{\sum [X - E(X)]^2}{n}}$$

式中，δ 为标准差；$X-E(X)$ 为离差；n 为离差项数。

7. 离散系数（标准差系数）

这是指将标准差与相应的平均指标对比而得出的相对数值。

$$V_\delta = \delta / E(X)$$

如已经调查了甲、乙两公司的人均月收入情况，所得到的月收入的平均值和标准差分别为：甲公司月收入平均值是 1000 元，标准差是 100 元；乙公司月收入平均值是 800 元，标准差是 96 元。请问哪个公司的平均值代表性大？

从标准差的角度看，乙公司的标准差为 96，小于甲公司的 100 元，所以乙公司的平均值的代表性大。但是事实上，由于两个公司的月平均收入有差别，这种简单的对比是不能成立的。只有计算离散系数，两公司才能比较。

用离散系数来分析：

甲公司的离散系数为（100/1000）为 0.1，离散系数告诉我们甲公司的标准差是甲公司工资平均数的 10%；

乙公司的离散系数为 0.12，说明乙公司的月收入的平均值的代表性实际小于甲公司。

（三）假设检验

假设检验可以与事物之间的相关性有关，也可以与事物之间的差异性有关。

在相关性检验中，零假设为变量之间没有联系，在差异性检验中，零假设为变量之间无差异。差异性检验可能与分布、均值、比例、中位数、排序有关（见图13-6）。

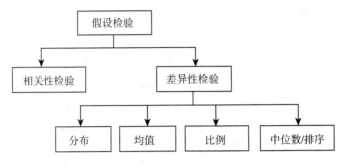

图 13-6　假设检验的广泛分类

SPSS 中对均值检验的操作框是：在 SPSS->Analyze->Compare Means ->...对于以上指标的详细介绍可以参考有关的统计学教材。

二、交叉列联表（Crosstabs）

尽管通过单一问题我们能获得很多信息，但在市场营销中，更重要的是将这些单一信息相互联系起来，以便进行市场细分，寻找目标市场。如在校园手机市场需求的调查中，由于性别不同，对手机的偏好是不是有很大差异；同学的月平均花费的计划与购买手机的价格和手机的使用方式有没有显著的关联等。而这些假设在市场调查方案设计中应该有所体现。在数据分析时，常用列联表方法来考查两个定性变量之间的联系。几种常见的列联表如下：

（一）双向交叉列表分析

双向交叉列表分析是同时有两个变量参加交叉分组的列表分析方法。

如调查方案的假设为：

（1）家庭收入越多，汽车拥有量越大。

（2）家庭人口数越多，汽车拥有量越大。

（3）家庭收入与家庭人口数（规模）对汽车拥有量影响力中，家庭人口数影响更大些。

调查结果列表如下：

表13-3　家庭收入与汽车拥有量的交叉分组数量分析

单位：辆

家庭收入	汽车拥有量		
	1辆以内	1辆以上	总数
低	48	6	54
高	27	19	46
总数	75	25	100

表13-4　家庭收入与汽车拥有量的交叉分组行百分比分析

单位：%

家庭收入	汽车拥有量			总数
	1辆以内	1辆以上	合计百分比	
低	89	11	100	54
高	59	41	100	46

表13-5　家庭收入与汽车拥有量的交叉分组列百分比分析

单位：%

家庭收入	汽车拥有量	
	1辆以内	1辆以上
低	64	24
高	36	76
合计百分比	100	100

表13-6　家庭规模与汽车拥有量的交叉分组分析

单位：%

家庭规模	汽车拥有量		
	1辆以内	1辆以上	总数（合计百分比）
4口人以内	70（90%）	8（10%）	78（100%）
4口人以上	5（23%）	17（77%）	22（100%）

（二）三向交叉列表分析

三向交叉列表分析步骤如下：首先，把其中一个自变量稳定在其各种量值之中的一个量值上，然后对另一个自变量与因变量作双向交叉分组；其次，将第一个自变量稳定在下一个量值上，作另外两个变量的交叉列表，依此类推，直至穷尽第一个变量的所有量值；最后，列出没有第一个自变量介入的另外两个变量的交叉列表。将表 13-3 ~ 表 13-6 的表格融合后，可得表 13-7 ~ 表 13-9。

表 13-7　家庭收入、家庭规模与汽车拥有量的交叉分组数量分析

单位：人

收入水平	家庭规模								
	4 口人以内			4 口人以上			全部家庭		
	1 辆以内	1 辆以上	合计	1 辆以内	1 辆以上	合计	1 辆以内	1 辆以上	合计
低	44	2	46	4	4	8	48	6	54
高	26	6	32	1	13	14	27	19	46
合计	70	8	78	5	17	22	75	25	100

表 13-8　家庭收入、家庭规模与汽车拥有量的交叉分组百分比分析

收入水平	家庭规模								
	4 口人以内			4 口人以上			全部家庭		
	1 辆以内	1 辆以上	合计	1 辆以内	1 辆以上	合计	1 辆以内	1 辆以上	合计
低	96%	4%	100%（46）	50%	50%	100%（8）	89%	11%	100%（54）
高	81%	19%	100%（32）	7%	93%	100%（14）	59%	41%	100%（46）

表 13-9　按家庭收入和家庭规模交叉分组的拥有 1 辆以上汽车的家庭百分比

家庭收入	家庭规模		总数
	4 口人以内	4 口人以上	
低（%）	4	50	54
高（%）	19	93	46
总数（人）	78	22	100

现在分析一下家庭收入与家庭规模对汽车拥有量影响力中，哪一个影响更大些：

（1）单纯提升家庭收入水平，每个家庭拥有 1 辆以上汽车的机会增加的百分点为：

$$\frac{(19\%-4\%)\times78+(93\%-50\%)\times22}{78+22}=0.21$$

（2）单纯因家庭规模扩大，拥有 1 辆以上汽车的机会增加的百分点为：

$$\frac{(50\%-4\%)\times54+(93\%-19\%)\times46}{54+46}=0.59$$

可见，家庭规模对汽车拥有量的影响远比家庭收入水平的影响大。

从表 13-8 中可以看到，高收入家庭比低收入家庭拥有 1 辆以上汽车的机会多出 0.3（0.41-0.11）；表 11-6 表明，4 口人以上家庭比 4 口人以内家庭拥有 1 辆以上汽车的机会多 0.67（0.77-0.1）。

通过引入第三个变量，上述两个机会的百分比增量分别降到 0.21 和 0.59。

附加自变量的引入有助于修正说明第一个自变量对因变量的影响程度。

从上面的应用实例可以看出：

（1）对于一个双向交叉列表，可以得到两个变量之间有关系或无关系的结论。但是，人们对于双向交叉列表的认识是肤浅的，其结论可能真实也可能虚假。

（2）判断这种初始结论真实与否的办法是引入第三个变量，做三向交叉分析。检验引入新变量以后，原有自变量与因变量之间的关系的变化情况，由此对初始关系进行再认识。这种分析方法称为变量间关系的详析。而在详析过程中引入的新变量称为中介变量。

（3）中介变量引入后，可能对原来两个变量间关系的认识产生影响。产生的影响可能有四种情况：①继续支持初始结论（如上述例子）。②初始关系加强或减弱。③初始关系是有条件存在关系。④初始关系是虚假的关系。对这些关系的验证可参考本章的思考题。

三、显著性检验——非参数检验

对考察差异是否显著的假设检验进行分类的情况如图 13-7 所示。对两个或者多个总体的比较，当总体分布已知时，用参数检验，并且只适合定量数据；当总体分布未知时，用非参数检验，适合非定量数据。

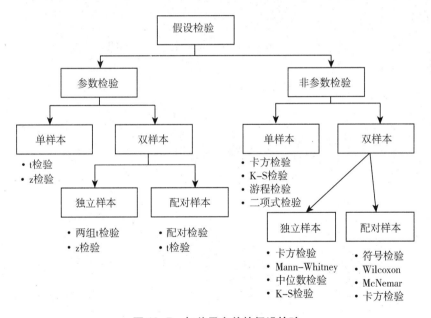

图 13-7　与差异有关的假设检验

下面主要介绍第二种情况下的显著性检验。在 SPSS->Analyze->Nonparametric Tests 命令下进行检验。

（一）显著性检验——卡方统计量（Chi-Square Test）

市场调查中，通常用卡方统计量测量观察到的相联系的变量的统计显著性。只有在联系具有统计上的显著性才有必要测量其强度。卡方统计量是检验列联表中观察到的相关系数是否显著性的常用指标。进行卡方检验时，首先假设变量之间没有联系，然后计算在这一假设条件下，列联表中各单元频数的预期值，然后与列联表中实际观察到的频数比较，计算出卡方统计量。频数的预期值与观察值差异越大，这个统计量的值就越大（详细情况请参考统计学方面的相关资料）。Chi-Square Test 检验只适用于定类变量和定序变量。

如在 SPSS 自带的数据库中，对"Voter"资料来进行卡方检验可以分两步进行：

（1）对"pres92"项目进行分析，看看美国选民对三位总统候选人的选举意向有没有明显差异。

当程序进入 SPSS->Analyze->Nonparametric Tests->Chi-Square…时。屏幕如图 13-8 所示。

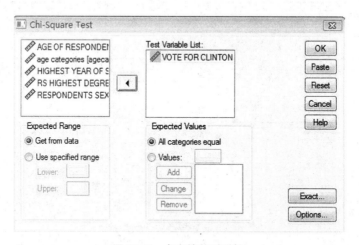

图 13-8　卡方检验对话框

结果如表 13-10 和表 13-11 所示。

表 13-10　选举结果统计

	Observed N	Expected N	Residual
Bush	661	615.7	45.3
Perot	278	615.7	-337.7
Clinton	908	615.7	292.3
Total	1847		

表 13-11　检验统计

	VOTE FOR CLINTON, BUSH, PEROT
Chi-Square（a）	327.341
df	2
Asymp. Sig.	0.000

因为渐进方法的概率值 Asymp. Sig 为 0.000 <0.05，所以，美国选民对总统的选举意向有显著差异。

（2）看看性别不同，对选举意向有没有显著影响。

在 SPSS->Analyze->Descriptive Statistics ->Crosstabs 下，选择界面如图 13-9 所示。

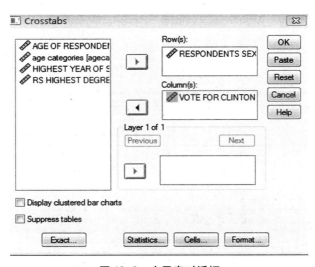

图 13-9　交叉表对话框

在上述界面上点击 Statistics... ，进入如下界面，如图13-10所示。

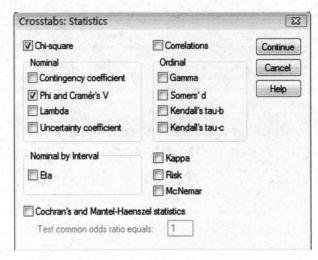

图13-10　交叉表统计检验对话框

运行后的结果如表13-12～表13-14所示。

表13-12　研究样本统计

	Cases					
	Valid		Missing		Total	
	N	Percent	N	Percent	N	Percent
RESPONDENTS SEX * VOTE FOR CLINTON, BUSH, PEROT	1847	100.0%	0	0.0%	1847	100.0%

表13-13　性别与选举结果的交叉

		VOTE FOR CLINTON, BUSH, PEROT			Total
		Bush	Perot	Clinton	
RESPONDENTS SEX	male	315	152	337	804
	female	346	126	571	1043
Total		661	278	908	1847

表 13-14 卡方检验结果

	Value	df	Asymp. Sig. (2-sided)
Pearson Chi-Square	33.830 (a)	2	0.000
Likelihood Ratio	33.866	2	0.000
Linear-by-Linear Association	19.360	1	0.000
N of Valid Cases	1847		

概率值 Sig 为 0.000 <0.05，所以，美国选民性别不同对总统的选举意向有显著差异。

使用卡方检验需要注意如下几点：

（1）Chi-Square Test 的统计量的值主要取决于各单元格内观察值的频数与期望频数之间的差，差异越大，Chi-Square Test 统计量的值越大。

（2）Chi-Square Test 统计量的取值与自由度有关，Chi-Square Test 分布的自由度取决于列联表的行数和列数。

（3）使用 Chi-Square Test 分布进行独立性检验，一般样本容量必须足够大（大于 50），特别是每个单元中的期望频次不能过小。如果只有两个单元，每个单元中的期望频次必须至少 5 次以上，或者是两个以上单元，若某一个单元的期望频次小于 1 或者 20% 以上单元期望频次小于 5，则不能进行 Chi-Square Test 检验。

当卡方检验判断出观察到的变量之间的关系在统计学上显著后，还需要进行变量之间关系强度分析。常用的衡量列联表中变量之间关系强度的统计量有 φ 系数（Phi coefficient），列联系数 C（Contingency Coefficient C）等。

φ 系数是只用于测量 2×2 表格中变量之间联系强度的统计量。其计算公式如下：

$$\phi^2 = \frac{\chi^2}{n}$$

式中：n 为样本量。当变量之间没有联系时，卡方值为 0，φ 值也为 0；当变量之间完全相关时，卡方值等于样本量，φ 值为 1。

列联系数 C 可用于衡量任意大小的列联表中变量联系的强度。该系数的取值范围在 0 和 1 之间，但永远无法达到最大值 1。

当列联表中的变量为定序变量时，可以用 Kendall's tau-b 秩相关系数测量变量之间联系的强度。Kendall's tau-b 最适合行数和列数相等的方形表格，其取值在-1 和 1 之间，由此不仅可以判断关系强度，还可以判断关系的方向（正向还是负向）。对于任意大小的表格，可以用统计量 Gamma 来测量变量之间的强度，取值也在-1 和 1 之间。

（二）两个独立样本检验

当需要对来自两个独立样本的观察值进行比较以判断两个抽样总体的差异，且变量是以定序尺度（顺序尺度）测量或定比尺度测量时，点击 SPSS->Analyze->Nonparametric Tests->Two- Independent Samples->…，进入如图 13-11 所示的界面后，选择 Mann-Whitney U 检验。

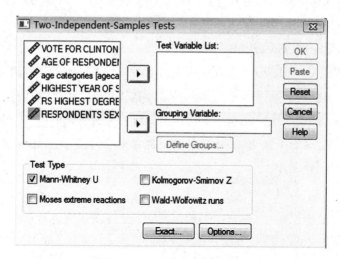

图13-11 独立样本检验对话框

（三）配对样本检验

根据配对观察值检验两个总体差异的非参数检验最常用的是 Wilcoxon 配对符号序检验。这个检验的目的是分析配对观察值的差异（常用于实验前后观察值的差异比较），同时考虑差异的大小。适合对定序尺度的检验。如对态度的测量就可以采用这种检验。在 SPSS->Analyze->Nonparametric Tests-> 2

Related Samples->…。

另外，图、表结果（Output）可以用如下方式导出到其他应用系统：点击鼠标右键，用 Export（HTML，TXT，DOC，XLS）或 Copy 和 Copy Object 直接导出。

思考题：

1. 从表1、表2看，加入中介变量"居住地"后，说明价值取向与是否拥有旅行车之间的关系实质上是什么？

表1　价值趋向与旅行车拥有状况

单位：人

价值取向	是否拥有旅行车		
	是	否	合计
自由主义	9（16%）	46（84%）	55（100%）
保守主义	11（24%）	34（76%）	45（100%）

表2　拥有旅行车者的价值取向与居住地域情况

单位:%

价值取向	居住地域		
	北方	南方	全体
自由主义	5	41	16
保守主义	5	43	24

2. 从表3、表4看，加入中间变量"收入水平"后，家庭规模与 SUV 车拥有情况之间的关系得到了加强还是减弱？

表3　家庭规模与 SUV 车拥有状况

单位：户

家庭规模	是否拥有 SUV 车		
	是	否	合计
4 口人以内	9（16%）	46（84%）	55（100%）
4 口人以上	11（24%）	34（76%）	45（100%）

表4 拥有 SUV 车者的家庭规模与收入水平情况

单位:%

家庭规模	收入水平		
	低	高	全体
4口人以内	4	3	16
4口人以上	63	71	24

3. 表5、表6看，加入中间变量"收入水平"后，户主受教育程度与是否使用购车信贷之间的实质上存在什么样的关系？

表5 户主受教育程度与使用信贷购车状况

单位：人

户主受教育程度	是否使用信贷购车		
	是	否	合计
高中以下	24（30%）	56（70%）	80（100%）
大专以上	6（30%）	14（70%）	20（100%）

表6 使用信贷购车的户主受教育程度和收入水平情况

单位:%

户主受教育程度	收入水平		
	低	高	全体
高中以下	12	58	30
大专以上	40	27	30

4. 列联表和频数分布表的主要差异是什么？

5. 在以下情况中，请说明应进行什么列表分析，使用的检验统计量是什么？

（1）在一项对1000人进行的调查中，把调查对象分为啤酒的大量使用者、普通使用者、少量使用者和非使用者，同时，调查对象还按照收入分为高收入、中等收入、低收入群体。分析啤酒饮用量与收入水平之间的关系。

（2）在北京选取1000个家庭，要求调查对象对包括西单商场在内的10

家百货商店根据偏好程度进行排序，样本量根据家庭规模被分为大家庭和小家庭。分析在西单商场购物的偏好是否会受到家庭规模的影响。

6. 常用的集中趋势指标各有什么特点？在使用时应当注意什么问题？

7. 请举例说明列联表在营销研究中的用途和局限。

8. 如果列联表中的变量都是定序变量，应当用什么统计量测量变量之间的联系的强度。

第十四章 方差与协方差分析

比较两个以上均值差异的方法被称为方差分析。方差分析的数据要满足：①自变量的类别是固定的。②正态性和方差齐性，即误差呈正态分布，各组间具有相同的方差。③误差之间无关。如果误差是相关的，F 比值可能被严重扭曲。图 14-1 表明了在定量自变量下，自变量的测量类别不同，检验方法如 t 检验、方差分析、协方差分析和回归分析之间的关系。

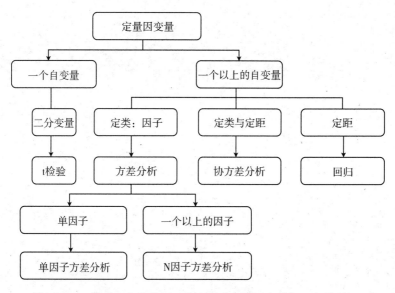

图 14-1 t 检验、方差分析、协方差分析和回归分析之间的关系

第一节　单因子方差分析

一、单因子方差分析的基本概念

（一）方差分析（ANOVA）

（1）方差分析一般在两组或两组以上的均值差异检验时使用。通常零假设为各组的均值相等。假设想了解麦片的频繁使用者、不同使用者和非使用者对 Total 麦片的偏好（用9级里克特量表测量）是否存在差异，零假设为4组在对 Total 麦片的偏好上不存在差异，这可以用方差分析进行检验。

（2）方差分析必须有一个定量（用定距或定比尺度测量）的因变量（对 Total 麦片的偏好），以及一个或多个自变量（产品使用：频繁使用者、不同使用者、少量使用者和非使用者）。自变量必须都是定类的（非定量），定类自变量称为因子（Factors）。

（二）单因子方差分析（One-way Analysis of Variance）

单因子方差分析是只涉及一个定类变量或单一因子的均值差异检验。如：

（1）各个细分市场的产品消费者有差异吗？

（2）接触不同电视广告的组对品牌的评价有差异吗？

（3）顾客对商店的熟悉程度（高、中、低）对商店的偏好有什么影响？

（4）零售商、批发商、代理商对厂家的分销政策态度一致吗？

（5）消费者购买某品牌的目的如何随价格水平变化？

二、与单因子方差分析有关的统计量

（一）eta² (η^2)

eta² 用于测量 X（自变量或因子）对 Y（因变量）作用的强度。eta² (η^2) 值在 0 和 1 之间变化。

（二）F 统计量

F 统计量用于检验组均值相等的零假设，是 X 均方和误差均方之比。

（三）均方

均方是平方和除以适当的自由度。

（四）组间平方和（SS_x）

组间平方和是与 X 组均值变差有关的 Y 变差。代表 X 组间的变差，或者 Y 的平方和中与 X 有关的部分。

（五）组内平方和（SS_{error}）

组内平方和是 Y 变差中归因于 X 每组内的部分，是 X 无法解释的部分。

（六）总平方和（SS_y）

总平方和是 Y 的总变差。

三、单因子分析的主要步骤

进行单因子方差分析的过程包括确定因变量和自变量、总变差分解、测量作用、显著性检验和解释结果等（见图 14-2）。

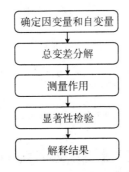

图14-2　单因子分析的主要步骤

（一）确定因变量和自变量

（1）因变量以 Y 表示，自变量以 X 表示。X 是定类变量，共有 c 类，在 X 的每个类别中有 n 个 Y 的观察值。

（2）X 的每个类别中的样本规模为 n，总样本规模 N=n×c。

（3）为了简化，假设 X 的各类别中的样本（组规模）相等，但这不是必须的。

（二）总变差分解

Y 的总变差表示为 SS_y，可以被分解为两部分：SS_x 和 SS_{error}。即

$$SS_y = SS_X + SS_{error}$$

这里：$SS_y = \sum_{i=1}^{N} (Y_i - \overline{Y}^2)$

$$SS_x = \sum_{j=1}^{c} (\overline{Y}_j - \overline{Y})^2$$

$$SS_{error} = \sum_{j}^{c} \sum_{i}^{n} (Y_{ij} - \overline{Y}_j)^2$$

式中：Y_i 为个别观察值；$\overline{Y}_j$ 第 j 类的均值；$\overline{Y}$ 为总样本均值；Y_{ij} 为第 j 类的第 i 个观察值。

（三）测量作用

X 对 Y 的作用可以用 SS_x 来测量。X 对 Y 的作用强度可以用以下公式

计算：

$$\eta^2 = \frac{SS_x}{SS_y} = \frac{SS_y - SS_{error}}{SS_y}$$

其中，η^2 值在 0 和 1 之间变化。

（四）显著性检验

单因子方差分析的目的之一就是检验组均值相等的零假设。也就是：

$$H_0 : \mu_1 = \mu_2 = \mu_3 = \cdots = \mu_c$$

在零假设下，SS_x 和 SS_{error} 来自同一变差。此时，Y 的总体方差既可以根据组间变差也可以根据组内变差来估计。Y 的总体方差估计可以是：

$$S_y^2 = \frac{SS_x}{c-1} = 归因于 \ X \ 的均方 = MS_x$$

或

$$S_y^2 = \frac{SS_{error}}{N-c} = 归因于误差的均方 = MS_{error}$$

可以基于这两个估计量的比值计算的 F 统计量来检验零假设：

$$F = \frac{\dfrac{SS_x}{c-1}}{\dfrac{SS_{error}}{N-c}} = \frac{MS_x}{MS_{error}}$$

这个统计量服从 F 分布，自由度（df）为（c-1）和（N-c）。

（五）解释结果

如果组均值相等的零假设没有被拒绝，自变量就没有显著性作用。另外，如果零假设被拒绝，那么自变量的作用就是显著的。换句话说，因变量在自变量不同组中的均值各不相同。比较组均值能够显示出因变量作用的特点。

而进行单因子方差分析的 SPSS 操作是：Analyze > Compare Means > One-Way ANOVA……。

第二节　多因子方差与协方差分析

一、多因子方差分析

涉及两个或两个以上因子（可以是定类或者定量的自变量），就称为多因子方差分析（N-way Analysis of Variance）。在市场营销研究中，经常需要同时研究一个以上的因子对因变量的影响。如：

（1）广告水平和价格水平的相互作用如何影响商品销售？

（2）不同学历、职业和年龄的消费者对品牌的态度是否有显著差异？

这时候就要考察各个因子对因变量的作用及其交互作用。交互作用是指一个因子对因变量的作用与另一个因子的水平有关。

进行多因子方差分析的过程与单因子分析类似。如以两个因子 X1 和 X2 的情况为例，假设它们各有 C1 和 C2 个类别，总方差可以表示如下：

$$SS_y = SS_{x1} + SS_{x2} + SS_{x1x2} + SS_{error}$$

式中的 SS_{x1} 和 SS_{x2} 为归因于 X1 和 X2 的主效应的变差，SS_{x1x2} 归因于 X1 和 X2 交互效应的变差，SS_{error} 为残差。

Y 在 X1 各组之间的均值差异越大，SS_n 越大，表示 X1 的作用越大；X2 也是如此。SS_{x1x2} 越大，表示 X1 和 X2 交互作用越大。如果 X1 和 X2 的作用是相互独立的，SS_{x1x2} 将接近于 0。

两个因子的联合作用强度被称为总效应，或多重 η^2，其计算公式如下：

多重 $\eta^2 = (SS_{x1} + SS_{x2} + SS_{x1x2}) / SS_y$

总效应的显著性可以用 F 检验来检验，其计算公式如下：

$$F = \frac{(SS_{x1} + SS_{x2} + SS_{x1x2})/df_n}{SS_{error}/df_d} = \frac{SS_{x1,x2,x1x2}/df_n}{SS_{error}/df_d} = \frac{MS_{x1,x2,x1x2}}{MS_{error}}$$

dfn = 分子自由度 = （C1 − 1）+（C2 − 1）+（C1 − 1）（C2 − 1）

dfd = 分母自由度 = N − C1C2c

MS=均方

当总效应显著时，需进一步检验交互效应的显著性，其相应的 F 统计量为：

$$F = \frac{SS_{x1x2}/df_n}{SS_{error}/df_d} = \frac{MS_{x1x2}}{MS_{error}}$$

$df_n = （C1-1）（C2-1）$

$df_d = N-C1C2$

如果交互效应是显著的，X1 的效应取决于 X2，X2 的效应也取决于 X1。如果交互效应不显著，检验因子的主效应就很有必要。以 X1 为例，其主效应的显著性检验如下：

$$F = \frac{SS_{x1}/df_n}{SS_{error}/df_d} = \frac{MS_{x1}}{MS_{error}}$$

$df_n = （C1-1）$

$df_d = N-C1C2$

二、协方差分析（Analysis of Covariance）

考察某个特定自变量对因变量的作用时，通常需要控制其他相关变量的影响。如：

（1）比较不同性别、年龄组消费者购买某产品的数量时，需要考虑收入的影响。

（2）比较不同广告诉求对品牌评价的影响时，有必要控制被试对该品牌的已有态度。

（3）研究不同价格水平如何影响食品的消费量时，考虑家庭规模也很重要。

协方差分析可以帮助我们控制其他相关变量对因变量的作用，更准确地估计特定自变量的影响。该方法要求至少有一个定类的自变量（称为因子）和一个定量的自变量（称为协变量）。因为主要关心的是因子的作用，需要去除由协变量产生的因变量变差，然后对调整后的数据进行方差分析。可以用 F 检验来检验单个协变量的作用及其联合效应是否显著，根据协变量的系数判断协变量对因变量的作用。

三、因子的相对重要性

通过计算每个因子能够解释的因变量的变差就可以清楚地确定其相对重要性。ANOVA 中最常用的指标是 ω^2，这个指标能够表明因变量变差中有多少比例与特定自变量或因子相关。因子 X 的相对贡献计算如下：

$$\omega_x^2 = \frac{SS_x - (df_x \times MS_{error})}{SS_{total} + MS_{error}}$$

其中，ω^2 大于 0.15 表示作用很强，0.06 左右表示中等作用，0.01 则表示作用很小。

需要指出的是：F 检验只能检验均值的总体差异。拒绝均值相等的零假设，只能认为并非所有组的均值都相等。如果要考察特定组均值之间的差异，就需要用多重对比检验。另外，如果研究对象接受一系列的刺激时，要用重复测量的方差分析。具体细节请参阅有关统计学参考书。

而进行多因子方差分析、协方差分析的 SPSS 操作是：Analyze > General Linear Models > Univariate…

思考题：

1. 方差分析和协方差分析有何不同？

2. 什么是总变差？如何对其进行分解？

3. 用于检验单因子方差分析零假设的基本统计量是什么？如何计算？

4. 多因子方差分析与单因子方差分析有何联系和区别？

5. 协方差分析中的协变量有何特点？为什么要考查协变量的影响？

6. 举例说明什么是交互效应？

7. 如何判断因子的相等重要性？

8. 方差和协方差分析可以帮助回答哪些营销问题？请举例说明。

第十五章　相关分析与回归分析

第一节　相关分析

一、Pearson 相关系数

相关分析是研究变量之间关系密切程度的一种统计方法。通常利用相关系数来定量描述两个变量之间线性关系的紧密程度。当两个变量均为定量（定距或定比）时，可以用 Pearson 相关系数测量变量之间的关系。该相关系数最早由 Karl Pearson 提出，是概况两个定量变量 X 和 Y 的线性关系的统计量，也叫简单相关系数。

二、Pearson 相关系数的 SPSS 操作

如 2014 年教材编者曾设计了大学生对智能手机的 AIO 的里克特量表，其中有几个句子为：

（1）如果能通过语言控制手机的各种功能，这样会很方便。

（2）手机能照出 3D 全景照片的话很新奇。

（3）手机设计成装饰品是一个好想法。

（4）我平均每天看手机的时间超过 5 小时。

（5）我经常会拿出手机玩游戏。

进行相关性分析的 SPSS 的基本操作如下：选择 Analyze→Correlate→Bivariate 命令，得出相关系数矩阵表（见 15-1）。其中，对角线显示的是每个变量与自己的相关系数，所以均为 1。

相关系数显示句子"（5）我经常会拿出手机玩游戏"与"（4）我平均每天看手机的时间超过 5 小时"相关系数最高，存在正相关。其次是与"（2）手机能照出 3D 全景照片的话很新奇"、"（3）手机设计成装饰品是一个好想法"相关性显著，而与"（1）如果能通过语言控制手机的各种功能，这样会很方便"不相关。句子（3）与句子（1）、（2）、（4）、（5）相关系数都较高，相关性显著。

三、非定量变量的相关分析

对度量定类量表和定序变量间的线性相关关系时，用 Spearman 等级相关系数。对度量定序变量间的线性相关系数时，用 Kendall 相关系数（用非参数检验方法）。相关系数的具体计算公式可参阅相关统计学教材。

表 15-1　相关系数矩阵

Conelations		如果能通过语言控制手机的各项功能，这样会很方便	手机能照出 3D 全景照片的话很新奇	手机设计成装饰品是一个好想法	我平均每天看手机的时间超过 5 小时	我经常会拿手机玩游戏
如果能通过语言控制手机的各项功能，这样会很方便	Pearson Correlation	1	−0.083	0.402**	0.256*	0.069
	Sig. (2-tailed)		0.527	0.001	0.048	0.600
	N	60	60	60	60	60
手机能照出 3D 全景照片的话很新奇	Pearson Correlation	−0.083	1	0.379**	0.446**	0.412**
	Sig. (2-tailed)	0.527		0.003	0.000	0.001
	N	60	60	60	60	60

Conelations		如果能通过语言控制手机的各项功能，这样会很方便	手机能照出3D全景照片的话很新奇	手机设计成装饰品是一个好想法	我平均每天看手机的时间超过5小时	我经常会拿手机玩游戏
手机设计成装饰品是一个好想法	Pearson Correlation	0.402 **	0.379 **	1	0.345 **	0.291 *
	Sig. (2-tailed)	0.001	0.003		0.007	0.024
	N	60	60	60	60	60
我平均每天看手机的时间超过5小时	Pearson Correlation	0.256 *	0.446 **	0.345 **	1	0.653 **
	Sig. (2-tailed)	0.048	0.000	0.007		0.000
	N	60	60	60	60	60
我经常会拿手机玩游戏	Pearson Correlation	0.069	0.412 **	0.291 *	0.653 **	1
	Sig. (2-tailed)	0.600	0.001	0.024	0.000	
	N	60	60	60	60	60

注：**. Correlation is significant at the 0.01 level (2-tailed).

*. Correlation is significant at the 0.05 level (2-tailed).

第二节　回归分析

一、回归分析的基本概念

回归分析是分析定比因变量与一个或者多个自变量之间的相关系数并可以建立回归方程的有效且易用的方法。回归分析是市场营销研究中最常用的统计分析方法之一。它常用来做如下分析：

（1）确定因变量和自变量之间是否存在关系（如广告、价格、促销对销售量、市场份额和品牌形象的影响）。

（2）判断因变量和自变量之间关系的强度与方向。

（3）根据有关自变量的信息对因变量进行预测（如根据不同地区的人口规模、结构、经济发展水平和自然环境状况等对产品容量进行预测）。

（4）在控制其他相关自变量的条件下，评估某一变量的独立作用。

二、回归分析的基本前提假设

回归分析的基本前提假设如下：

（1）线性：自变量和因变量之间的关系为线性关系。

（2）独立：因变量的误差项之间是相互独立的。

（3）正态：当自变量取某一固定值时，因变量为正态分布。

（4）等方差：无论自变量为何值，因变量的方差保持不变。

实际上，许多用于回归分析的数据并不一定满足上述假设，这会导致回归系数的统计和显著性检验产生偏差。当数据与上述基本假设不符时，可以通过下列方法加以解决：

（1）线性化：将非线性函数转化成线性函数。如进行对数转换。

（2）对称化：对偏态分布进行处理，如可以对正偏的变量取对数，对负偏的变量取平方。

（3）稳定方差：如当因变量的方差与其均值成正比时，对因变量取平方根或对数。

需要注意的是，回归分析考察的是变量之间关系的强度及特点，但其本身并不足以证明两者存在因果关系。

三、二元回归（Bivariate）分析的 SPSS 操作

下面用 SPSS 软件来实现对数据的二元回归分析。

二元回归是在一个定比因变量和一个定比自变量之间建立数学关系等式的方法。二元回归模型的一般形式如下：

$$\hat{y} = a+bx$$

表 15-2 表示的是某公司广告投放量与销售额之间的对应关系。

表 15-2　广告投放量与销售额之间的对应关系

单位：千元

销售额	广告投放	销售额	广告投放
397	324	686	524
423	351	708	602
462	389	784	688
544	473	921	813
601	513	1223	1087

（一）SPSS 的基本操作

第一步：绘制散点图。选择 Graph→Scatter，选中变量广告投放进 x 和销售额进 y。得到图 15-1。从图中可以看出两者之间是线性相关的。

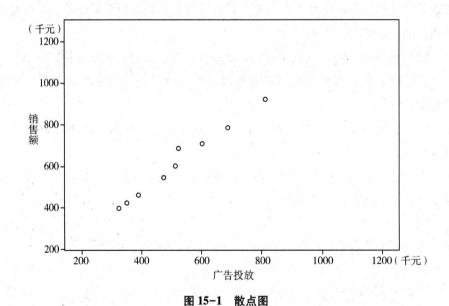

图 15-1　散点图

第二步：选择 Analyze→Regression→Linear 命令，打开 Linear Regression（线性回归分析）对话框，将销售额变量移到 Dependent 框中，将广告投放变量移到 Independent 框中。

第三步：在 Statistics 选项中，进入 Linear Regression：Statistics 对话框，依次选择 Estimates（估计值）、Confidence intervals（置信区间）、Model fit（模拟模型）、Descriptives（描述性统计量）、Casewise diagnostic 和 All case 选项。

第四步：在 Plots 选项中，打开 Linear Regression：Save 对话框，选择 DEPENDENT（因变量）作为 y 轴变量，＊ZPRED（标准化预测值）作为 x 轴变量，并在 Standardized Residual Plots 中选择 Histogram（标准化残差的直方图，并给出正态曲线）和 Normal probality plot（标准化残差的正态概率图，即 P-P 图，可对标准化残差分布与正态分布进行比较）选项。

第五步：在 Save 中，打开 Linear Regression：Save 对话框，在 Predicted Values 选项区域中选择 Unstandardized（非标准化的预测值）和 S. E of mean predictions（预测值均数的标准误差）选项，在 Prediction Intervals 选项中选择 Mean 和 Individual 选项，在 Residuals（残差）选项区域中选择 Unstandardized（非标准化残差）选项。

第六步：在 Options 选项中，在 Stepping Method Criteria（逐步回归方法准则）选项区域中选择 Use probability of F（使用 F 显著水平值）选项，并选择 Include constant in equation（线性回归方程中含有常数项）选项。执行回归操作。

（二）结果及分析

1. 描述性统计量

表 15-3 是描述性统计量的结果显示，表中显示销售额和广告投放的均值和例数。

表 15-3　回归分析的描述性统计量

	Mean	Std. Deviation	N
销售额	674. 9000	254. 45037	10
广告投放	576. 4000	234. 96770	10

2. 相关系数

表 15-4 是相关系数的结果。从中可以看出，Pearson 相关系数为 0.995，

单尾显著性检验的概率值为 0.000，小于 0.05，所以，广告投放与销售额之间高度相关。

表 15-4 相关分析

		销售额	广告投放
Pearson Correlation	销售额	1.000	0.995
	广告投放	0.995	1.000
Sig.（1-tailed）	销售额		0.000
	广告投放	0.000	
N	销售额	10	10
	广告投放	10	10

3. 引入或剔除变量表

表 15-5 显示回归分析的方法以及变量被剔除或引入的信息。表中显示回归方法是用强迫引入法引入变量广告投放的。对于一元线性回归问题，由于只有一个自变量，所以意义不大。

表 15-5 引入/剔除变量表

Model	Variables Entered	Variables Removed	Method
1	广告投放（a）	0	Enter

a All requested variables entered

b Dependent Variable：销售额

4. 模型摘要

表 15-6 是模型摘要，表中显示两变量的相关系数 R 为 0.995，判定系数 R Square 为 0.991，判别调整系数 Adjusted R Square 为 0.989，估计值的标准误差 Std. Error of the Estimate 为 26.10026。

表 15-6　模型摘要

Model	R	R Square	Adjusted R Square	Std. Error of the Estimate
1	0.995（a）	0.991	0.989	26.10026

a Predictors：（Constant），广告投放

b Dependent Variable：销售额

5. 方差分析表

表 15-7 是回归分析的方差分析表。从中可以看出，回归的均方 Mean Square 为 577255.112，剩余的均方为 681，224，F 检验统计量的观察值为 847.380，相应的概率为 0.000，小于 0.05，可以认为销售额和广告投放之间存在线性关系。

表 15-7　方差分析

Model		Sum of Squares	df	Mean Square	F	Sig.
1	Regression	577255.112	1	577255.112	847.380	0.000（a）
	Residual	5449.788	8	681.224		
	Total	582704.900	9			

a Predictors：（Constant），广告投放

b Dependent Variable：销售额

6. 回归系数

表 15-8 中的回归系数为 1.078，常数为 53.633，T 检验的结果小于 0.05，所以认为回归系数有显著意义。由此得到的回归方程为：

$$\hat{y} = 53.633 + 1.078x$$

表 15-8　回归系数

Model		Unstandardized Coefficients		Standardized Coefficients	t	Sig.	95% Confidence Interval for B	
		B	Std. Error	Beta			Lower Bound	Upper Bound
1	（Constant）	53.633	22.883		2.344	0.047	0.865	106.400
	广告投放	1.078	0.037	0.995	29.110	0.000	0.992	1.163

a Dependent Variable：销售额

7. 回归诊断

表 15-9 是全部观察单位进行的回归诊断的结果显示。有标准化残差、因变量的观察值和预测值以及残差，其中，第 6 例的标准化残差最大为 67.57884。

表 15-9　回归诊断

Case Number	Std. Residual	销售额	Predicted Value	Residual
1	-0.224	397.00	402.8531	-5.85308
2	-0.343	423.00	431.9548	-8.95477
3	-0.418	462.00	472.9127	-10.91271
4	-0.745	544.00	563.4513	-19.45130
5	-0.213	601.00	606.5649	-5.56492
6	2.589	686.00	618.4212	67.57884
7	0.211	708.00	702.4927	5.50729
8	-0.429	784.00	795.1870	-11.18699
9	-0.342	921.00	929.9170	-8.91704
10	-0.086	1223.00	1225.2453	-2.24532

a Dependent Variable：销售额

8. 残差统计量

表 15-10 显示了预测值、标准化预测值、残差和标准化残差等统计量的最小值、最大值、均数和标准差。

表 15-10　残差统计量

	Minimum	Maximum	Mean	Std. Deviation	N
Predicted Value	402. 8531	1225. 2454	674. 9000	253. 25769	10
Std. Predicted Value	−1. 074	2. 173	0. 000	1. 000	10
Standard Error of Predicted Value	8. 308	20. 629	11. 135	3. 690	10
Adjusted Predicted Value	404. 5838	1228. 9825	675. 7763	253. 92555	10
Residual	−19. 4513	67. 57883	0. 00000	24. 60756	10
Std. Residual	−0. 745	2. 589	0. 000	0. 943	10
Stud. Residual	−0. 795	2. 738	−0. 014	1. 001	10
Deleted Residual	−22. 14192	75. 55148	−0. 87631	27. 79148	10
Stud. Deleted Residual	−0. 775	10. 191	0. 745	3. 329	10
Mahal. Distance	0. 012	4. 722	0. 900	1. 411	10
Cook's Distance	0. 003	0. 442	0. 059	0. 135	10
Centered Leverage Value	0. 001	0. 525	0. 100	0. 157	10

a Dependent Variable：销售额

9. 回归标准化残差的直方图

由于本例的样本数太少，所以难以做出判断。

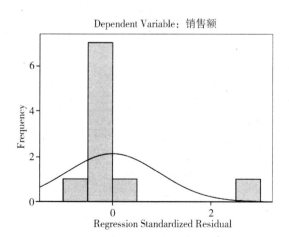

图 15-2　回归标准化残差的直方图

注：Mean = 4. 68E-16；Std. Dev = 0. 943；N = 10。

10. 回归标准化的正态 P-P 图

如图 15-3 所示，说明了观察值的残差分布与假设的正态分布的比较，如果标准化残差呈正态分布，则标准化的残差散点应分布在直线上或靠近直线。

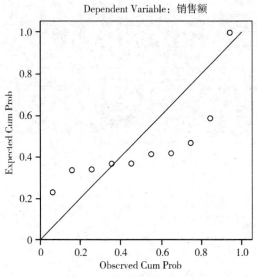

图 15-3　回归标准化的正态 P-P 图

11. 因变量与回归标准化预测值的散点图

图 15-4 显示的是因变量与回归标准化预测值的散点图，可见两变量之间呈直线趋势。

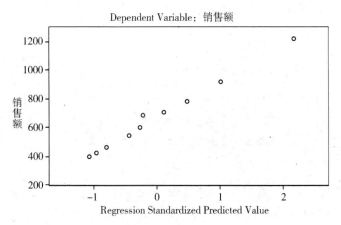

图 15-4　因变量与回归标准化预测值的散点图

四、多元回归分析的 SPSS 操作

多元回归涉及一个因变量与两个或两个以上自变量，是简单二元回归的拓展。它一般用来分析如销售额与广告支出、价格和分销水平之间的关系是什么等问题。多元回归模型的一般形式如下：

$$\hat{y} = b_0 + b_1 x_1 + b_2 x_2 + \cdots + b_n x_n$$

多元回归的 SPSS 操作如下：

第一步：选择 Analyze → Regression → Linear 命令，打开 Linear Regression（线性回归分析）对话框，选择因变量 y 移到 Dependent 框中，作为线性回归的被解释变量。选择自变量 x_1、x_2… 移到 Independent 框中，作为解释变量，在 Method 下拉列表中选择 Stepwise（强迫剔除法）

第二步：在 Statistics 选项中，进入 Linear Regression：Statistics 对话框，依次选择 Descriptives（描述性统计量）、Casewise Diagnostic（个案诊断）选项及 Outliers Outsiden Standard Deviation（超过 n 倍标准差以上的个案为奇异值，默认值为 3）选项。

第三步：在 Options 选项中，在 Stepping Method Criteria（逐步回归方法准则）选项区域中选择 Use Probability of F（使用 F 显著水平值）选项，执行回归操作。

其结果及分析与一元回归类似，这里就不一一介绍了。

五、曲线参数估计

两变量之间的关系并不总是以线性的形式表现出来的，更多的时候呈现出非线性关系，如曲线关系。对于非线性关系无法通过建立线性回归模型解决。但仍然存在一些非线性关系可以通过变量转化成线性关系，并最终形成变换以后的线性模型。曲线参数估计法就是这种情况。

如一个一元非线性回归方程 $y = a + bx + cx^2$，经变量转换 $z = x^2$，可形成二元线性回归方程 $y = a + bx + cz$ 等。在回归分析中，仍利用最小二乘法计算线性化以后的线性回归方程。同时得到回归方程系数和相应的显著性分析结果。

SPSS 的曲线参数估计过程提供了 11 种可以化为线性回归方程的模型。

曲线参数估计的 SPSS 操作步骤如下：在进行曲线估计之前，可以做散点图，大概了解变量之间的曲线关系。观察散点图如果发现变量之间呈现非线性关系，但不能确定变量之间的曲线关系，可以尝试选择多个函数模型，对所得结果比较其解释量 R^2 和统计量 F 的概率值 Sig。

（一）选择 Analyze→Regression 命令，打开 Curve Estimation 对话框

1. 选择被解释变量和解释变量

选择因变量 y 移到 Dependent 框中，作为曲线估计的被解释变量。选择自变量 x 移到 Independent 框中，作为解释变量。注意，自变量选项区域中有两个选项，用于确定自变量的类型：

（1）Variable 普通变量，系统默认；

（2）Time 时间序列变量；

（3）还可以选择图形显示的变量标签，方法为选择变量移动到 Case Labels（个案标签）列表框，该变量的标签则作为散点图中点的标记。

2. 选择曲线估计模型 Models

在 Models 选项区域中选择曲线模型的拟合函数，注意可选择多个拟合函数。SPSS 给出 11 种曲线类型，具体描述如下：

（1）Linear 线性模型。方程为：$y = b_0 + b_1 x$

（2）Logarithmic 对数曲线模型。方程为：$y = b_0 + b_1 \ln x$

（3）Inverse 对数曲线模型。方程为：$y = b_0 + b_1 / x$

（4）Quadratic 二次曲线模型。方程为：$y = b_0 + b_1 x + b_2 x^2$

（5）Cubic 三次曲线模型。方程为：$y = b_0 + b_1 x + b_2 x^2 + b_3 x^3$

（6）Power 幂函数模型。方程为：$y = b_0 x^{b_1}$

（7）Compound 复合曲线模型。方程为：$y = b_0 (b_1)^x$

（8）S 型曲线模型。方程为 $y = e^{b_0 + b_1 / x}$

（9）Logistic Logistic 曲线模型。方程为：$y = 1 / (1/u + b_0 (b_1)^x)$

（10）Growth 增长曲线模型。方程为 $y = e^{b_0 + b_1 x}$

（11）Exponential 指数曲线模型。方程为：$y = b_0 e^{b_1 x}$

3. 主对话框的其他选项

Display ANOVA Table 显示方差分析表。

Include Constant in Equation 方程包含常数项。

Plot Models 绘制曲线拟合图，系统默认选项，显示所选模型的连续曲线与观测值的线图。

（二）Save 选项（曲线估计：保存对话框）

Predicted Values：预测值，即拟合值。

Residuals：残差。

Prediction Intervals：预测区间（上下限），可在 Confidence Interval 栏中选择相应置信度，默认为 95%。

Predict Cases：预测个案。选项组用于设定值变量为时间序列时的预测值，可以设定超出时间序列范围的预测周期。

Predict from Estimation Period Through Last Case：通过最后一个个案估计周期。

Predict Through：预测条件，根据估计周期通过指定的日期、时间或观察值序号产生预测值。执行曲线估计操作。

六、多重共线性（Multicollinearity）的处理

多重共线性，是指线性回归模型中的自变量之间由于存在精确相关关系或高度相关关系而使模型估计失真或难以估计准确。而且由于自变量高度相关，难以评估每个自变量对因变量影响的相对重要程度。而在市场营销研究中，常常需要确定自变量的相对重要性，即每个自变量在解释因变量时的重要性有多大。对于多重共线性的问题，最简单的办法是从高度相关的变量中只选取一个进入回归方程，或者通过主成分分析等方法将自变量转变为相互独立的因子，然后用这些因子取代原始自变量作为预测变量，或者采用逐步回归方法。进行逐步回归时，每次向回归方程引入或删除一个预测变量。当引入的变量符合 F 比例的特定标准时才保留，而模型中的变量如果达不到标准则删除。

第三节　Logistic 回归

一、Logistic 回归的基本概念

在分析市场营销数据时，常常会遇到只有两个值的因变量，例如，是或者否、购买或者不购买、用户或者非用户、违约或者不违约、欠费或者不欠费等。这类因变量叫做二分变量。相应取值为 1 或者为 0。而对因变量有影响的自变量的确定主要是根据文献和经验。

二、估计回归系数

上一节讨论的线性回归系数是用最小二乘法估计，该方法估计的系数使预测误差平方和最小。Logistic 回归系数一般由极大似然法估算，以便观测到实际数据的概率最大化。自变量的取舍通常根据最大似然比（MLR）或协方差（ACE）近似估计，以逐步回归的方式进行。

三、Logistic 回归的 SPSS 操作

如在一次关于公共交通的社会调查中，一个调查项目是"乘公交车上下班，还是开车上下班"因变量 Y = 1 表示乘公交车车，Y = 0 表示不乘公交车。自变量 X1 表示年龄，X2 表示月收入，X3 表示性别；取 1 时为男性，取 0 时为女性。调查对象为工薪族群体。试建立 Y 与自变量之间的 Logistic 回归。

（一）Logistic 回归的 SPSS 操作

第一步：选择 Analyze→Regression→Binary Logistic，对话框如图 15-5 所示。

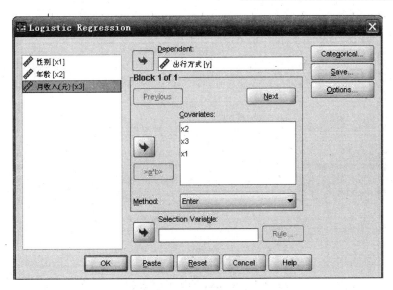

图 15-5　主对话框 Logistic 回归

第二步：选择因变量 Y 进入 Dependent 框内，将自变量选择进入 Covariates 框。

第三步：在 Mothed 框内选择自变量的筛选策略：

（1）Enter 表示强行进入法（本例选择）。

（2）Forward 和 Backword 都表示逐步筛选策略；Forward 为自变量逐步进入，Backword 是自变量逐步剔出。Conditional、LR、Wald 分别表示不同的检验统计量，如 Forward Wald 表示自变量进入方程的依据是 Wald 统计量。

第四步：在 Selection 中选择一个变量作为条件变量，只有满足条件的变量数据才能参与回归分析。

第五步：单击 Categorical 打开 Categorical 对话框如图 15-6 所示：对定性变量的自变量选择参照类。常用的方法是 Indicator，即以某个特定的类为参照类，Last 表示以最大值对应的类为参照类（系统默认），First 表示以最小值对应的类为参照类。选择后点击 Continue 按钮返回主对话框（本例不做选择性）。

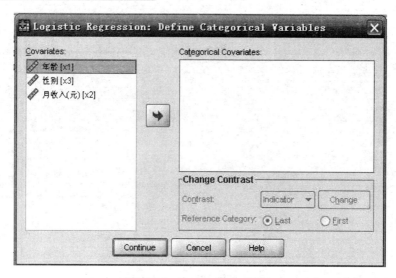

图 15-6　Categorical 对话框

第六步：单击 Option 按钮，打开 Option 对话框，如图 15-7 所示。

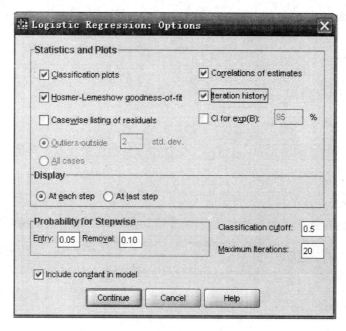

图 15-7　Option 对话框

（1）从 Statistics and Plots 框中选择输出图和分析结果。

Classification Plots：表示绘制因变量实际值与预测分类值的关系图（本例选择）。

Hosmer-lemeshow Goodness-of-fit：表示拟合优度指标（本例选择）。

Casewise Listing of Residuals：表示输出各样本数据残差列表，有因变量的观察值、预测值、相应的预测概率、残差（非标准化残差、标准化残差）等。

Correlations of Estimations：表示输出估计参数的相关矩阵（本例选择）。

Iteration History：表示输出估计参数迭代过程中的参数与对数似然值（本例选择）。

CI for exp（B）：表示输出发生比 N%的置信区间（默认 95%）。

（2）从 Display 框中选择输出方式。

At Each Step 表示输出模型建立过程中的每一步结果（系统默认），At last step 表示只输出最终结果。

（3）从 Probability for Stepwise 框中指定自变量进入方程或剔除方程的显著性水平 α。Entry 表示回归系数 Score 检验的概率 p 值小于 0.05 时相应变量可进入方程；Removal 表示回归系数 Score 检验的概率 p 值大于 0.1 时相应变量应当剔除出回归方程。

（4）Classification Cutoff 设置概率分界值，预测概率大于分界值（默认 0.5）时，分类预测值为 1，否则预测值为 0（本例选择系统默认项）。

（5）从 Maximum Iterations 框内指定极大似然估计的最大迭代次数（默认值是 20）。

第七步：单击 Save 按钮，打开 Save 对话框，如图 15-8 所示：从中选择需要保存预测结果到数据窗口。

（1）从 Predicted Values 框中，Probalities 表示保存因变量取 1 的预测概率值，Croup Membership 表示保存分类预测值（本例选择）。

（2）Residuals 和 Influence 表示保存残差及影响点，具体含义与线性回归相同。输出结果如表 15-11 所示。

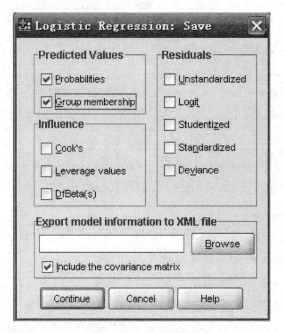

图 15-8 Save 对话框

表 15-11 Logistic 回归结果

		B	S. E	Wald	df	显著性	Exp（B）
步骤 1[a]	x3	−2.502	1.158	4.669	1	0.031	0.082
	x1	0.082	0.052	2.486	1	0.115	1.086
	x2	0.002	0.002	0.661	1	0.416	1.002
	常量	−3.655	2.091	3.055	1	0.081	0.026

注：a 在步骤 1 中输入的变量：x3，x1，x2。

（二）解释结果

从表 15-11 中可以得到回归系数、回归系数的标准误、Wald 检验统计量、p 值、发生比等。其中性别 x3 对是否乘公交车有显著影响，Wald 的显著性概率小于 0.05。年龄 x1 和月收入 x2 的回归系数没有通过检验。

（三）模型评估

当分界点选为 0.5 时（将预测概率大于 0.5 的样本归为乘公交车组，小于 0.5 的归为不乘公交车组），该模型的分类结果如表 15-12 所示。

表 15-12　预测分类表[a]

观察值			预测值		
			出行方式		百分比校正
			0	1	
步骤 1	出行方式	0	113	17	86.9
		1	53	16	76.8
	总百分比				82.1

注：a 切割值为 0.500。

表 15-12 也称错判矩阵。从此表可看出，总体预测准确率为 82.1%。如出行方式为坐公交车 130 人中，预测值为 113 人，正确率为 86.9%。

对于多于两项选择的定类因变量，常用多项 Logistic 回归估计自变量对因变量的影响。如人口统计学特征对品牌偏好的影响等。多项 Logistic 回归模型回归系数的估算也常用极大似然法，其显著性检验和结果解释与二项 Logistic 回归相似。

思考题：

1. 举例说明相关分析的主要用途。

2. 为什么说两个变量之间的简单相关系数为 0 并不一定说明两者互不相关。

3. 回归分析的主要前提假设是什么？

4. 一家超级市场想研究促销对销售额的影响，收集了与 15 个竞争对手相比的促销费用数据（竞争对手费用＝100），以及相对销售额数据（竞争对手销售额＝100），得到的结果如下表所示。

竞争对手编号	相对促销费用	相对销售额
1	95	98
2	92	94
3	103	110
4	115	125
5	77	82
6	79	84
7	105	112
8	94	99
9	85	93
10	101	107
11	106	114
12	120	132
13	118	129
14	75	79
15	99	105

问题：

（1）根据相对销售额（y）和相对促销费用（x）制图，解释图形的含义。

（2）用什么指标来测量两者之间是否存在关系？

（3）对两个变量进行二元回归分析。

（4）解释所得到的回归系数的含义。

（5）回归关系是否显著？

（6）解释结果中的 R^2。

5. 为了了解质量和价格对杂货店惠顾率的影响，研究者对一个大城市的 14 个主要商店根据店铺偏好、产品质量和定价情况进行排序。所有的排序都是用 11 级量表测量的，数字越大越好。

店铺编号	偏好	质量	价格
1	6	5	3
2	9	6	11
3	8	6	4

续表

店铺编号	偏好	质量	价格
4	3	2	1
5	10	6	11
6	4	3	1
7	5	4	7
8	2	1	4
9	11	9	8
10	9	5	10
11	10	8	8
12	2	1	5
13	9	8	5
14	5	3	2

问题：

（1）进行多元回归分析，解释产品质量和定价对店铺偏好的影响。

（2）解释偏回归系数的意义。

（3）分析总体回归的显著性。

（4）分析偏回归系数的显著性。

（5）本例中是否存在多重共线性的问题？为什么？

6. 举例说明 Logistic 回归的主要用途。

7. Logistic 回归中的回归系数有什么含义？如何检验其显著性？

8. Logistic 回归中用于评估预测变量相对重要性的指标有哪些？

第十六章　因子分析

市场调查可能涉及大量的变量，其中大部分变量是相关的，因此需要将变量的数目缩减到合适的水平，以便进一步分析。大量相互关联的变量之间可以用几个潜在的因子表示。

第一节　因子分析概述

一、因子分析（Factor Analysis）含义及目的

（一）因子分析的含义

因子分析是将具有错综复杂关系的变量综合为数量较少的几个因子，以再现原始变量与因子之间的相互关系，同时根据不同因子，对变量进行分类。这些因子是不可观察的潜在变量，而原先的变量是可观测的显在变量。

市场调查人员感兴趣的许多现象实质上都是一些指标的集成或组合。这些概念通常是通过等级评分问题来测量的。如要测量消费者对一种新型汽车的反应，其中一点是测量它的"豪华程度"。而豪华程度通过如下指标综合体现："安静性"、"平稳程度"及"内部装潢"等。其中的某一项指标都只是反映"豪华"的某一方面。

表16-1显示了6个消费者在4个特征方面对豪华汽车要求的评价（5分

制）。从表中可以看出，注重汽车平稳性的消费者也倾向于关注安静性，而注重汽车加速性能的消费者也倾向于关注操作性能方面。那么，这四个指标可以被综合成两个简单的标准，即"豪华"和"性能"（见表16-2）。

表16-1　消费者对豪华汽车的评定值

被调查者	平稳驾驶（A₁）	安静驾驶（A₂）	加速（A₃）	操作（A₄）
1	5	4	2	1
2	4	3	2	1
3	4	3	3	2
4	5	5	2	2
5	4	3	2	1
6	5	5	3	2
平均值	4.50	3.83	2.33	1.50

表16-2　两种综合指标的平均等级评分

被调查者	豪华	性能
1	4.5	1.5
2	3.5	1.5
3	3.5	2.5
4	5.0	2.0
5	3.5	1.5
6	5.0	2.5
平均值	4.25	1.92

（二）因子分析的目的

因子分析在营销研究如市场细分、产品研究、广告研究、价格研究等中具有广泛的用途。市场调查中因子分析一般用于以下几个目的：

（1）识别内在因子，用这些内在因子来表示一系列变量之间的相互关系。如可以用对一系列生活方式的句子进行评分的方法来衡量消费者的心理状况，之后对这些评分进行因子分析，找出构成消费者心理状况的主要因子。

（2）以少数几个互不相关的新变量（因子）来取代原有的一系列存在相互关系的变量，供后续的多元变量分析使用（如回归或判别分析）。如在识别出心理因子之后，这些因子可以用来解释忠诚消费者与非忠诚消费者之间的差别。

（3）识别重要的变量，与因子相关度越高的变量就越重要。

二、因子得分

因子可以认为是变量的线性组合。一个因子就是一系列有关变量的加权汇总。权数是以每个指标对每个因子的贡献来确定。从另一个角度看，每个因子都是所有变量所共有的因子，解释了变量之间的相关性，因此，我们把这些因子也称为公因子（Common Factors）。

如在表16-1和16-2中，如果我们得到的"豪华"因子 F_1 和性能因子 F_2 的得分计算公式如下：

$$F_1 = 0.512A_1 + 0.477A_2 - 0.179A_3 + 0.069A_4$$

$$F_2 = -0.136A_1 - 0.10A_2 + 0.609A_3 + 0.488A_4$$

从公式可以看出，在计算第一个因子 F_1 得分值时，A_1 和 A_2 起的作用很大，而 A_3 和 A_4 对 F_2 只有很小的影响，而在计算第二个因子 F_2 得分值时 A_1 和 A_2 与 A_3 和 A_4 所起的作用则正好相反。

在公式中，系数的相对大小也很有意义。变量 A_1 的权数（0.512）较变量 A_2 的权数（0.477）对因子 F_1 的变化有更大的作用。这给我们一定的启示：在同样花费的情况下，如果通过重新设计，能使汽车的"平稳驾驶"的平均得分和"安静驾驶"的平均得分一样的话，那么，要使汽车的豪华程度得以提高，改善"平稳驾驶"比改善"安静驾驶"更为有效。

根据公式，针对每个被调查者的因子得分就可以计算出来。如第2个被调查者的因子得分是：

$$F_1 = 0.512（4）+0.477（3）-0.179（2）+0.069（1）= 3.19$$

$$F_2 = -0.136（4）-0.10（3）+0.609（2）+0.488（1）= 0.862$$

那么，我们可以得出如下结论：第2个被调查者更看中汽车的豪华性。

三、因子分析中的有关概念

（一）因子载荷 a_{ij}

因子载荷是连接变量（A_i）和公因子（F_j）之间的纽带，即相关系数。当公因子之间完全不相关时，很容易证明因子载荷 a_{ij} 等于第 i 个变量和第 j 个因子之间的相关系数。大多数情况下，人们往往假设公因子之间是彼此正交的（Orthogonal），即不相关。因此，因子负载不仅表示了变量是如何由因子线性表示的，而且反映了因子和变量之间的相关程度，a_{ij} 的绝对值越大，表示公因子 F_j 与变量 A_i 关系越密切。通常我们用因子载荷矩阵表示出来。因子载荷矩阵是指原始输入变量与分析中得以识别的因子之间的简单相关系数。表 16-3 显示了前述的两因子 F_1 和 F_2 的因子载荷矩阵。

表 16-3　两因子的因子载荷矩阵

变量	与因子 F_1 的相关系数	与因子 F_2 的相关系数
A_1	0.978	0.017
A_2	0.967	0.215
A_3	-0.068	0.953
A_4	0.378	0.868

从表 16-3 可以看出，变量 A_1 和 A_2 与因子 F_1 高度相关，而变量 A_3 和 A_4 与因子 F_2 高度相关。

（二）因子数目的确定

在因子分析中，最后的因子数目的确定结果可能只有一个因子，也可能和初始变量一样多的因子。最常见的分析方法是主成分（Principal Components）分析法，主成分分析是一种数学变换的方法，它把给定的一组相关变量通过线性变换成另一组不相关的变量，这些新的变量按照方差依次递减的顺序排列。在数学变换中保持变量的总方差不变，使第一个变量具有最大的方差，称为第一主成分；第二个变量的方差次之，并且和第一个变量不相关，称为第二主成分；依次类推，k 个变量就有 k 个主成分。最后因子的确定就在这些主成分中选取。这些方差值叫特征值。

实际中人们借助一些准则来确定因子的个数，常用的有以下两个：

1. 特征值准则（Kaiser Criterion）

只保留特征值大于 1 的主成分，放弃特征值小于 1 的主成分。因为每个变量的方差为 1，该准则认为每个保留下来的因子至少应该能解释一个变量的方差，否则达不到精简的目的。这个标准是由 Kaiser 于 1960 年提出的，也是最常用的一种方法。

2. 碎石检验准则（Scree Test Criterion）

按照因子被提取的顺序，画出因子特征值随因子个数变化的散点图，根据图的形状来判断因子的个数（见图 16-1）。该图的形状表示，从第一个因子开始。曲线迅速下降，然后下降变得平缓，最后变成近似一条直线，曲线变平开始的前一个点被认为是提取的最大因子。因为后面的这些散点就像山脚下的碎石，舍去这些"碎石"，并不损失很多信息，所以该准则因此而得名。

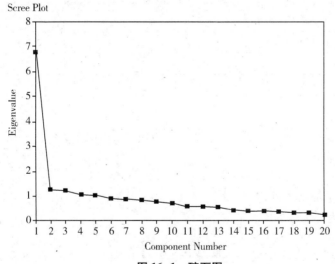

图 16-1　碎石图

实际工作中，通常先使用多种方法得到数量不等的因子，然后选择最有意义的那一种。

（三）因子命名

因子是通过数学方法求解到的，但研究人员更关心每个因子的实际意义是什么，否则很难把握因子分析的结果。解释因子即因子命名主要是借助因子载荷矩阵，首先找出在每个因子上有显著负载的变量，然后，根据这些变量的意义给因子一个合适的名称。当然，具有较高载荷的变量对因子名称的影响更大。

实际中，一般认为绝对值大于 0.3 的因子载荷是显著的。因为因子载荷是变量和因子之间的相关系数，载荷的平方表示了因子所解释的变量的总方差。对于 0.3 载荷而言，变量的方差能被该因子解释的部分不足 10%，所以，实际中小于 0.3 的载荷一般可以不解释。

因子命名从某种程度上看还是比较主观，如在本书中把"平稳驾驶"和"安静驾驶"合并为一个因子，并称这个因子为"豪华"，也许另一个分析人员会将之命名为"高级"。总之，因子命名应尽量综合所涵盖变量的本质特性并且通俗易懂。

四、因子命名举例

当我们用主成分分析得到了如表 16-4 所示的因子载荷矩阵后，接下来的问题是对因子如何命名。

表 16-4　因子载荷矩阵

	因子 1	因子 2	因子 3
覆盖范围	0.70	-0.10	0.39
移动性	0.83	-0.09	0.07
音质	0.03	0.03	0.96
地点	0.85	0.19	-0.12
远距离收发信息能力	0.91	-0.02	0.02
月平均费用	-0.04	0.69	0.29
设备价格	-0.01	0.83	-0.11
安装	0.06	0.77	0.02

（一）因子1

从因子载荷矩阵可以看出，因子1与以下几个变量相关程度高：覆盖范围、移动性、地点和远距离收发信息能力。根据以上四个变量所命名的因子，应该能够使人想到一些与在任何时候与他人联系或被他人联系的能力有关的事情。因此，这个因子可以称为"保持联系"。

（二）因子2

因子2与月平均费用、设备价格和安装紧密相关。这些变量都与"花费"有关。因此，这个因子可以称为"费用"。

（三）因子3

因子3仅与一个变量密切相关——音质。因此，这个因子可以称为"音质"。

第二节　因子分析的 SPSS 操作

为简单易做起见，以表16-1为例来说明用 SPSS 如何进行因子分析及结果的具体解释。

一、选择因子分析变量

选择 Analyze→Data Reduction→Factor 命令，出现图16-2所示窗口。选择因子分析变量（平稳驾驶、安静驾驶、加速、操作）；选择因子分析的个案条件，从左侧变量列表框中选择变量移动至 Selection 文本框，并单击 Value 按钮，只有满足该变量值的相应样本数据的个案才可以参与因子分析（本案例无选项）。

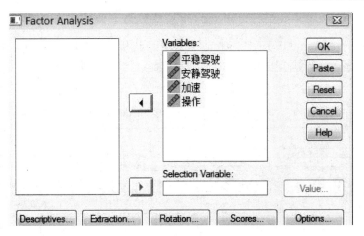

图 16-2　因子分析对话框

二、Descriptive 选项

选择 Univariate Descriptive 和 KMO and Bartlett's Test of Sphericity 选项。

（一）描述性统计量

表 16-5 给出了 4 个变量的均值、标准差和样本容量，为后续的因子分析过程提供一个直观的数据描述。

表 16-5　描述性统计量

	Mean	Std. Deviation	Analysis N
平稳驾驶	4.5000	0.54772	6
安静驾驶	3.8333	0.98319	6
加速	2.3333	0.51640	6
操作	1.5000	0.54772	6

（二）KMO 和球形 Bartlett 检验

表 16-6 给出了因子分析的 KMO 和球形 Bartlett 检验结果。Bartlett 球度检

验的概率值为 0.098<0.1，可以认为相关系数与单位矩阵有显著差异。同时，KMO 值为 0.419，根据 KMO 度量标准可知（0.6 以下不适合做因子分析），原变量不太适合进行因子分析。

表 16-6　KMO 和球形 Bartlett 检验

Kaiser-Meyer-Olkin Measure of Sampling Adequacy.		0.419
Bartlett's Test of Sphericity	Approx. Chi-Square	10.689
	df	6.000
	Sig.	0.098

三、Extraction 选项

选择主成分分析法（Principal Components），Extraction 中选项有两个可供选择：选择 Eigenvalues Over 时，系统默认值为 1，保留特征值超过 1 的所有因子；选择 Number of Factors 时，指定提取公因子的数目。本例选系统默认值。

（一）因子分析的共同度

从表 16-7 可以看出，所有变量共同度的值都大于 0.89，说明变量的信息丢失很少，变量都能被因子解释。

表 16-7　因子分析的共同度

	Initial	Extraction
平稳驾驶	1.000	0.956
安静驾驶	1.000	0.981
加速	1.000	0.913
操作	1.000	0.896

注：Extraction Method：Principal Component Analysis.

（二）因子分析的总方差解释

表 16-8 为原有变量中总方差被解释的列表。该表由三个部分组成，分别为初始因子解的方差解释、提取因子解的方差解释和旋转因子解的方差解释。

Initial Eigenvalues 部分描述初始因子解的情况，第一个因子的特征根为 2.389，解释 4 个原始变量总方差的 59.721%；第一个因子的特征根为 1.358，解释 4 个原始变量总方差的 33.960%，累计方差贡献率为 93.68%，也就是说，两个因子解释了所有 4 个变量的总方差的 93%，且只有这两个因子的特征值大于 1。

Extraction Sums of Squared Loadings 部分和 Rotation Sums of Squared Loadings 部分描述了因子提取后和旋转后的因子解。从中可以看出，有两个因子被提取和旋转，其累计解释总方差的百分比和初始解的前两个变量相同，但经旋转后的因子重新分配各个因子的解释原始变量的方差，使得因子的方差更接近，也更易于解释。

表 16-8　因子分析的总方差解释

Component	Initial Eigenvalues			Extraction Sums of Squared Loadings			Rotation Sums of Squared Loadings		
	Total	% of Variance	Cumulative %	Total	% of Variance	Cumulative %	Total	% of Variance	Cumulative %
1	2.389	59.721	59.721	2.389	59.721	59.721	2.039	50.967	50.967
2	1.358	33.960	93.681	1.358	33.960	93.681	1.709	42.715	93.681
3	0.221	5.516	99.197						
4	0.032	0.803	100.000						

注：Extraction Method：Principal Component Analysis.

（三）因子分析的碎石图

从图 16-3 可以看出，前 2 个因子的特征值大于 1，后 2 个因子的特征值都很小，即前 2 个因子对解释变量的贡献最大。

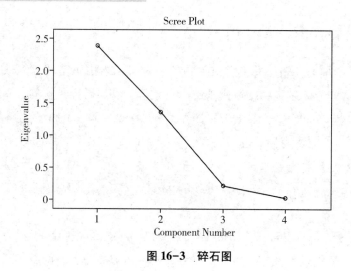

图 16-3　碎石图

四、Rotation（旋转）选项

选择 Varimax（方差最大正交旋转法），在 Display 中，选择 Rotated Solution 旋转解；选择 Loading Plot（s）因子载荷散点图。若只提取一个因子，将不会输出载荷散点图。

（一）旋转前的因子载荷矩阵

表 16-9 给出了每个变量在两个因子上的载荷。前三个变量在第一个因子上的载荷都比较高，即与第一个因子的相关程度较高，第二个因子与原始变量的相关程度较小，对原始变量的解释效果不明显，没有旋转的因子的含义很难解释。

表 16-9　旋转前的因子载荷矩阵

	Component	
	1	2
平稳驾驶	0.911	-0.389
安静驾驶	0.813	0.485
加速	0.804	-0.556
操作	0.500	0.814

注：Extraction Method：Principal Component Analysis.

（二）旋转后的因子载荷矩阵

表 16-10 显示的是旋转后的因子载荷矩阵，从中可以看出，平稳驾驶和安静驾驶在第一个因子上的载荷较高，而加速和操作在第二个因子上的载荷较高，所以，第一个因子主要解释了与豪华有关的变量，第二个因子主要解释了与性能有关的变量。和没有旋转相比，因子的含义解释清楚很多。需要指出的是，旋转不影响公因子方差和解释的总方差百分比，但每一个因子单独解释的方差比例会发生变化。每个因子解释方差的比例通过旋转而重新分配，因此不同旋转方法可能导致不同的因子的产生。

表 16-10　旋转后的因子载荷矩阵

	Component	
	1	2
平稳驾驶	0.978	0.017
安静驾驶	0.967	0.215
加速	-0.068	0.953
操作	0.378	0.868

注：Extraction Method：Principal Component Analysis.

Rotation Method：Varimax with Kaiser Normalization.

（三）旋转空间的因子图

图 16-4 是旋转后的载荷矩阵的图形，又一次验证了前面旋转后的载荷矩阵对因子的解释。需要在此补充说明的是：接近原点的变量是在两个因子上的负载都很小的变量；不靠近任何轴的变量是与两个因子都相关的变量；位于某一轴末端的变量，是只在这个因子上有高负载的变量，因此可用来描述这一因子。

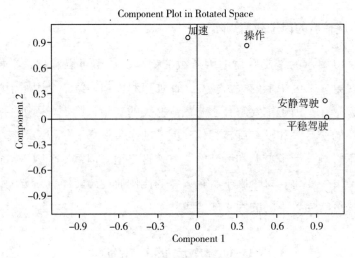

图16-4　旋转空间的因子图

五、Scores 选项

该对话框用于选择因子得分的方法。选中 Save as Variables（保存变量）复选框，可以将因子得分作为新变量保存在数据文件中，产生新变量的数量和因子数相同。在 Method 选项组中，一般采用 Regression 回归法，同时选择 Display Factor Score Coefficient Matrix（显示因子得分系数矩阵）。注意：该系数矩阵是经过标准化的得分系数，可以根据该矩阵给出的系数，计算各观测量的因子得分。

因子得分系数矩阵如表 16-11 所示，是用回归法估计的得分系数，"豪华"因子 F_1 和"性能"因子 F_2 的得分计算公式（得分函数）如下（与前面描述相同）：

$F_1 = 0.512A_1 + 0.477A_2 - 0.179A_3 + 0.069A_4$

$F_2 = -0.136A_1 - 0.10A_2 + 0.609A_3 + 0.488A_4$

表16-11　因子得分系数矩阵

	Component	
	1	2
平稳驾驶	0.512	-0.136
安静驾驶	0.477	-0.010
加速	-0.179	0.609
操作	0.069	0.488

注：Extraction Method：Principal Component Analysis.

Rotation Method：Varimax with Kaiser Normalization.

Component Scores.

思考题：

1. 因子分析的含义和主要的目的是什么？

2. 产生的因子和由因子分析得出的因子载荷都是数学构架。调查人员的任务是要说明这些因子是什么。下表列出了从一项对有线电视观众调查中得出的3个因子。请给这3个因子命名，并说明原因。

		因子载荷
因子1	我不喜欢电影频道多次重复播放影片	0.79
	电影频道老在重复播放影片	0.73
	电影频道应该延长影片重播之间的时间	0.75
因子2	我爱看喜剧片	0.75
	我爱看轻松的娱乐片	0.73
	看电视的时候我经常笑	0.70
因子3	我喜欢在家看电视，不太愿意去电影院看电影	0.65
	看电影门票太贵	0.70
	在电影院看电影人太多，太嘈杂	0.68

3. 根据下表，画出碎石图，并说明应当提取几个因子。

变量	公因子方差	因子	特征值
V_1	1.01	1	3.25
V_2	1.02	2	1.78
V_3	1.03	3	1.23
V_4	1.04	4	0.78
V_5	1.05	5	0.35
V_6	1.06	6	0.30
V_7	1.07	7	0.19
V_8	1.08	8	0.12

4. 如何确定因子的个数？

5. 为什么要旋转因子，主要的方法是什么？

6. 什么是因子得分？有什么作用？

7. 如何判断因子分析模型的效果？

8. 解释各因子含义时应注意什么？

9. 如何考察模型的拟合情况？

第十七章　聚类分析和判别分析

我们都相信，每一个总体都是由不同群体构成的。如果我们能够测量正确的变量，那么聚类分析将有助于我们发现是否存在不同群体，这些群体内部成员之间比他们与其他群体成员之间更相似。

第一节　聚类分析概述

一、聚类分析的基本概念

（一）聚类分析的定义

聚类分析是指把具有某类相似特征的研究对象归为一类的技巧和方法。其目的是把研究对象分成很多相对独立且较为固定的组，在每一组内，成员彼此之间在某方面具有极大的相似性，而在组与组之间却具有极大的差异性。

聚类分析在市场营销中被广泛用于市场细分、了解购买者行为、识别新产品机会、试销市场选择、数据缩减等方面。

（二）聚类的类型

根据分类对象的不同可以分为以下两种类型：

1. 对变量进行聚类，即 R 型聚类

描述同一个问题的特征变量很多，但在实际问题中，根据我们对问题的关注点不同，在同一问题中不可能将所有的变量进行考虑，应该找出具有代表性同时又是独立的变量进行研究。

2. 对样本进行聚类，即 Q 型聚类

根据被观测样本的各种特征的各变量值进行分类，如根据人们阅读刊物和参加业余活动等情况，按兴趣把人划分为几类。

对于 Q 型聚类分析的系统聚类法，首先要对数据进行转换，变换方法有平移变换、极差（极值）变换、标准化变换、对数变换等，然后就要选取聚类测度方法，对距离和相似度的测度方法又有很多种，SPSS 软件中，在测度方法（Measure）的选择上有所体现。如果不熟悉测度方法，可以采用系统默认的方法即欧氏距离（Euclidean Distance）平方。

二、关于欧氏距离平方

欧氏距离（Euclidean Distance）平方是指两样本之间的距离为每个样本所包含的变量之差的平方和。计算公式如下：

$$D(x, y) = \sum (x_i - y_j)^2$$

三、关于标准化处理

对于距离测度，受聚类变量测量单位的影响很大，其中数量级单位大的变量往往其变差也大，它对相似测度的贡献占主导地位，这样就可能掩盖了其他变差小的变量的影响。另外，当变量的测度单位变化时，相似测度的值也随之变化，有可能改变最终的聚类结果。为了克服变量测度单位的影响，在计算相似测度之前，一般对变量要做标准化处理。如可把变量均值设为 0，其他变量相应减少值，或者将样本变量缩小到同一比例进行比较。

四、聚类分析结果的信度和效度

需要指出的是，由于聚类分析涉及一些主观因素，因此，应对聚类分析的质量进行充分核实。可以考虑用以下方法：

（1）用不同的距离指标对同一数据进行聚类分析，然后对结果加以比较，以确定其稳定性。

（2）采用不同的聚类方法并比较结果。

（3）将数据随机地分成两半，分别进行聚类分析，然后比较两个子样本的群重心。

（4）随机删除一些变量，用剩下的变量进行聚类分析，将结果与保留全部变量的聚类结果相比较。

（5）非分层聚类的结果可能取决于数据中样本的排列顺序，用不同的顺序反复进行聚类分析直至结果稳定。

五、应用举例

（一）层次聚类法——最短距离法

最短距离法是将距离最短的两个样本组合在一起。如：

某公司对顾客饮用啤酒的习惯和态度进行调查，涉及两个问题：

Q1："您每月大约喝多少瓶啤酒？"

_____瓶。

Q2："您对'饮酒是人生的一大乐事'这句话的看法如何?"

同意　　　　　　　　　　　　　　　不同意

　10　　9　　8　　7　　6　　5　　4　　3　　2　　1

其中对五个顾客的调查结果如表17-1和图17-1所示。

表 17-1　啤酒饮用量与态度

顾客（i）	饮用量（饮用量/20）	态度（态度值/10）
1	20（1.0）	7（0.7）
2	18（0.9）	10（1.0）
3	10（0.5）	5（0.5）
4	4（0.2）	5（0.5）
5	4（0.2）	3（0.3）

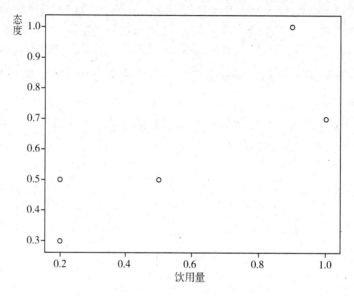

图 17-1　啤酒饮用量与态度坐标

将被调查者按啤酒饮用量和态度分类的聚类分析步骤如下：

1. 数据变换

由于所用的两组数据单位不同，需要进行标准化处理即变换处理。变换方法有平移变换、极差（极值）变换、标准化变换、对数变换等。这里采用极值变换，变换后的原始数据变为 1 范围以内的数据，但规律不变（见表 17-1 括号中的数据）。

2. 求各样本之间的距离

可以选择的方法较多，如采用欧氏距离平方法，其计算公式为：

$$d_{ij}^2 = (x_i - x_j)^2 + (y_i - y_j)^2$$

式中：d_{ij}^2 为顾客 i 与顾客 j 的距离的平方；x_i 为顾客 i 的啤酒饮用量；y_i 为顾客 i 的态度值。

计算后得到 5 位顾客之间平方矩阵 D_1^2。最初各位顾客各为一类，分别记为 G_1、G_2、G_3、G_4、G_5。

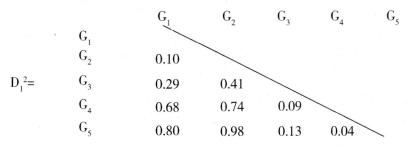

$$D_1^2 = \begin{array}{c|ccccc} & G_1 & G_2 & G_3 & G_4 & G_5 \\ \hline G_1 & & & & & \\ G_2 & 0.10 & & & & \\ G_3 & 0.29 & 0.41 & & & \\ G_4 & 0.68 & 0.74 & 0.09 & & \\ G_5 & 0.80 & 0.98 & 0.13 & 0.04 & \end{array}$$

3. 类别合并

选择最短距离并将相应的两类合并。从 D_1^2 中发现 G_4、G_5 的距离最短（$d_{4,5} = 0.04$），因此，将它们合并为新一类别，记为 $G_6 = \{4, 5\}$。然后再重新计算与剩下的各类的距离：

G_6 与 G_1 的距离为：
$$\begin{aligned} d_{6,1} &= \min\{d_{4,1}, d_{5,1}\} \\ &= \min\{0.68, 0.8\} \\ &= 0.68 \end{aligned}$$

这样得到 G_1、G_2、G_3、G_6 的距离平方矩阵 D_2^2，即

$$D_2^2 = \begin{array}{c|cccc} & G_1 & G_2 & G_3 & G_6 \\ \hline G_1 & & & & \\ G_2 & 0.10 & & & \\ G_3 & 0.29 & 0.41 & & \\ G_6 & 0.68 & 0.74 & 0.09 & \end{array}$$

依次类推，得到 G_7。再计算各类别之间的距离，得到 D_3^2，即

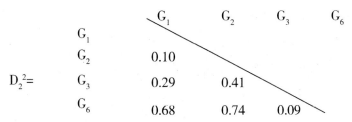

$$D_3^2 = \begin{array}{c|ccc} & G_1 & G_2 & G_7 \\ \hline G_1 & & & \\ G_2 & 0.10 & & \\ G_7 & 0.29 & 0.41 & \end{array}$$

将 G_1、G_2 合并为 $G_8 = \{1, 2\}$，最后剩下 G_7，G_8，其距离为 0.29。

4. 聚类分析

如果只把这5位顾客分成两类的话，则第一类包括顾客1和2，第二类包括顾客3、4和5。第一类的特点是啤酒饮用量小且不认为喝啤酒是一件快乐的事，第二类则相反。

（二）迭代聚类法——逐项分类法

迭代聚类法是将样本进行初步分类，然后再进行分解。仍使用前面例子的数据。

1. 选择一批凝聚点

上例中有5位顾客，先选择两个凝聚点。由于顾客2与顾客5的距离最远，故被选为凝聚点。

2. 初步分析

以最小距离原则将其他3位顾客归入上两凝聚点。借助距离矩阵 $D_1{}^2$，顾客1与顾客2的距离比其与顾客5的距离近，故归入顾客2。按同样方法将顾客3和顾客4归入顾客5。这样经初步分析得到两个类别：

$G_1 = \{1, 2\}$，$G_2 = \{3, 4, 5\}$

3. 重新计算每一类的重心

采用重心法对上面的分类进行修正。先计算 G_1、G_2 的重心点以代替原来的凝聚点：

$$G_1 \text{ 的重心点} = \{(x_1+x_2)/2, (y_1+y_2)/2\}$$
$$= \{(1+0.9)/2, (0.7+1)/2\}$$
$$= \{0.95, 0.85\}$$
$$G_2 \text{ 的重心点} = \{(x_3+x_4+x_5)/3, (y_3+y_4+y_5)/3\}$$
$$= \{(0.5+0.2+0.2)/3, (0.5+0.5+0.3)/3\}$$
$$= \{0.3, 0.43\}$$

以上面重心点做凝聚点，再按最小距离原则将顾客重新归类，每个顾客到凝聚点的距离如下：

顾客	凝聚点1	凝聚点2
1	0.0250	0.5629

2	0.0475	0.6849
3	0.3250	0.0450
4	0.6850	0.0150
5	0.8650	0.0270

由此可以看出，顾客 1 和 2 离凝聚点 1 最近，顾客 3、4、5 离凝聚点 2 最近，因此新重心点与旧重心点相同，最终将顾客分为两类。

如果新增一个顾客，我们就能判断这个顾客是这两类中的哪一类了。

第二节　聚类分析的 SPSS 操作示例

以购物态度对顾客的聚类分析为例：根据以往的研究确定了 6 个态度变量，然后请顾客用 7 级李克特量表表示他们对以下 7 个陈述句的同意程度（1 = 很不赞同，7 = 非常赞同）。

V1：购物是有趣的。

V2：购物导致超支。

V3：我将购物和在外就餐结合在一起。

V4：我购物时争取得到最合算的交易。

V5：我对购物没有兴趣。

V6：喜欢买最便宜的商品。

为方便起见，表 17-2 提供了 20 个预调查样本的数据。

表 17-2　用于聚类分析的态度数据

样本号	V1	V2	V3	V4	V5	V6
1	6	4	7	3	2	3
2	2	3	1	4	5	4
3	7	2	6	4	1	3
4	4	6	4	5	3	6
5	1	3	2	2	6	4

样本号	V1	V2	V3	V4	V5	V6
6	6	4	6	3	3	4
7	5	3	6	3	3	4
8	7	3	7	4	1	4
9	2	4	3	3	6	3
10	3	5	3	6	4	6
11	1	3	2	3	5	3
12	5	4	5	4	2	4
13	2	2	1	5	4	4
14	4	6	4	6	4	7
15	6	5	4	2	1	4
16	3	5	4	6	4	7
17	4	4	7	2	2	5
18	3	7	2	6	4	3
19	4	6	3	7	2	7
20	2	3	2	4	7	2

第一步：读入数据文件。

第二步：主对话框选择。选择 Analyze→Classify→Hierarchical Cluster 命令，将变量名 V1、V2、V3、V4、V5、V6 移动到列表框；在 Cluster 选择组中选择 Cases 单选项，表示是 Q 型聚类；在 Display 选项组中选择输出项 Statistics 和 Plots。

第三步：Statistics 对话框的选择。单击 Statistics 按钮，在 Hierarchical Cluster Analysis：Statistics 中，选择 Agglomeration schedule（树型图）和 Proximity Matrix（相似矩阵）选项，即要求输出冰挂图和距离矩阵；在 Cluster Membership 选项组中选择 Range of Solutions 选项，并在 Minimum Number of Clusters 文本框中输入 2，即最小类数，在 Maximum Number of Clusters 中输入 3，表示输出从类数为 2 到 3 时的结果。

第四步：Plots 对话框的选择默认项。

第五步：Method 对话框中，在 Transform Values 选项区域中，单击 Standardize 栏，选择 Z Scores 标准化方法，选择 By Variable 单选项，表示针对变量标准化，其他选项认默认项。

第六步：Save 对话框的选择：在 Cluster Membership 选项组中选择 Range of Solutions，并在后面的文本框中分别输入 2 和 3，即在数据文件中添加所有分类变量。

输出主要结果如下：

表 17-3 是分层聚类分析的类成员聚类表。

表 17-3　类成员聚类

Case	3 Clusters	2 Clusters
1：Case 1	1	1
2：Case 2	2	2
3：Case 3	1	1
4：Case 4	3	1
5：Case 5	2	2
6：Case 6	1	1
7：Case 7	1	1
8：Case 8	1	1
9：Case 9	2	2
10：Case 10	3	1
11：Case 11	2	2
12：Case 12	1	1
13：Case 13	2	2
14：Case 14	3	1
15：Case 15	1	1
16：Case 16	3	1
17：Case 17	1	1
18：Case 18	3	1
19：Case 19	3	1
20：Case 20	2	2

其他表如聚类过程中的平方欧氏距离、分层聚类的聚类状态表、聚类分析的树型图、聚类分析的冰挂图等，由于所占篇幅较大，就不一一呈现了。

在 Analyze→Compare Means→Means... 中，计算的各类均值列表如表 17-4 所示。

表 17-4　聚类后各类变量的均值

Average Linkage (Between Groups)	V1	V2	V3	V4	V5	V6
1	5.7500	3.6250	6.0000	3.1250	1.8750	3.8750
2	1.6667	3.0000	1.8333	3.5000	5.5000	3.3333
3	3.5000	5.8333	3.3333	6.0000	3.5000	6.0000
Total	3.8500	4.1000	3.9500	4.1000	3.4500	4.3500

比较各类别消费者对 6 个态度变量的评价如图 17-2 所示（经过 Transpose 命令，values of individual cases 后画的线图）。

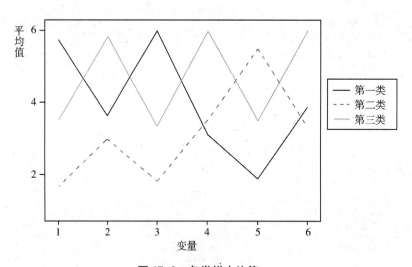

图 17-2　各类样本均值

第一类消费者对于 V1、V3 值的评价相对较高，而对 V5 评价较低，因此可以称为"热情购物者"。

第二类消费者正好与第 1 类相反，对于 V1 和 V3 评价较低，对 V5 评价较高，因此可以称为"冷淡购物者"。

第三类消费者对于 V2、V4、V6 评价相对较高，因此可以称为"节约型购物者"。

第三节　判别分析

一、判别分析的含义

判别分析是费舍（R. A. Fisher）于 1936 年提出的。判别分析是一种统计判别和分组技术。是根据观测或测量到对象的若干变量值，判断研究对象属于哪一类的方法（自变量是定距数据，因变量是定类数据）。通俗说，判别分析可以用来解决如下问题：已知某种事物有几个类型，现在从各类型中各取一个样本。由这些样本设计出一套标准，使得从这种事物中任取一个样本，可以按这套标准，判别它的类型。市场营销中利用判别分析可以回答如下问题：

（1）从人口统计及生活方式看，经常光顾某快餐店的顾客与经常光顾另一家快餐店的顾客之间有什么区别？

（2）软饮料的大量使用者、一般使用者和少量使用者在消费冷冻食品方面有何差异？

（3）对日用品价格敏感的买主与不敏感的买主具有哪些心理特征上的差异？

（4）各种细分市场在媒体习惯上有差异吗？

（5）经常光顾当地百货连锁店的顾客和光顾全国性百货连锁店的顾客在生活方式上有差异吗？

（6）对直邮广告有反应的消费者最显著的特点是什么？

二、判别分析的假设条件和基本模型

（一）判别分析的假设条件

判别分析的基本要求和假设条件如下：

（1）分组类型在两种以上，且组间样本在判别值上差别较明显。

（2）组内样本数不得少于两个，且样本数比变量数起码多两个。

（3）所确定的判别变量不能是其他判别变量的线性组合。

（4）各组样本的协方差矩阵相等。

（5）各判别变量之间具有多元正态分布。

（二）判别分析的基本模型

判别分析的基本模型也称判别函数，计算公式如下：

$y = b_1 x_1 + b_2 x_2 + \cdots + b_n x_n$

式中：y 为判别分数；b_n 为判别系数；x_n 为自变量。

三、判别分析的 SPSS 操作示例

（一）操作步骤

如某调查公司受某晚报的委托，调查订阅晚报的有关情况，自变量为家庭月人均收入 x_1 和教育程度 x_2。分析步骤如下：

第一步：读取数据文件，其中，定义变量名为"类别"的变量用于区分订户和非订户资料，订户为第 1 组，非订户为第 2 组。

第二步：选择 Analyze → Classify → Discriminant 命令，在 Discriminant Analysis 对话框中，选择组别变量进入 Grouping Variable 文本框，单击 Define Range 按钮，在 Minimum 文本框中输入 1，在 Maximum 文本框中输入 2。

第三步：选择变量家庭月人均收入、教育程度移动到 Independents 列表框中，选择 Enter independents together 判别方式作为判别分析的方法。

第四步：在 Statistics 中，在 Descriptives 选项组中选择 Means，在 Functions Coefficients 选择 Unstandardized 。

第五步：在 Classify 中，在 Plots 选择 Combined-groups 选项，在 Display 选项组中选择 Casewise results 和 Summary table 选项。

第六步：在 Save 下，选择 Predicted group membership 选项。

（二）操作结果

得到结果如下：

（1）表 17-5 为分组统计量列表，表中给出分组变量和合计的平均数、标准差和有效个案的例数。

表 17-5　分组统计量

类别		Mean	Std. Deviation	Valid N（listwise）	
				Unweighted	Weighted
订户	家庭人均收入	8.29	1.113	7	7.000
	教育程度	4.29	1.496	7	7.000
非订户	家庭人均收入	3.20	1.924	5	5.000
	教育程度	2.00	1.225	5	5.000
Total	家庭人均收入	6.17	2.980	12	12.000
	教育程度	3.33	1.775	12	12.000

（2）表 17-6 为典型判别函数的特征值表，其特征值（Eigenvalues）为组见平方和与组内平方和之比，计算得 3.569，典型相关系数为 0.884。

表 17-6　典型判别函数的特征值

Function	Eigenvalue	% of Variance	Cumulative %	Canonical Correlation
1	3.569（a）	100.0	100.0	0.884

注：a　First 1 canonical discriminant functions were used in the analysis.

（3）表 17-7 为 Wilks' Lambda 检验结果。其中，Wilks' Lambda 值为

0.219，卡方检验统计量的观测值为 13.674 ，概率值为 0.001，小于 0.05。

表 17-7　Wilks' Lambda 检验结果

Test of Function（s）	Wilks' Lambda	Chi-square	df	Sig.
1	0.219	13.674	2	0.001

（4）表 17-8 为标准化典型判别函数系数，其标准化函数为：

ZFuc = 0.975X1+0.469X2

根据标准化典型判别函数系数，确定各变量对结果的作用大小，在本例中，家庭人均月收入的标准化系数为 0.975，大于受教育程度的标准化系数 0.469，因而家庭月人均收入水平的影响作用大于受教育程度。

表 17-8　标准化典型判别函数系数

	Function
	1
家庭收入	0.975
教育程度	0.469

（5）表 17-9 为典型判别函数系数，其典型函数为：

Func = -4.334+0.614X1+0.165X2

表 17-9　典型判别函数系数

	Function
	1
家庭收入	0.614
教育程度	0.165
（Constant）	-4.334

Unstandardized coefficients

那么订户组的临界值为：

$Y_1 = -4.334 + 0.614x_1 + 0.165x_2$

　　$= -4.334 + 0.614 \times 8.29 + 0.165 \times 4.29$

　　$= 1.464$

$Y_2 = -4.334 + 0.614x_1 + 0.165x_2$

　　$= -4.334 + 0.614 \times 3.2 + 0.165 \times 2$

　　$= -2.039$

如果要判断某一家庭是否为可能用户，只需将该家庭的收入和教育水平值代入判别函数就可以求得该家庭的判别值。

如果 $Y > Y_1$，该家庭为可能订户，应该上门做征订工作。

如果 $Y < Y_2$，该家庭为可能非订户，不必花气力做征订工作；

如果 $Y_2 < Y < Y_1$，则要以最小差值原则判断其差别值与哪一临界值更接近，从而将该家庭划为订户组或非订户组。

其他表如分类过程摘要、个案统计量表、分类结果表等所占篇幅较大，就不一一列出了。

思考题：

1. 聚类分析在市场营销中有哪些用途？

2. 确定群数有哪些原则依据？

3. 如何用聚类分析对变量进行分组？

4. 以下说法对否？

（1）分层和非分层聚类的结果总是一样的。

（2）进行聚类前一定要对变量进行标准化。

（3）聚合表中的小距离系数表示不同的个体被合并在一起。

（4）采用什么距离指标没什么关系，其结果总是基本相同。

（5）最好用不同的聚类方法分析同一数据。

5. 讨论聚类分析与判别分析的异同。

6. 简述判别分析的基本步骤。

案例 17-1　月福洗车系统

月福公司是一家连锁汽车装饰美容公司，它们委托某市场调查公司对洗车市场进行了调研，对洗车客户进行了如下分类：大量使用者是指那些平均每月在固定洗车点洗车三次或三次以上者；少量使用者是指那些每月洗车少于三次，但每年至少使用四次者；非用户为那些每年在洗车点洗车少于四次者。

在分析的第一阶段，它们在100个用户区总共进行了5000次面访。通过交叉表分析发现，有四个变量可能决定着使用者：车主的年龄、车主的年收入、交通工具的使用时间和车主的社会经济地位等。

通过判别分析，调查公司得出以下结果：

$$Z = 0.18X_1 + 0.53X_2 - 0.49X_3 + 0.93X_4$$

问题：

（1）您会如何向月福公司负责营销的副总解释每个变量的重要性？

（2）月福公司如果定位于大量使用者市场，那么，建议它们应以什么样的人为目标？

案例17-2　消费者生活形态研究中的因子分析和聚类分析

在现代消费者行为与心理研究中，评价消费者生活方式的方法很多，比较广泛应用的细分系统如价值及生活方式系统（Value and Life System，VALS），根据消费者对生活的观点以及通常的行为方式将消费者分成几个不同方式的群体系统。但由于各地区文化背景的差异，不同地区的消费者生活模式存在较大的差异，消费者的分类也应考虑各地的具体情况。

通常采用心理描述测试法来研究消费者的生活方式，即采用一系列关于对社会活动、价值观念等内容的陈述，请消费者根据自己的情况做出评价。调查中采用5分评价法，1分表示"非常同意"，5分表示"非常不同意"。经事先的小样本测试筛选，最终的测试语句如下：

（1）我喜欢购买新潮的东西。

（2）在其他人眼中我是很时髦的。

（3）我用穿着来表达个人性格。

（4）我对自己的成就有很大期望。

（5）生命的意义是接受挑战和冒险。

（6）我会参加或自学一些英语和电脑课程来接受未来的挑战。

（7）我习惯依计划行事。

（8）我喜欢品位独特的生活。

（9）放假时我喜欢放纵自己，什么事都不做。

（10）无所事事会使我感到不安。

（11）我的生活节奏很紧凑。

（12）优柔寡断不是我的处事方式。

（13）经济上的保障对我来说是最重要的。

（14）我选择安定和有保障的工作。

（15）我宁愿少休息多工作，以多挣些钱。

（16）我很容易与陌生人结交。

（17）我活跃于社交活动。

（18）我对朋友有很大影响力。

（19）我很注意有规律的饮食习惯。

（20）我定期检查存款余额，以免入不敷出。

问题：

（1）请说明研究思路。

第十八章 市场调查报告的撰写

第一节 报告撰写的意义、特点及类型

一、撰写市场调查报告的意义

调查报告是通过文字、图标等形式将调查的结果表现出来，以使人们对所调查的市场现象或问题有一个全面系统的了解和认识，它是调查结果的集中表现。撰写市场调查报告的意义归纳起来有三点：

（一）它是市场调查所有活动的综合体现，是调查成果的集中体现

市场调查报告是调查与分析成果的有形产品，并可用作市场调查成果的历史记录。

（二）通过市场调查分析，透过数据现象分析数据之间隐含的关系，使我们对事物的认识能从感性认识上升到理性认识，更好地指导实践活动

市场调查报告比起调查资料来，便于阅读和理解，它能把死数字变成活情况，起到通过现象看本质的作用，使感性认识上升为理性认识，有利于商品生产者、经营者了解、掌握市场行情，为确定市场经营目标、工作计划奠定基础。

（三）它是为管理部门服务的一种重要形式

市场调查的最终目的是写成市场调查报告呈报给企业的有关决策者，以便他们在决策时做参考。一份好的调查报告，能对企业的市场活动提供有效的导向作用。

二、市场调查报告撰写的特点

市场调查报告应具有针对性、新颖性、时效性、科学性的特点。

（一）针对性

针对性包括选题上的针对性和阅读对象的明确性两方面。首先，调查报告在选题上必须强调针对性，做到目的明确、有的放矢，围绕主题展开论述，这样才能发挥市场调查应有的作用；其次，调查报告还必须明确阅读对象。阅读对象不同，他们的要求和所关心的问题的侧重点也不同。如调查报告的阅读者是公司的总经理，那么他主要关心的是调查的结论和建议部分，而不是大量的数字分析等。但如果阅读的对象是市场研究人员，他所需要了解的是这些结论是怎么得来的，是否科学、合理，他更关心的是调查所采用的方式、方法，数据的来源等方面的问题。针对性是调查报告的灵魂，必须明确要解决什么问题，阅读对象是谁等。

（二）新颖性

新颖性是指调查报告应从全新的视角去发现问题，用全新的观点去看待问题。市场调查报告要紧紧抓住市场活动的新动向、新问题等提出新观点。这里的新，更强调的是提出一些新的建议，即以前所没有的见解。如许多婴儿奶粉均不含蔗糖，但通过调查发现，消费者并不一定知道这个事实。有人就在调查报告里给某个奶粉制造商提出了一个建议，建议在广告中打出"不含蔗糖"的主张，不会让小宝宝的乳牙蛀掉，结果取得了很好的效果。

（三）时效性

市场的信息千变万化，经营者的机遇稍纵即逝。市场调查滞后，就失去其存在意义。因此，要求调查行动要快，市场调查报告应将从调查中获得的有价值的内容迅速、及时地报告出去，以供经营决策者抓住机会，在竞争中取胜。

（四）科学性

市场调查报告不是单纯报告市场客观情况，还要通过对事实做分析研究，寻找市场发展变化规律。这就需要撰写报告者掌握科学的分析方法，以得出科学的结论。

第二节 市场调查报告的结构

市场调查报告的结构一般是由题目、目录、摘要、正文、结论和建议、附件等几个部分组成。报告的结构不是固定不变的，不同的调查项目、不同的调研者或调查公司、不同的用户以及调查项目自身性质不同的调查报告，都可能会有不同的结构和风格。

一、题目

题目包括市场调查标题、报告日期、委托方、调查方等。一般应打印在扉页上。标题必须准确揭示报告的主题思想，做到题文相符。标题要简单明了，高度概括，具有较强的吸引力。写标题的形式一般有以下三种：

（一）直叙式标题

反映调查意向或指出调查地点、调查项目的标题，如《北京市中高档商品房需求的调查报告》等。这种标题的特点是简明、客观。

（二）表明观点式标题

直接阐明作者的观点、看法或对事物做出判断、评价的标题，如《对当前的需求不旺不容忽视》、《高档羊绒大衣在北京市场畅销》等标题。这种标题既表明了作者的态度，又揭示了主题，具有很强的吸引力。

（三）提出问题式标题

以设问、反问等形式，突出问题的焦点和尖锐性，吸引读者阅读、思考，如《消费者愿意到网上购物吗?》、《北京市房地产二级市场为什么成交寥寥无几?》等。

标题按其形式又可以分为单行标题和双行标题。单行标题是用一句话概括调查报告的主题或要回答的问题。一般是由调查对象及内容加上"调查报告"或"调查"组成。如《"中关村电子一条街"调查报告》、《海尔洗衣机在国内外市场地位的调查》、《关于上海市智能手机销售情况的调查》等。双标题由主题加副题组成，一般用主题概括调查报告的主题或要回答的问题，用副题标明调查对象及其内容，如《保护未成年人要从规范成年人入手——关于中小学生出入电子游戏厅的调查》、《北京人的梦中家园——对北京居民住宅择向的调查报告》等。

二、目录

提交调查报告时，如果涉及的内容很多，页数很多，为了便于读者阅读，把各项内容用目录或索引形式标记出来。这使读者对报告的整体框架有一个具体的了解。目录包括各章节的标题，包括题目、大标题、小标题、附件及各部分所在的页码等。

三、摘要（背景和研究方案）

摘要是市场调查报告中的内容提要。摘要包括的内容主要有为什么要调研；如何开展调研；有什么发现；其意义是什么；如果可能，应在管理上采取什么措施等。摘要不仅为报告的其余部分规定了切实的方向，同时也使得管理者在评审调研的结果与建议时有了一个大致的参考框架。

摘要是报告中十分重要的一部分，写作时需要注意以下几个问题：一是摘要只给出最重要的内容，一般不超过 2~3 页；二是每段要有个小标题或关键词，每段内容应当非常简练，不要超过三四句话；三是摘要应当能够引起读者的兴趣和好奇心，去进一步阅读报告的其余部分。摘要由以下几个部分组成：

（一）调查目的

即为什么要开展调研，为什么公司要在这方面花费时间和金钱，想要通过调研得到些什么？

（二）调查对象和调查内容

如调查时间、地点、对象、范围、调查要点及要解答的问题等。

（三）调查研究的方法

如问卷设计、数据处理是由谁完成、问卷结构、有效问卷有多少、抽样的基本情况、研究方法的选择等。

以上概要与方案设计应基本一致。

四、正文

（一）开头部分

开头部分的撰写一般有以下几种形式：

1. 开门见山，揭示主题

文章开始就先交代调查的目的或动机，揭示主题。如：

我公司受北京电视机厂的委托，对消费者进行一项有关电视机市场需求状况的调查，预测未来消费者对电视机的需求量和需求的种类，使北京市电视机厂能根据市场需求及时调整其产量及种类，确定今后的发展方向。

2. 结论先行，逐步论证

先将调查的结论写出来，然后逐步论证。许多大型的调查报告均采用这种形式。特点是观点明确，使人一目了然。如：

我们通过对天府可乐在北京市的消费情况和购买意向的调查认为它在北京不具有市场竞争力，原因主要从以下几方面阐述。

3. 交代情况，逐步分析

先交代背景情况、调查数据，然后逐步分析，得出结论。如：

本次关于非常可乐的消费情况的调查主要集中在北京、上海、重庆、天津，调查对象集中于中、青年……

4. 提出问题，引入正题

用这种方式提出人们所关注的问题，引导读者进入正题。CCTV 的调查很多分析报告都采用这种形式。

（二）论述部分

论述部分必须准确阐明全部有关论据，根据预测所得的结论，建议有关部门采取相应措施，以便解决问题。论述部分主要包括基本情况部分和分析部分两部分。

1. 基本情况部分

对调查数据资料及背景做客观的介绍说明、提出问题、肯定事物的一面。

2. 分析部分

分析部分包括原因分析、相关分析、利弊分析、预测分析等。

五、结论和建议

结论和建议应当采用简明扼要的语言。好的结语可使读者明确题旨，加深认识，启发读者思考和联想。结论一般有以下几个方面：

（一）概括全文

经过层层剖析后，综合说明调查报告的主要观点，深化文章的主题。

（二）形成结论

在对真实资料进行深入细致的科学分析的基础上，得出报告的结论。

（三）提出看法和建议

通过分析，形成对事物的看法，在此基础上，提出建议和可行性方案。在一些情况下，市场调查人员不要提出具体的建议，而应该提出一些一般化的建议。因为市场调查人员可能并没有全面掌握公司资源、公司经营风格、经验等方面的信息。

（四）展望未来、说明意义

通过调查分析展望未来前景。

六、附件

附件是指调查报告中正文包含不了或没有提及，但与正文有关必须附加说明的部分。它是正文报告的补充或更详尽说明。包括：①调查问卷。②技术细节说明，如对一种统计工具的详细阐释。③其他必要的附录，如调查所在地的地图等。

第三节　撰写报告应注意的问题

一、考虑谁是读者

报告应当是为特定的读者而撰写的，他（们）可能是领导、管理部门的决策者，也可能是一般的用户。不但要考虑这些读者的技术水平、对调查项目的兴趣，还应当考虑他们可能在什么环境下阅读报告，以及他们会如何使用这个报告。有时候，撰写者必须适应有几种不同技术水平和对项目有不同兴趣的读者，为此可将报告分成几个不同的部分或干脆完全针对对象分别地撰写整个报告。

二、力求简明扼要，删除一切不必要的词句

调研报告中常见的一个错误是报告越长，质量越高。通常经过了对某个项

目几个月的辛苦工作之后，调研者已经全身心的投入，因此，他试图告诉读者他所知道的与此相关的一切。因此，所有的过程、证明、结论都纳入报告中，导致的结果是"信息超载"的噪声。事实上，如果报告组织不好，有关方甚至连看也不看。总之，调查的价值不是用重量来衡量的，而是以质量、简洁与有效的计算来度量。特别是尽量考虑用图形来说明结论。图形的表达就很简明，一目了然。

三、行文流畅，易读易懂

报告应当是易读易懂的。报告中的材料要有逻辑性，使读者能够很容易弄懂报告各部分内容的内在联系。为了检查报告是否易读易懂，最好请两三个不熟悉该项目的人来阅读报告并提出意见，反复修改几次之后再呈交给用户。

四、内容客观，资料的解释要充分和相对准确

调查报告的突出特点是用事实说话。在文体上最好用第三人称或非人称代词，如"作者发现……""笔者认为……""据发现……""资料表明……"等语句。行文时，应以向读者报告的语气撰写，不要表现出力图说服读者同意某种观点或看法。读者关心的是调查的结果和发现，而不是个人的主观看法。同时，报告应当准确地给出项目的研究方法、调研结果的结论，不能有任何迎合用户或管理决策部门期望的倾向。

在进行资料的解释时，注意解释的充分性和相对准确性。解释充分是指利用图、表说明时，要对图表进行简要、准确的解释；解释相对准确是指在进行数据的解释时尽量不要引起误导。如在一个相对小的样本中，把引用的统计数字保留到两位小数以上常会造成虚假的准确性。"有65.32%的被调查者偏好我们的产品。"这种陈述会让人觉得65%这个数是非常精确的。另外，还应注意的是：对于定类量表和定序量表不能进行四则运算，对定距量表只能进行加减、不能进行乘除，只有定比量表才能进行加减和乘除。

五、报告中引用他人的资料，应加以详细注释

这一点是大多数人常忽视的问题之一。通过注释指出资料的来源，以供读者查证，同时也是对他人研究成果的尊重。注释应详细准确，如被引用资料的作者姓名、书刊名称、所属页码、出版单位和时间等都应予以列明。

六、打印成文，字迹清楚，外观美观

最后呈交的报告应当是专业化的，应使用质量好的纸张，打印和装订都要符合规范。印刷格式应有变化，字体的大小、空白位置的应用等对报告的外观及可读性都会有很大的影响。同时报告的外观是十分重要的。干净整齐、组织得好的有专业含量的报告一定比那些匆匆忙忙赶出来的外观不像样的报告更可信、更有价值。撰写者一定要清楚不像样的外观或一点小失误和遗漏都会严重地影响阅读者的信任感。

七、切忌将分析工作简单化

这可以从以下两个方面来考虑：

（一）在进行数据的分析过程中，一定要尽量从各个层面来考虑问题，也就是通过现象看本质

从下例中我们可以看出，在分析数据时，对数据的层面考虑得不同，得出的结论是有显著差异的。

某汽车企业要对三种广告设计进行试验，以判定哪一种广告对提高汽车的销售量最有效。在不同时间里分别在 4 个城市进行了市场试验，结果如表 18-1 所示。

表 18-1　广告与销售量之间的关系

广告	跟广告有关的销售量
A	2431
B	2164
C	1976

表 18-1 的数据表明：广告 A 是最有效的。但这种分析是否充分呢？如果我们从另一个角度看，把参加试验的四个城市分别列出来，变成表 18-2。

表 18-2　不同城市广告与销售量之间的关系

广告 ＼ 城市	1	2	3	4	总计
A	508	976	489	458	2431
B	481	613	528	442	2064
C	516	560	464	436	1976

对表 18-2 分析结果是三种广告的效果差不多，广告 A 的销售量增加是由于第 2 个城市的不正常需求引起的。

（二）数据分析应包括三个层次：说明、推论和讨论

即说明样本的整体情况、推论到总体并对结论做因果性分析。

1. 说明

说明是根据调查所得统计结果来叙述事物的状况、事物的发展趋势以及变量之间的关系等。

2. 推论

大多数的市场调查所得数据结果都是关于部分调查对象（样本）的资料，但研究的目的往往是要了解总体的情形，因此，研究者必须根据调查的数据结果来估计总体的情况，这就是推论。推论主要是考虑样本的代表性，代表性强，由样本推断总体的误差就小。

3. 讨论

讨论主要是对调查结果产生的原因做分析，讨论可以根据理论原理或事实

材料对所得的结论进行解释，也可以引用其他研究资料做解释，还可以根据研究者经验或主观的设想做解释。

八、提出的建议应该是积极的、正面的

调查报告的结论和建议部分说明调查获得了哪些重要结论，根据调查的结论建议应该采取什么措施。

结论的提出方式可用简洁而明晰的语言对调查前所提出的问题作明确的答复，同时简要引用有关背景资料和调查结果加以解释和论证。

结论并不一定要单独列出来，它与调查课题有关，如果调查课题小、结果简单，可以直接与调查结果合并成一部分来写。反之，就应分开来写。

建议是针对调查获得的结论提出可以采取哪些措施、方案或具体行动步骤。如媒体策略如何改变；广告主题应是什么；与竞争者抗衡的具体方法；价格、包装、促销策略等。需要指出的是，大多数建议应当是积极的，要说明采取哪些具体的措施或者要处理哪些已经存在的问题。尽量用积极的、肯定的建议，少用否定的建议。肯定的建议如"用加大广告投入"，"将广告理性诉求为重点变为感性诉求为主"等。否定的建议如"应立即停止某一广告的刊播"，使用否定建议只叫人不做什么，并没有叫人做什么，所以应尽量避免使用。

第四节　关于口头报告

除了书面报告以外，大多数客户都希望能听到调查报告的口头汇报。口头汇报在某些情况下更能发挥作用。事实上，对某些公司的决策者来说，他们从来不阅读文字报告，只通过口头报告来了解调查结果，或者是浏览书面报告来验证自己的记忆力。做口头报告的一大好处是可以将多个相关人士召集在一起，通过提问，相互启发，得到一些意外发现。

一、口头汇报应准备的辅助材料

以下是在进行口头汇报前应准备的辅助材料：

（一）汇报提要

最好是除自己外，其他的听众也应该有一份汇报资料的主要部分和主要结论的提要。

（二）视觉辅助

视觉辅助是指依靠现代化的手段，如投影仪、幻灯机等。调研人员能根据听众所提出的问题，展示出"如果……那么"的假设情况。摘要、结论和建议也应制作成可视材料。

二、口头汇报的注意事项

有效的口头汇报应以听众为核心展开。汇报者在汇报时要考虑听众的教育背景、时间因素、态度、偏好等。针对相关的词语、概念和某些数字进行适当的解释。

口头汇报要达到的目的有两个方面：首先是要形成良好的沟通；其次是要说服听众。良好的沟通是指个体之间能以动作、文字或口语形式传递彼此间意图的过程。沟通的本质在于分享意图及彼此了解。为了达成良好的沟通，必须要了解影响沟通的因素。如噪声、注意力集中度、选择性知觉等。在进行汇报时，尽量减少噪声，引起听众的兴趣等。口头汇报的最终目的是要说服听众，但不要歪曲事实，而是要通过调查发现来强化调查的结论和建议。

在准备口头汇报的过程中，调查者应时刻注意以下几个问题：

（1）数据的真正含义是什么？

（2）我们能从数据中获得些什么？

（3）在现有的条件下，我们应做什么？

（4）将来如何才能进一步提高这类研究水平？

（5）如何能使这些信息得到更有效的运用？

思考题：

1. 调查报告意义是什么？试举例说明。

2. 调查报告应注意的问题有哪些？请就每个问题举例说明。

3. 保证口头报告成功要采取哪些措施？

4. 标题通常采用哪几种形式？各有何特点？

5. 报告中的图表有什么作用？

6. 市场营销研究报告中通常包括哪几个部分？

案例 18-1 关于大学生职业设计的调查报告

一、导言

随着高校毕业生就业制度的改革和就业形势的变化，大学生就业难的问题日益突出。导致毕业生就业难的因素很多，除经济发展状况、就业环境、就业体制、人事制度等外在的客观因素外，大学生个体的择业观念、职业设计、就业准备等因素也是导致就业难的重要原因。大学生的职业设计问题既包括对择业的偏好、意向、期望等观念研究，也必然涉及就业准备、对就业有影响的因素等操作分析。为了实证性地研究大学生职业设计的问题，笔者于 2013 年 6 月在某大学对 2013 届已确定工作单位的 260 名本科毕业生做了关于大学生职业设计的正式调查。

二、研究方案

1. 研究假设

（1）随着社会的进步，传统的"官本位"观念在大学生择业的过程中逐渐淡化。

（2）新一代大学生的个体意识逐渐加强，更加关注经济待遇和注重自我价值的实现，并且个体价值出现了多元化，并非一定要由经济待遇来体现。

（3）就业准备充分的大学生择业相对容易。性格、竞争的适应程度、大学期间的社会实践、职业设计理论的运用等因素对就业的准备都有较大的影响。

2. 调查方法

本次调查以某大学 2013 届已确定工作单位的本科毕业生为调查对象,采用多段随机抽样方法选取样本。具体做法为:以各院系名单为抽样框,随机抽取 14 个院系,院系中若有多个专业则随机各抽取 1 个专业;最后以抽中的各班已确定工作单位的毕业生为抽样框,再各随机抽取 10~30 名毕业生。这样共抽取了 14 个院系,2013 届已确定工作单位的本科毕业生 260 名构成了本次调查的样本。实际发放问卷 260 份,回收有效问卷 205 份,有效回收率为 78.84%;取置信度为 95%;忽略前几个阶段的抽样误差,最后阶段的实际抽样误差为 6.84%;统计分析使用 Spss17.0 For Windows 软件包。

三、调查结果

1. 关于大学生职业设计的观念研究

(1) 传统的"官本位"观念的影响及其根源分析。我国具有几千年的封建历史,"学而优则仕"的"官本位"观念在大学生中仍有一定的影响。从本次调查中对"您联系工作的第一选择"问题项的回答可窥豹一斑:51 人首选政府机关,占 24.9%;48 人首选事业机关,占 23.4%;46 人首选外企,占 22.4%;32 人首选国有企业,占 15.6%,12 人首选民营企业,占 5.9%。性别差异对择业第一选择的影响并不大。

为了进一步研究"官本位"观念的存在根源,本次调查运用了"官本位"倾向指数(为李克特量表),包括"政府机关是就业首选"、"寒窗十多年,就为一朝能当官"等问题,见表 1。

表 1 "官本位"观念的存在根源

问题	"官本位"倾向指数			
	Eta	F 检验	Person'sr	Sig
家人在农村生活过的人数	—	—	0.144*	0.040
父母的愿望	0.708	通过	—	—
对政府人员社会地位的评价	0.670	通过	—	—

注: * Correlation is significant at the 0.05 level (2-tailed).

本次调查表明:家人(仅指父母、兄弟和姐妹)曾在农村生活过的人数与大学生的"官本位"倾向指数成正相关；父母希望子女去政府机关工作的愿望与大学生的"官本位"倾向指数的相关系数高达 0.708，高度相关，量化后做皮尔逊相关分析显示为正相关，并且都通过了 0.05 的显著性检验。这说明在 95% 的置信水平上，家人曾在农村生活过的人数，尤其是父母的愿望成为"官本位"观念得以存在、传承的重要外在影响。从大学生的个人内部寻找原因，表 1 显示：大学生对政府人员社会地位的评价与其"官本位"倾向指数的相关系数高达 0.67，量化后做皮尔逊相关分析显示为正向中度相关，也通过了 0.05 的显著性检验。因此，在 95% 的置信水平上，政府机关人员特殊的社会地位成为大学生"官本位"倾向的重要内在根源。

（2）大学生对经济待遇的看法及分析。新一代大学生一方面在受传统的"官本位"观念的辐射，另一方面有其对经济待遇全新的看法。在对于问题项"我首先选择经济发达、生活水平高地区的单位"的回答中，不同意的仅 25 人，占 12.3%；中立的 39 人，占 19.1%；而同意的多达 140 人，占 68.6%。在对于问题项"如果单位待遇好，专业不对口并不重要"的回答中，不同意的 46 人，占 22.8%；中立的 65 人，占 32.2%；而同意的多达 91 人，占 45.1%。

为了进一步分析影响大学生对经济待遇看法的因素，本次调查运用了大学生经济待遇偏好指数（为李克特量表），包括"我首先选择经济发达、生活水平高地区的单位"、"个人能力高低只能用收入来衡量"、"收入高低最重要"等问题（见表 2）。

表 2　影响大学生经济待遇观念的因素

问题	经济待遇偏好指数			
	Eta	F 检验	Person's r	Sig
平均每月的总支出额	—	—	0.162*	0.022
专业适合从事经济工作	0.362	通过	—	—

注：* Correlation is significant at the 0.05 level (2-tailed).

本次调查表明：在 95% 的置信水平上，大学生平均每月的总支出额越高，择业时对经济待遇的要求也越高；大学生的专业越适合从事经济工作，择业时对经济待遇的期望也就越高。

（3）学生对自我价值和发展前途的理解及分析。为了统计分析大学生对自我价值、发展前途的看法，本次调查运用了大学生个人发展偏好指数（为李克特量表），包括"发展前途最重要"、"个人价值不一定要通过收入体现"、"如果在单位不能发挥我的才能，待遇好也留不住我"等问题（见表3）。

表3　与实现自我价值和发展前途相关的因素

问题	个人发展偏好指数			
	Eta	F 检验	Person's r	Sig
所去工作单位的制度建设、职业设置情况	0.269	通过	—	—
对所去单位的了解程度	0.353	通过	—	—
对竞争的适应程度	0.663	通过	—	—
就业准备程度	—	—	0.289 **	0.000
待遇偏好指数	—	—	-0.196 **	0.005

注：** Correlation is significant at the 0.05 level (2-tailed).

本次调查表明：

1）表3中待遇偏好指数与个人发展偏好指数成负弱关系，通过了0.05的显著性检验，这说明在95%的置信水平上，大学生已具有了自我价值并非一定要由经济待遇体现的观念萌芽。这说明随着社会的进步，新一代大学生看重经济待遇，关注生存条件，并越来越注重自我价值的实现和个人前途的发展，而且出现了价值的多元化，形成了个人价值并非一定要由经济待遇来实现的观念。

2）重实现自我价值和发展前途的大学生普遍具有以下特征：

①竞争的适应能力强，喜欢具有竞争性、挑战性的工作。表3中，个人发展偏好指数与对竞争适应程度的相关系数高达0.663，量化后做皮尔逊相关分析显示正向中度相关，且通过了0.05的显著性检验，这说明在95%的置信水平上，大学生要实现自我价值、注重发展前途必须增强对竞争、挑战的适应能力。

②对所去工作单位比较了解，并且倾向于选择制度建设、职位设置和工作

量安排情况比较完善的单位，从而更好地实现其价值和追求发展前途。

③就业准备更充分。为了统计分析大学生的就业准备情况，本次调查运用了大学生就业准备程度这一变量（为李克特量表），主要针对大学生就业的心理承受和发展规划等方面提问，包括"从学生到职业工作者的突变使我难以适应"、"我对将来自己如何一步一步晋升、发展有明确的设计"、"自己的升迁掌握在别人手中，职业设计毫无意义"等问题，在计算总和时对负向维度的问题得分进行了转换。表3显示：个人发展偏好指数与就业准备成正比，皮尔逊相关系数为0.289，通过了0.05的显著性检验，因此，在95%的置信水平上，注重实现自我价值和发展前途的大学生对于就业问题在心理承受、发展规划等方面有更充分的准备。

2. 关于大学生职业设计的就业准备

（1）对就业影响较大的因素经验谈。在回答选择题"您认为对就业影响较大的因素"时，260名已确定工作单位的2013届本科毕业生每人限选5项。11个备选项按选择人数的多少依次排列为：专业方向，面试时第一印象，表达能力，社会实践经验（如证明证书），性别，指标（如留京指标），所获奖励，文笔（如发表文章），在用人单位有关系，政治面貌，实习鉴定。

根据2013届毕业生的经验，建议大学生在就业准备时掌握必要的面试技巧，平时多锻炼人际交往能力和表达力，多参加社会实践、多积累社会经验，这些准备对于择业、就业有较大的帮助。

（2）性格对职业设计的影响。本次调查将性格由内向至外向设置为1~5，用以统计分析性格对职业设计的影响（见表4）。

表4　性格对职业设计的影响

问题	性格（维度由内向至外向）			
	Eta	F检验	Gamma	Approx. Sig
竞争的适应程度	—	—	0.277	0.003
对所去单位的了解程度	—	—	0.250	0.001
就业准备程度	0.44	通过	—	—

表4中Eta为定序——定距变量的相关系数，Gamma为定序变量的相关系

数，3 个统计值都通过了 0.05 的显著性检验。将性格、对竞争的适应程度和对所去单位的了解量化后做皮尔逊相关分析，显示为正相关，且都通过了 0.05 的显著性检验。因此，本次调查表明：在 95% 的置信水平上，性格越外向的大学生对竞争的适应程度越好，对所去单位了解程度越多，就业准备也越充分。因此，建议性格内向的大学生更要注重增强对竞争、挑战的适应程度，更加重视职业设计问题，增加就业准备的充分程度。

（3）影响就业准备的因素分析（见表 5）。

表 5　与就业准备相关的因素

问题	就业准备程度			
	Eta	F 检验	Person's r	Sig
对现有工作的满意度	0.436	通过	—	—
职业设计理论的运用程度	0.449	通过	—	—
发展规划明确程度	0.674	通过	—	—
大学期间从事社会实践的时间	—	—	0.205 **	0.003
性格	0.440	通过	—	—
对竞争的适应程度	0.495	通过	—	—

注：** Correlation is significant at the 0.01 level (2-tailed).

本次调查表明：

1）职业设计对择业、就业确有意义。本次调查进行了工作满意度调查，具体为"与您同学的工作相比，您对现有工作的满意度"，将答案由极不满意至很满意设置为 1~8，表 5 显示：就业准备程度与对现有工作的满意度相关系数为 0.436，中度相关，量化后做皮尔逊相关分析，显示为正相关，通过了 0.05 的显著性检验。这说明在 95% 的置信水平上，大学生就业准备程度越好，在同等条件下，找到的工作越好。

职业设计不仅存在重要性，还有迫切的必要性。在对于问题项"从学生到职业工作者的突变能否适应"的回答中，完全能适应的 20 人，占 9.8%；基本能适应的 98 人，占 48%；中立的 63 人，占 30.9%；而基本不能适应的 22 人，占 10.8%；完全不能适应的 1 人，占 0.5%。同时，在对于问题项"对将来如何一步一步晋升、发展是否有明确的设计"的回答中，完全不明确的 6 人，占 2.9%；基本不明确的 53 人，占 26%；中立的 68 人，占 33.3%；而基本明确的 67 人，占 32.8%；完全明确的仅 10 人，占 4.9%。

2）性格对就业准备有较大的影响。表 5 显示：性格（由内向至外向设置为 1~5）与就业准备程度的相关系数为 0.44，中度相关，量化后做皮尔逊相关分析，显示为正相关，通过了 0.05 的显著性检验。因此，在 95% 的置信水平上，大学生性格越外向，就业准备就越充分。

3）大学期间从事社会实践（如从事系、校学生工作）对就业准备有影响。表 5 显示：大学期间从事社会实践的时间与就业准备程度的皮尔逊相关系数 0.205，通过了 0.05 的显著性检验。因此，在 95% 的置信水平上，大学生在大学期间适度增加社会实践的时间，能使就业准备更充分。

4）对竞争的适应程度对于就业准备有较大的影响。表 5 影响就业准备的因素中，对竞争的适应程度与就业准备程度的相关系数居第二，达 0.495，量化后做皮尔逊相关分析，显示为正相关，且通过了 0.05 的显著性检验。这说明，在 95% 的置信水平上，大学生在职业设计的就业准备过程中如何增加对竞争、挑战的勇气、信心和能力是很重要的一部分内容。

5）职业设计理论的运用程度对就业准备有较大的影响。表 5 影响就业准备的因素中，职业设计理论的运用程度与就业准备的相关系数居第二，量化后做皮尔逊相关分析，显示为正相关，通过了 0.05 的显著性检验，具有推断大学生总体状况的意义。因此，运用职业设计理论进行职业生涯设计与开发对于个人的择业乃至一生的发展都有重要的意义，有利于明确人生奋斗目标，制订培训计划，从而能够自己控制自己的命运。如美国工程技术委员会的一项调查表明，在 65 岁以下的在职工程师中，从事管理工作的占 68%；在对工程技术人员进行职业目标的咨询中，约有 80% 的人表示希望在 5 年内成为一名主管人员或经理；他们为实现此种职业生涯的目标，往往在大学学习了工程技术专业，工作几年后又进入研究生院读管理硕士，最后进入管理领域工作。运用职业设计理论规划发展方向、工作计划从而取得辉煌成就的事例举不胜举。

本次调查也说明，在 95% 的置信水平上，大学生运用职业设计理论对就业准备确有较大的影响。但是本次调查同时显示：205 名大学生中不知道、不了解职业设计理论的大学生有 125 名，占 61.3%，·了解并能初步运用职业设计理论的 66 位，占 32.3%，掌握并熟练运用职业设计理论的仅 13 位，占 6.4%；这与职业设计理论在实践中的重要性形成鲜明对比。因此，在大学职业设计教育中，应加强职业设计理论的学习，使大学生了解、掌握并熟练运用职业生涯的设计和开发。

6）发展规划的明确程度对就业准备影响最大。表 5 影响就业准备的因素中，发展规划的明确程度与就业准备的相关系数最高，达 0.674，量化后做皮尔逊相关分析，显示为正相关，通过了 0.05 的显著性检验，具有推断大学生总体状况的意义。但本次调查同时显示：205 名大学生对将来自己如何一步一步晋升、发展没有设计的 127 人，占 62.2%；有设计的 67 人，占 32.8%；有明确设计的仅 10 人，占 4.9%，这显然与发展规划的重要性又形成了鲜明的对比。因此，在大学期间的就业教育中，如何结合职业设计理论提高大学生发展规划的明确程度，使大学生普遍能够熟练运用职业设计理论，比较明确地规划工作与人生发展方向，这不仅是职业设计与择业就业的问题，更有利于大学生一生的发展。

四、主要结论

（1）传统的"官本位"观念在大学生的择业过程中仍有一定的影响，这与研究假设不符；调查表明：父母的期望和政府工作人员特殊的社会地位成为大学生择业时倾向于政府机关的外来和内在的影响根源，这一调查结果还可能与该校是一所以人文、社会、经济和管理科学为主的综合性大学这一性质有关，因此该调查报告的结论也可能更适合该院校。

（2）新一代大学生更加关注经济待遇，注重实现自我价值和发展前途，并逐步形成人生价值并非一定要由经济待遇来体现的观念，出现了价值的多元化局面。

（3）职业设计对大学生就业确有影响，就业准备程度越充分，在同等条件下，找到的工作越好。同时，因为多数毕业生难以适应由学校到职业工作者的变化和缺乏职业生涯设计，大学生职业设计的教育在现阶段尤其重要和迫切。

（4）性格、大学期间从事社会实践对就业准备有影响；对竞争程度的适应和职业设计理论的运用程度对就业准备影响较大；发展规划的明确程度在本次调查中对于就业准备的影响最大。

（5）在以上详细地分析影响就业准备的各因素的接触上，列出关于大学生职业设计的路径分析。经过回归假设和回归检验，初步建立了由发展规划明确程度、职业设计理论运用程度和竞争适应程度共同作用于就业准备的理论模型。这一理论模型的提出，从实证的角度分析了发展规划明确程度、职业设计理论运用程度和竞争适应程度对于就业准备的影响，以及3个因素各自对于就业准备的贡献；发展规划明确程度占55%，职业设计理论的运用程度占23.5%，竞争适应程度占20.8%。该模型对于大学生有针对性地提高规划明确程度，学校运用职业设计理论，增加对竞争的适应程度，从而提高就业准备的充分程度提供了理论依据。

问题：

（1）讨论报告的几个组成部分，列出评价这份报告的标准，并就每条标准加以说明。

（2）对结果、摘要、结论和建议进行区分。

（3）对于该份调查报告，你有什么改进建议吗？

第十九章 市场调查应用之一：满意度调查

一项最新的顾客满意调研结果显示：100 个满意的顾客会带来 25 个新顾客；每收到一次顾客投诉，就意味着还有 20 个有同感的顾客，只不过他们懒得说罢了；获得一个新顾客的成本是保持一个老顾客满意的成本的 5 倍。不难看出，无论满意的还是不满意的顾客都对企业的盈亏有极大的影响。

第一节 顾客满意概论

一、顾客满意含义

顾客满意是指顾客对一种产品的可感知的效果或结果与其期望值相比较后，所形成的愉悦的感觉状态。

要理解顾客满意这一术语，可以从以下几个方面去把握：

（1）顾客满意是顾客的一种心理状态，是对所获得的产品的一种主观评价。

（2）顾客满意状态能否产生，前提是要获得刺激即要接受某种产品。

（3）顾客满意与否不是针对产品的，而是针对提供产品的组织的。

（4）顾客满意还是不满意不一定主动向组织回馈，只有通过调查才能把握顾客满意情况。

（5）一些顾客满意，一些顾客不满意。顾客满意与不满意的现象同时存在，如多样性产品特性、价格、服务内容、服务态度等原因造成的不同满意度。

（6）顾客满意的心理快意有程度之分。如没有意见是一种一般的满意；得到满足是一种较强烈的快意；而如果产品超越了顾客期望，顾客获得了一种欣喜，更是一种强烈的满意。

二、顾客满意度

顾客满意度（Customer Satisfaction Indices，CSI），是指顾客对所接受产品和服务的满意程度（见图 19-1）。顾客满意度是美国 J. D. Power 公司在实施顾客调研时提出来的。为了体现国家对质量问题的重视，美国商务部于 1987 年专门设立了马尔科姆·鲍德里奇国家质量奖（Malcolm Baldrige National Quality Award），该奖的设立是对提供优质产品与服务的肯定和鼓励。从此，顾客满意（CS）经营理念被广泛地导入服务行业，并被视为增强企业竞争力的有效手段。

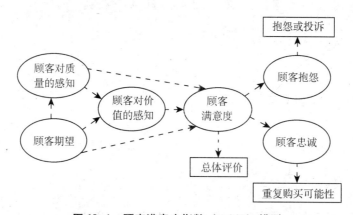

图 19-1　顾客满意度指数（ACSI）模型

该模型主要由 6 种变量组成，即顾客期望、顾客对质量的感知、顾客对价值的感知、顾客满意度、顾客抱怨、顾客忠诚。其中，顾客期望、顾客对质量的感知、顾客对价值的感知决定着顾客满意程度，是系统的输入变量；顾客满意度、顾客抱怨、顾客忠诚是结果变量。

企业实施顾客满意度调查研究，一般可以达到以下目标：

（1）了解顾客的要求和期望（当前的与未来的）。

（2）制定企业的产品、服务标准。

（3）衡量企业产品和服务的顾客满意度。

（4）识别企业的发展趋势及改进方向。

（5）与竞争对手比较，找出自身劣势所在，予以改善。

三、顾客满意度调查的内容

就调查的内容来说，可分为顾客感受调查和市场地位调查两部分。顾客感受调查只针对公司自己的顾客，操作简便。主要测量顾客对产品或服务的满意程度，比较公司表现与顾客预期之间的差距，为基本措施的改善提供依据。市场地位调查涉及所有产品或服务的消费者，对公司形象的考察更有客观性。不仅问及顾客对公司的看法，还问及他们对同行业竞争对手的看法。比起顾客感受调查、市场地位调查不仅能确定整体经营状况的排名，还能考察顾客满意的每一个因素，确定公司和竞争对手间的优劣，以采取措施提高市场份额。

另外，顾客满意度调查应该是一项连续性的追踪调查。一方面，可以检测在上一次的调查反馈之后整改的实际效果；另一方面，不断变化的市场（产品市场、竞争者市场）的本身也决定了满意度的调查绝非是一劳永逸的事情。满意度的调研一般按月、按季或按年度进行。访问频率依赖下列的因素：

（1）处于产品生命周期初期的产品需要频繁的满意评价。

（2）频繁做购买决策的顾客需要较多的评价次数。

（3）当股份企业进行利润分享决策、奖金补偿决策等与顾客满意相关措施时需要更频繁的满意评价（主要是针对内部职工的满意度调查）。

（4）应结合考虑前次的调研后的整改是否已取得了有形的结果，否则，不宜进行第二次的访谈，以免引起顾客的心理厌倦。

四、调查顾客满意度的方法

顾客满意度调研方案设计了一套测量顾客对产品或服务的满意度水平的方

法，包括定性调研和定量调查两大类。定性调研包括焦点座谈会、深度访谈、顾客投诉等。定量调查是一种有效而且基本的满意度测量方式。满意度的定量调研可以采取的方式包括：面访（包括入户访问、街头拦截式访问）、邮寄调查、电话调查、电话辅助式的邮寄调查等。顾客投诉、焦点座谈会等定性研究方式是对定量方法的很好补充，可以在某些问题点上得到更加深入的意见，但它们无法取代定量调查。

第二节　定性研究方法

一、投诉和建议制度

投诉对于企业来说非常重要，它们暴露出企业管理工作与服务中的弱点及亟待改进的方面，并为管理者提供了表明自己高度重视顾客的机会。许多企业都开设了 800 免费电话的"顾客热线"，为顾客提要求、谈建议、发牢骚敞开大门。许多企业还通过在零售点、广告及宣传资料上标明企业的联系地址、投诉电话并对投诉者给予适当奖励等方式鼓励顾客积极投诉。

在处理投诉时，企业除了要分析投诉原因，找到解决投诉的方法，将处理结果在第一时间通过各种方法告之顾客，并向顾客表示感谢外，还要分析是否会有其他顾客遇到类似的情况而未投诉。因此，企业要充分利用宣传栏、信息栏等一切可利用的宣传工具做合理的解释，消除顾客的抱怨，从而获得顾客的认可与赞赏。

二、神秘顾客法

收集顾客满意情况的另一个有效途径是"秘密顾客"方案，即企业花钱雇一些人，装扮成顾客，报告他们在购买企业产品及竞争对手产品的过程中所发现的优点和缺点。神秘顾客与一个正常买商品的顾客一样，会与服务人员进行交流，咨询与商品有关的问题，挑选商品，比较商品，最后做出买或不买某种商品的决定。但是，神秘顾客与服务人员的交流并不是访问式，而是为了观察服务人员的态度、行为并对此做出评价。此外，经理们还应经常走出他们的办公室，进入他们不熟悉的企业以及竞争者的实际销售环境，以亲身体验作为"顾客"所受到的待遇。经理们也可以神秘顾客的身份打电话给自己的企业，提出各种不同的问题和抱怨，看他们的雇员如何处理这样的电话。这些信息为企业带来了大量好的创意，使其能更快地采取行动，解决问题。

第三节 顾客满意度的定量调查的主要内容

一、确定被测评对象，选取调查的指标

（一）确定被测评对象

顾客可以是企业外部的顾客，也可以是内部的员工（见表19-1）。调查的对象顾客不同，调查问卷内容是有显著区别的。

表 19-1 识别和确定顾客

组织的内部顾客	组织的外部顾客
组织内部的受益者（全体员工）	组织外部的受益者
·上下级关系顾客	·供应商
·平行职能关系顾客	·投资者
·流程关系顾客（前后的过程或上下道工序关系）	·经销者
	·消费者
	·最终使用者

以下步骤都是针对外部顾客中的消费者来加以分析。对消费者可以按照社会人口特征（性别、年龄、文化程度、职业、居住地等）、消费行为特征（心

理和行为特征）、购买经历来分类。

（二）选取调查的指标

顾客满意度指数测评指标体系分为四个层次：

第一层次：总的测评目标"顾客满意度指数"，为一级指标。

第二层次：顾客满意度指数模型中的六大要素：顾客期望、顾客对质量的感知、顾客对价值的感知、顾客满意度、顾客抱怨、顾客忠诚，为二级指标。

第三层次：由二级指标具体展开而得到的指标，符合不同行业、企业、产品或服务的特点，为三级指标。

第四层次：三级指标具体展开为问卷上的问题，形成四级指标。

测评体系中的一级和二级指标适用所有的产品和服务，实际上我们要研究的是三级和四级指标（见表19-2）。

表19-2　顾客满意度指数测评的二、三级指标

二级指标	三级指标
顾客期望	顾客对产品或服务的质量的总体期望 顾客对产品或服务满足需求程度的期望 顾客对产品或服务质量可靠性的期望
顾客对质量的感知	顾客对产品或服务质量的总体评价 顾客对产品或服务质量满足需求程度的评价 顾客对产品或服务质量可靠性的评价
顾客对价值的感知	给定价格条件下顾客对质量级别的评价 给定质量条件下顾客对价格级别的评价 顾客对总价值的感知
顾客满意度	总体满意度 感知与期望的比较
顾客抱怨	顾客抱怨 顾客投诉情况
顾客忠诚	重复购买的可能性 能承受的涨价幅度 能抵制的竞争对手降价幅度

下面举例说明测评指标体系的四级指标（把三级指标展开形成问卷上的问题）。如：

对于某空调产品满意度调查，顾客对质量感知的具体指标（见图 19-2）。

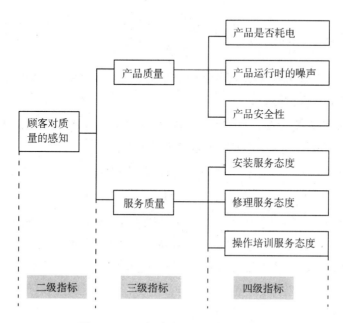

图 19-2　顾客对质量感知的指标体系

顾客期望的四级指标建立可以从以下几个方面来考虑：

（1）功能性利益属性：质量、外观、价格、包装、口味、性能、使用方便等。

（2）情感性利益属性：自豪、亲切、宽慰、地位等。

（3）购买（销售）环节：信息获取、信息内容、人员态度、促销宣传等。

（4）服务环节等：联系方式、投诉响应时间、维护操作流程、人员态度等。

二、指标的量化

（一）使用态度量表

顾客满意度指数测评指标主要采用态度量化方法。一般用 5 级态度如

"很满意、满意、一般、不满意、很不满意"等来测量，并赋予"5，4，3，2，1"的值（或相反顺序）。让被访者打分，或直接在相应位置打钩或画圈。如：

5分	4分	3分	2分	1分
很重要	重要	一般	不重要	很不重要
很满意	满意	一般	不满意	很不满意

对于满意程度所表现出来的特点，管理专家根据心理学的梯级理论对五梯级给出了如下参考指标：

（1）很不满意：愤慨、恼怒、投诉、主动反宣传、受骗。

（2）不满意：气愤、烦恼、抱怨、反宣传、后悔。

（3）一般：无明显正、负情绪，无所谓、印象不深、还算过得去。

（4）满意：称心、赞扬、愉快、乐于宣传、物有所值。

（5）很满意：激动、满足、感谢、主动宣传、能成为忠诚顾客。

有时候我们会遇到许多定量的测评指标，而这些指标不是5级态度量表。为方便数据信息的搜集和统计分析，必须将这些指标转化成5级态度量表。其转化的方法是，将指标的量值恰当地划分为5个区间，每个区间对应5级态度的赋值，这样就实现了指标的转化。

（二）确定测评指标权重

每项指标在测评体系中的重要性不同，需要赋予不同的权数，即加权。加权方法除了主观赋权法以外，有直接比较法、对偶比较法、德尔菲法、层次分析法等。企业可以依据测评人员的经验和专业知识选择适用的方法。如：

某企业对其产品的质量、功能、价格、服务、包装、品位进行顾客满意度调查，按五个级度，从很不满意到很满意的分值及权数分配如表19-3所示。

表19-3 满意度分值及加权分配

产品属性	权值	分值	综合值
质量	0.3	4	1.2
性能	0.1	4	0.4
价格	0.35	5	1.75

产品属性	权值	分值	综合值
服务	0.15	4	0.6
包装	0.05	2	0.1
品位	0.05	3	0.15
总计或平均值	1	3.67	4.2

显然两种方法计算的结果是不同的，加权法为 4.2，处于满意水平；而简单分值法仅为 3.67，处于一般水平。实质上，顾客对产品的总体感受应是满意水平。所以利用加权法更能准确地反映顾客的满意状态。

三、问卷设计

问卷设计是整个测评工作中关键的环节，测评结果是否准确、有效，很大程度上取决于此。

（一）问卷的设计思路

1. 明确顾客满意度指数测评目的

（1）了解顾客的需求和期望，调查顾客对质量、价值的感知，制定质量标准。

（2）计算顾客满意度指数，识别顾客对产品的态度。

（3）通过与竞争者比较，明确本组织的优劣势。

2. 将指标转化为问卷上的问题

方法见本书前述内容。

3. 对设计好的问卷进行预调查

一般抽取 30~50 个样本，采用面谈或电话采访形式，除了了解顾客对产品或服务的态度，还可以了解其对问卷的看法。

（二）问卷设计技巧

在满意度调查问卷设计中，常见的提问方法如下：

1. 简单易行型

直截了当地问："您对××品牌的产品/服务总体上满意吗？"这种方式效率高，容易回答，而且容易了解到消费者对××品牌的总体评价。但是，由于这样一个问题太过突兀和简单，受访者的回复在很多情况下不能代表其真实的意思表示，由于没有时间仔细考虑被调查产品的方方面面，其选择通常趋向于中庸的选项。这就好像当和朋友聚餐后，父母问你饭吃得怎样。回答通常是"还可以"、"还行"、"不错"等。事实上，被问者并没有时间去考虑饭菜质量、服务质量、价格等各种要素，而且可能选择肯定回答的主要因素是因为聚会时和朋友聊得不错，心情不错的缘故。这种方法目前采用得不多。

2. 双重评价型

这种方式需要调查设计者找到一些影响满意度的驱动要素，然后让受访者对被调查品牌在该驱动要素上的表现打分，同时还要对该驱动要素对其重要性程度进行打分。如"请问××品牌洗衣粉的溶解性怎么样（打分）？""洗衣粉的溶解性对您而言重要吗，请选择。"之所以这样设计，目的是不仅了解顾客对某品牌产品或服务的满意度高低，而且了解对相应的满意度驱动要素的评价。除此之外，了解消费者对这些驱动要素中的哪些要素更加重视、哪些不那么重视，以便在确定满意度提升措施的时候，可以重点提升那些消费者评价低，而重要性高的因素。但值得注意的是，在用这种方法时，要根据行业特性、合理设计重要性评分指标。如对飞行乘客而言，飞机的安全性无可置疑是他们认为最重要的要素。但是，该要素其实是航空公司的一个必备要素，达到一定的水平后，进一步增加其表现，并不能明显增加飞行乘客的满意度。而飞行中的餐饮质量、两排座椅间的距离大小等要素，是乘坐航班满意度的重要影响要素。这些方面的改进，能够明显提升飞行乘客的满意度。顾客满意度调查示范如表19-4所示。

表19-4　A商店顾客满意度调查问卷

序号	满意度指标	重要性					满意度				
1	价格合理	5	4	3	2	1	5	4	3	2	1
2	进出方便	5	4	3	2	1	5	4	3	2	1
3	商品有特色、新鲜	5	4	3	2	1	5	4	3	2	1

序号	满意度指标	重要性					满意度				
4	信誉好	5	4	3	2	1	5	4	3	2	1
5	内外环境卫生、清洁	5	4	3	2	1	5	4	3	2	1
6	空气流通、光线充足	5	4	3	2	1	5	4	3	2	1
7	标识清楚	5	4	3	2	1	5	4	3	2	1
8	能轻易找到目标商品	5	4	3	2	1	5	4	3	2	1
9	卫生间清洁	5	4	3	2	1	5	4	3	2	1
10	服务员有亲切感	5	4	3	2	1	5	4	3	2	1
11	服务员专业知识丰富	5	4	3	2	1	5	4	3	2	1
12	服务员细致解答顾客疑问	5	4	3	2	1	5	4	3	2	1
13	退换货有保障	5	4	3	2	1	5	4	3	2	1
14	售后服务好	5	4	3	2	1	5	4	3	2	1
15	付款等候时间短	5	4	3	2	1	5	4	3	2	1
16	投诉方便	5	4	3	2	1	5	4	3	2	1
17	优惠活动多	5	4	3	2	1	5	4	3	2	1

3. 双重评价改进型

有时候，为了避免顾客不仔细区分各指标的重要性程度，即在重要性栏上都选择重要或者比较重要，对双重评价型作了如下改进：假定全部要素的重要性合计为100，受访者在对每个调查要素给予重要性权重的时候，最终需要使得权重和为100。这种方法可以部分弥补以上所述缺陷，但是当驱动要素的数量较多，如多于6个时，受访者就非常难以准确地分配好权重。而实际生活中，某产品/服务的满意度驱动要素常常在10个以上。

思考题：

1. 什么是顾客满意？顾客满意的特点是什么？

2. 投诉和建议制度对了解用户满意度的作用有哪些？

3. 定量的满意度研究方法主要使用何种量表？为什么？

案例 19-1　肯德基的神秘顾客调查表

冠军检测	柜台服务店

访问员编号：＿＿＿＿＿＿＿　　　　日期：＿＿＿＿／＿＿＿＿／＿＿＿＿

午餐（11am～2pm）　晚餐（5pm～8pm）　进店时间：＿＿＿＿＿＿＿＿＿＿

周一至周五　　　　　周末　　　　　离店时间：＿＿＿＿＿＿＿＿＿＿

　　　　　肯德基　　　　　　　　　总体服务和交易时间：＿＿＿＿＿分

消费额：$ ＿＿＿＿＿＿＿＿＿　　正在使用的收银台数目：＿＿＿＿

地址：＿＿＿＿＿＿＿餐馆代号：　　排队的顾客人数：＿＿＿＿＿＿

关键点		内　容	是 1	不是 2	不清楚 3
			在合适的地方打钩		
美 观 整 洁					
吸引人的外观	C16	您在这家餐厅用餐期间，它的外部和外围地区是否清洁？ 对钩 2 或 3 的说明：			
舒适的内部	C17	您在这家餐厅用餐期间，它的内部是否清洁？ 对钩 2 或 3 的说明：			
洁净明亮的 洗手间	C18	您在这家餐厅用餐期间，洗手间是否清洁、没有难闻的气味及备有适当的用品吗？ 对钩 2 或 3 的说明：			

关键点		内　　容	是 1	不是 2	不清楚 3
			在合适的地方打钩		
		真诚友善			
友善接待	H1	服务员打招呼时，是否友善？ 对钩2或3的说明：			
	H3	点餐员、收银员/供餐员最后是否表示感激，或者是真诚地"感谢"您的点餐？ 对钩2或3的说明：			
协助性服务	H16	点餐员、收银员/供餐员/外送人员是否提供有效而正确的服务来帮助您选择餐点、回答问题和解决疑虑？ 对钩2或3的说明： 请写出为您服务的员工的姓名_____			
	H14	如果您带有小孩，在需要时，餐厅是否提供儿童专用椅？ 对钩2或3的说明：			
员工完美表现	H17	所有员工是否着统一制服且穿戴整齐，同时佩戴印制清楚的名牌？ 对钩2或3的说明：			
	H13	服务人员行为、举止是否专业？ 对钩2或3的说明：			

关键点		内　容	是 1	不是 2	不清楚 3
			在合适的地方打钩		
准　确　无　误					
具备菜单上所有菜式	A1	您所点的产品都有供应吗？ 对钩 2 或 3 的说明：			
准确供餐	A2	您拿到的餐饮是否与您点购的项目和规格一样，是否配有正确的调料及用品？ 对钩 2 或 3 的说明：			
	A3	餐饮金额计算是否正确？如果需要找零，找零是否正确？ 对钩 2 或 3 的说明：			

关键点		内　容	是 1	不是 2	不清楚 3
			在合适的地方打钩		
优　良　维　护					
外部环境管理	M15	您在这家餐厅用餐期间，是否看到餐厅外部或外围地区有明显需要维修的地方？ 对钩 1 或 3 的说明：			
内部环境管理	M16	您在这家餐厅用餐期间，是否看到餐厅内部有明显需要维修的地方？ 对钩 1 或 3 的说明：			
	M11	餐厅内的温度是否舒适、音乐音量适宜吗？ 对钩 2 或 3 的说明：			
洗手间管理	M10	您在这家餐厅用餐期间，是否看到洗手间内有明显需要维修的地方？ 对钩 1 或 3 的说明：			

关键点		内　容	是 1	不是 2	不清楚 3
			在合适的地方打钩		
高 质 稳 定					
产品包装	P1	产品的包装、纸袋、容器、托盘或器皿是否清洁完好？ 失分说明：			
产品质量	P19	鸡类产品： a. 外观诱人吗？			
		b. 味道符合您的期望吗？			
		c. 温度适合吗？			
		对钩 2 或 3 的说明：			
	P20	配餐： a. 外观诱人吗？			
		b. 味道符合您的期望吗？			
		c. 温度适合吗？			
		对钩 2 或 3 的说明：			

关键点		内 容	是 1	不是 2	不清楚 3
			在合适的地方打钩		
		快 速 迅 捷			
服务速度	S1	到达柜台或点餐车道餐牌之后是否有人即时招呼您？ 对勾2或3的说明：			
	S2	您是否在点餐之后1分钟内得到了餐饮？ 请记下时间：_____分_____秒			
点餐作业速度	S6	从开始排队算起，5分钟内拿到了您的餐饮吗？ 请记下时间：_____分_____秒			
不记分	X1	请您针对食品的整体满意程度打分？用1~5分。 5分表示非常满意，1分代表非常不满意。 非常满意　　　　非常不满意 　5　　4　　3　　2　　1			
不记分	X2	请针对您今天总体的用餐经验打分？用1~5分。 5分表示非常满意，1分代表非常不满意。 非常满意　　　　非常不满意 　5　　4　　3　　2　　1			
不记分	X3	您认为这家餐厅/订餐中心如何提高？ 请写出您的建议			

一般评论

_____

_____

_____

_____

_____

菜单：

_____

_____

_____

_____

神秘顾客姓名：

_____

电　话（注明家庭/单位）：

_____

性别：　　　　年龄：　　　　婚姻状况：

_____

若已婚有小孩，写出小孩的年龄：

_____

问题：

（1）企业设计神秘顾客调查表进行调查可以达到什么目的？

（2）在以上调查表中调查了哪些方面的内容？

（3）调查表的设计有什么特点？还有需要改进的地方吗？

第二十章 市场调查应用之二：广告调查

广告是指广告主付出费用，通过特定媒体传播商品或劳务的信息，以达到促进销售这一主要目的的大众传播手段。广告调查是围绕广告来展开的。广告调查的目的是要提供与广告有关的信息，作为广告决策的依据，以便更好地开展营销活动。从广告制作到投放的过程顺序进行调查可分为：广告原稿测试、媒介调查和广告效果调查。

第一节 广告原稿测试

一、广告原稿测试概念

广告原稿测试或称广告事前测试，就是对已完成的广告作品，在原稿发稿之前所进行的测试。如三九医药贸易有限公司的产品"三九感冒灵"的新版广告"滑雪篇"、"导弹篇"在制作完成后，为了解广告的信息传达效果和品牌传达效果，曾特委托夸克公司对广告投放前广告脚本进行测试。其作用是协助剔除市场潜在失败率高的广告创意，选择合适的广告方案并发现其问题所在，以便帮助进一步的修改。

广告原稿测试的时间应当贯穿整个广告策划的全过程：

（一）产品概念阶段

广告测试要调查消费者对某一产品概念的重视程度、态度和理解水平，为以后整个广告策划发展过程提供方向性的指导方针。

（二）承诺陈述阶段

广告测试能够确定哪一种陈述（广告主对消费者做出的承诺）更强有力，更能说服消费者。

（三）草案阶段

广告测试是为了确定哪一种方案能最有效地传播广告信息，为后期制作提供建议。

（四）完成阶段

用广告完稿或正片做测试。测试的广告包括平面广告和电视广告。电视广告的测试根据脚本的完成结果分为脚本测试、FLASH 动画测试、毛片测试等。

传统的广告原稿测试可通过小组座谈会或问卷调查进行，它们往往是以 USP（Unique Selling Proposition）广告创意策略为基础的，并以 AIDA 作为广告对消费者起作用的模式进行测试。测试通常会涉及若干个广告脚本，通过消费者对比各个文案的形式、风格、诉求点、理解程度等，选择出效果可能比较理想的广告脚本用于实际的广告投放中。

测试内容主要包括记忆度、品牌宣传效果、信息传达效果、喜好度、有效度等。

二、广告原稿测试的方法

（一）印刷广告的原稿测试

1. 内部审核表
一些广告公司开发出了比较复杂的内部审核表，详细列出各项指标，如

"品牌名称在布局中是否能被一眼看到"、广告文案中"你"字的使用次数等。审核表的作用是确保广告所有要素、产品主要特色都包含在内，保证广告的完整、无明显错误，但对于了解广告对消费者的效果没有什么帮助。

2. 小组座谈会

一般分成3~5组，每组8~12人，在主持人的引导下自由讨论。从而发现消费者关注的焦点，发现广告中的明显失误，为大规模的问卷调查提供基本思路。

（二）广播电视广告的原稿测试

除了可使用印刷广告测试的一些技术外，适合广播电视广告的特殊方法有：

1. 问卷测试

为获得真实可靠的数据，使消费者不受干扰，给被访者看的节目带和平时电视台播放的电视节目一样，其中插播着很多广告以及测试广告，消除消费者过于注重自己在参加研究而造成的数据偏差。其过程如图20-1所示。

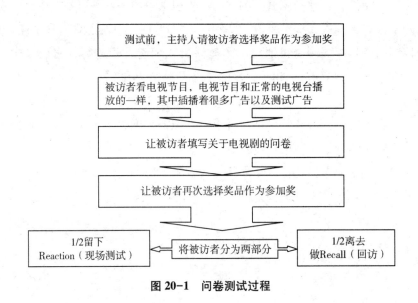

图 20-1　问卷测试过程

2. 斯威林法

这是以开发这种调查法的公司命名的（Schwerin Research Corporation，也有翻译为雪林调查公司）。这种方法是请被邀请的观众持票入场，挑选自己喜欢的商品，然后观看广告，在广告播放后重新挑选商品，对比两次挑选的结果和变化，判断哪一个广告效果较好。还可以对观众进行提问，测试观众对广告作品的记忆程度。

3. 仪器测试法

在实验室场景内，在目标对象观看广告的过程中，使用不同的仪器设备测定不同目的的广告作品。主要有以下几种仪器：

（1）程序分析仪器。用于收听收看广播电视时，在视听者旁边设置"+"（有意思）和"−"（没意思）两种按钮，"程序分析仪"按时间推移曲线图。这种方法用于广告表现唤起消费者兴趣的效果调查。

（2）瞬间显示器。这是一种以 1/100 秒为时间单位的短时间展示报纸广告的装置。放完一次后立即重放，用于测定广告作品中各构成要素受关注的程度和容易记忆的要素。

（3）反应测定仪。观众在回答问题时用按钮，结果通过计算机立刻显示出来，可以边看统计结果边测试实验内容。这种方法用于测定一般广告意见。

（4）眼睛照相机。这种装置用反射光捕捉眼球的运动，记录下被测试者对广告作品的关注点和注意时间，可以测定对象注意了哪些广告要素。

（5）皮肤反射测定仪。广告对象在观看作品时情感上的起伏使皮肤表面出现发汗变化，通过记录发汗变化所产生的电抵抗反应测定广告唤起兴趣的效果。

三、广告原稿测试的内容

将广告与其他陪测广告放在一起，使广告在未投放前就可以预计投放后的沟通质量。这种技术叫 ACT&Trade。用来分析的主要要素如下：

（一）记忆度

1. 测试广告获得多少人的第一提及

共有多少比例的人在不提示和提示两种状态下看到了该广告。测试内容包括：记得牌子/提示后记得牌子/不记得牌子（记得种类）/ 不记得牌子（不记得种类）。

2. 测试广告能否得到消费者的赏识

能否吸引消费者的注意力，测试消费者回忆广告内容的深度。

如三九感冒灵广告测试中：滑雪篇广告，可以从以下几个方面来测试消费者回忆广告内容的深度：

（1）滑雪镜头方面：一个人在滑雪/一个男人在滑雪/运动员滑雪/人滑雪冲下来的气势大/看到滑雪镜头，片段/有一段精彩的滑雪镜头/有个滑雪的运动员戴墨镜等。

（2）人物及人物动作方面：一个人手上拿着一盒"三九感冒灵"/一个男的手上拿着三九感冒灵/一个老头感冒了/有个人得了感冒，吃药后就好了/有个小孩生病，吃了三九感冒灵就好了/一个男的说广告词/头痛感冒了，吃了三九感冒灵就好。

（3）药盒外观方面：瓶子上、盒子上有三个九/三九牌的/盒子的立体感强/出现药品商标/出现三九感冒药盒/感冒药外型包装/三个九的字是嫩绿色的/蓝色、绿白相间的盒子/用绿、蓝色包装清新/盒子很漂亮/三九牌子旁画了几片叶子/长方形的、方方正正的盒子/底色是绿色的/几个字很漂亮。

（4）广告语方面：治感冒有特效、功效好、疗效快/一个人说药是"三九感冒药治感冒"/一个男的说是感冒药：999感冒灵、999感冒冲剂/生病要多注意身体/有人感冒买三九/孩子健康重要/听到出厂，广东产的/这个成分效果比较好/告诉药的效果：治鼻塞、流鼻涕、打喷嚏、治发热、治头痛、牙痛、缓解症状。

（5）其他方面：出来一些症状/有病菌图画出现过/有感冒细菌出现/发冷打了喷嚏/9数字飞来飞去/把药打开，倒出来/介绍药的功能/提到药的功能/头不再痛了，不再流鼻涕了/精神好了，不影响工作，干起活来有精神。

（二）品牌宣传效果

（1）消费者看完一组广告，是否能准确地回忆出所测广告的品牌名称。

（2）消费者第二次看了广告后，是否能准确地回忆出所测广告的品牌名称。

（三）信息传达效果

（1）消费者看后对广告内容是否有印象，消费者看后所回忆的广告内容是否是我们要表达的东西，消费者看后能否自行说出广告词。

（2）消费者看后能否领略到广告表达的信息。

（3）广告的信息传达是否有策略性，是否够强烈。

（4）广告创意及信息传达的品牌形象与企业树立的品牌形象是否吻合。

如某感冒药品，主要卖点是"迅速治疗"，但只有3%的被访者提到了快速有效/迅速治疗等方面，这就说明广告篇所要传达的主要卖点"迅速治疗"并未有效到达被访者。另外，测试广告片中特别提到治疗鼻塞，而且在广告画面中导弹首先击中"鼻塞"字样的镜头给被访者留下的印象就起到了负面作用：一是转移了被访者对广告主要诉求点"迅速治疗感冒"的注意力；二是被访者会有倾向认为该产品特别对鼻塞有效，无形中缩小了对感冒药品的治疗认知范围。

（四）喜好度

（1）消费者看后对它的喜欢程度（如内容和情节的构思、创意、形象性；画面、色彩、背景；音乐、配音、解说；人物、节奏；广告词等方面的评价）。喜欢测试广告的人群特征。

（2）消费者对广告的表现手法能否接受。

（3）消费者对该广告各项评价指标的意见。

（五）有效度

（1）广告是否能增强消费者对新产品或品牌的亲切感。

（2）广告对品牌倾向性有何影响，最终是否能够促进消费者购买产品的行为。

其中，TPM（尝试购买潜力测试值）是衡量广告效果的重要参数之一。其计算公式为：

$$TPM = \frac{\text{看广告后选择测试品牌的人数} - \text{看广告前选择测试品牌的人数}}{TPM\ \text{样本量}}$$

把计算出的 TPM 值跟经验标准值比较，如果大于经验标准值，则该广告有95%的可能会驱动销售，如果 Reaction（现场测试组）和 Recall（回访组）中没有特别消极危险的因素，则该广告可以投放；若低于经验标准值，则广告需要改进或不能投放。具体应用如表 20-1 所示。

表 20-1　尝试购买潜力测试分析

Reaction/Recall	TPM	
	低于经验标准值	大于或等于经验标准值
有消极或危险因素	不能投放	需要改进
无消极或危险因素	不会驱动销售	可以投放

第二节　媒介调查

在广告活动中，媒体作为信息传递的主要通道，其是否通畅、到位，决定着广告信息传达的效果。广告主进行广告活动时，通常要将费用的 70%~80% 投入到广告媒介上。

媒介调查是要对用于广告传播的各种媒体（包括电波媒体、印刷媒体和网络媒体）的特性进行调查，了解消费者接触各种媒体的状况。

一、电波媒体调查

电波媒体包括电视媒体与广播媒体。目前采用的收视率数据采集方法有两种，即日记法和人员测量仪法。日记法是指通过由样本户中所有 4 岁及以上家庭成员填写日记卡来收集收视信息的方法。样本户中每一家庭成员都有各自的日记卡，要求他们把每天收看电视的情况（包括收看的频道和时间段）随时记录在自己的日记卡上。日记卡上所列的时间间隔为 15 分钟。每一张日记卡可记录一周的收视情况。

人员测量仪法是指利用人员测量仪来收集电视收视信息的方法，是目前国际上最新的收视调查手段。样本家庭的每个成员在手控器上都有自己的按钮，而且还留有客人的按钮。当家庭成员开始看电视时，必须先按一下手控器上代表自己的按钮，不看电视时，再按一下这个按钮。测量仪会把收看电视的所有信息以每分钟为时间段（甚至可以精确到秒）储存下来，然后通过电话线传送到总部的中心计算机\（通过掌上电脑入户取数据）。以电视为例，调查主要内容包括如下指标：

（一）收视率（开机率）

收视率是指所有拥有电视机的家庭或人口中，在特定时间段里，暴露于任何频道的家庭或人口的比率。即：

收视率＝收看某一节目的人数（家户数）／观众总人数（总家户数）

收视率是从整体的角度去了解家庭和个人的总体收视情况。主要的意义在于对不同市场、不同时期收视状况有所了解，如分析全年开机率可以发现各地在冬季与夏季收视习惯的变化，寒暑假对中小学生群体的收视有没有显著影响等。

在对收视率进行统计分析时可用平均收视率、最高收视率、完全收视率三个指标：平均收视率是指将某个节目分成时间间隔，记录每个时间段的收视率并加以平均；最高收视率是指在每个时间段的收视率中最高的数值；完全收视率是指一个节目自始至终看完的人的比率。

（二）观众占有率

观众占有率是指各频道在特定的时段中所有的观众占开机总人口的比率。

（三）电视节目品质评分

收视率调查可以了解观看某个节目的观众多寡，却不能了解观众对于节目是否喜欢。对电视节目的品质评价常采用打分的方法，一般可以采用如 10 分制打分的方式。调查的方式为电话调查，调查的对象可以是 9~75 岁的观众。在分析的时候，常常将品质评分与收视率、品质评分与节目类型、品质评分与受访者特征等相联系来进行。

二、印刷媒体调查

印刷媒体调查主要是为了获得发行份数、阅读率、读者群、并读（两种以上读物合读）等资料。主要调查内容包括：

（一）发行份数

一般来说，发行量越大，广告的效果越大。客户可依据可靠的发行量，对媒体做明智的选择。目前我国发行资料通常由印刷媒介自己向客户与广告公司提供，这样得到的资料可能存在不真实性。但可以通过其他方式进行验证，如从调查各媒体的纸张用量、机器运转性能以及运转时间，或者通过调查邮局对印刷品的分发等以便从侧面估计印刷媒介的发行份数。

（二）阅读率

阅读率调查是调查读者对报纸的记忆及广告注目的情况，包括广告的注目率及精读率。其中广告注目率是指的确看过 A 广告人数占读过刊载 A 广告报纸人数的百分比，广告精度率是指读过广告的每一个部分甚至连其细节都仔细读过的读者占总的广告读者的比率。

计算公式如下：

$$广告注目率 = \frac{的确看过 A 广告人数}{读过刊载 A 广告报纸人数} \times 100\%$$

$$广告精度率 = \frac{读过广告的每一个部分甚至连其细节都仔细读过的读者}{总的广告读者} \times 100\%$$

（三）读者群

分析读者群的统计学背景资料如性别、年龄、职业、收入、阶层等特性，从而选择适合本产品的报刊或杂志，进行有目的的投放，以提高广告的效果。

三、网络媒体

网络媒体是指广告主利用一些受众密集或有特征的网站发放商业信息，并设置链接到相关网页的过程。广告的形式有：网络网幅广告（包含 Banner、Button、通栏、竖边、巨幅等）、文本链接广告、电子邮件广告、赞助式广告、插播式广告（弹出式广告）、其他新型广告（如视频广告、路演广告、巨幅连播广告、翻页广告、祝贺广告等）等。主要调查内容包括：

（一）网上点击率

调查浏览者是否点击了该广告，点击的次数有多少。其计算公式如下：

$$点击率 = \frac{看到广告并点击的数量}{网页的浏览数量}$$

（二）交互率

交互是网络媒体与传统媒体的一个重要区别，网络广告很好地体现了交互这一特点，浏览者在浏览广告的同时还要与广告赞助商形成信息的交流，这样的网络广告才是有效的。该指标评价广告效果的好坏就主要看目标受众主动与广告赞助商联系的次数的多少。

$$交互率 = \frac{点击该广告并进一步与广告赞助商联系的数量}{网页的浏览数量}$$

四、对竞争品牌媒体投资调查

评估竞争品牌的媒体投资是为了调整自身媒体方案。如对竞争品牌在电视媒体上投放的调查，调查内容应包括投放总费用、投放总时间、投放地区及各地区的总费用和总时间、投放频道及各频道投放费用、投放时段、投放时间等。通过调查，分析竞争品牌在媒体投资上的变化对本品牌所带来的影响，讨论本品牌在媒体方案上是否应该采取对策及做出相应的修改。

第三节　广告效果调查

一、广告效果的含义

广告效果是指广告对其接受者所产生的影响及由于人际传播所达到的社会、经济等方面的综合效应。

从广告效果的测量尺度看，可分为销售效果（销售尺度）和广告本身效果（传播尺度）。广告的销售效果是指广告投放所带来的销售情况的变化；广告本身效果是指广告的接触效果或广告的心理效果，指广告呈现之后对受众所产生的各种心理效应。包括对受众在知觉、记忆、理解、情绪情感、行为欲求等诸多心理特征方面的影响，是以广告的收视率、收听率、产品知名度等间接促进产品销售的因素为依据。

二、广告本身效果调查（DAGMAR 理论）

一则广告的目的并不一定是直接获得销售效果，有时是为引起消费者的心理变化，改变消费者对品牌的态度，增加消费者对品牌的认知度、好感度直至对名牌的忠诚度，保持持续购买。美国学者 R. H. 格利于 1961 年发表的《根据广告目标测定广告效果》（Defining Adverting Goals for Measured Advertising Results）一文中提出了测定广告心理效果的目标管理理论，叫做 DAGMAR 理论。DAGMAR 理论中测定广告效果在于广告完成其传播任务的程度，即广告信息使消费者的态度向预期方向转变的程度。在测定这些传播效果的过程中，要注意排除其他因素如人际介绍、促销活动、公关活动等的影响。在广告的投放过程中，普遍认为消费者的心理变化都是经过这几个阶段：知名、理解、确信、购买行动。

实际中，往往要在广告活动之前，对广告产品品牌，就"未知"、"知名"、

"理解"、"确信"、"行动"五项内容进行消费者调查，调查结果作为衡量广告效果好坏以及评价广告目标是否达到的基准点。广告活动后，进行第二次、第三次、第四次调查，调查的内容还是前五项内容，通过对结果进行对比分析，发现存在的问题，加以改进。

三、广告销售效果的调查

促进产品的销售效果的因素是多方面的，一方面有广告持续的传播效果的累积效应，另一方面有营销策略中各个因素的综合效应，如促销、产品试用、公共关系等。同时，有人购买商品不一定看过广告，而是通过人际传播、柜台推荐等方式购买。因此，测量广告销售效果时，要在确定广告是唯一影响销售的因素，其他因素能够暂属于不变量的条件下进行测定。常用方法有以下几类：

（一）实地考察法

在零售商店或超市的货架上进行直接调查。在售场展示 POP 广告，或将广告片在购物环境中播放，请推销员或导购员在现场派发产品说明书和附加购买回函广告单，从现场的销售情况可以看出广告的效果。

还有一种方法是将同类商品的包装和商标卸除，在每一种商品中放入一则广告和宣传卡片。观察不同商品的销售情况，以此判断销售效果。不过这种方法用于实验室测验更为合适，在现实生活中，要消费者做出买无商标的生产厂家产品的决定难度较大。

（二）实验法

销售地区测定法是较为常用的一种。把两个条件相似的地区（规模、人口因素、商品分配情况、竞争关系、广告媒体等不能有太大差异）划分为"实验区"和"控制区"，在实验区内进行广告活动，控制区内不进行广告活动。在实验进行前，将两个地区的其他影响因素（经济波动、重大事件的影响等）控制在相对稳定的状态下，最后，将两个区的销售结果进行比较，可测出广告的促销效果。这种方法也可应用于对选样家庭的比较分析。在计算销售额（量）的增长比例公式中，实验区的广告效果按照控制区的增减比率调整。

（三）统计学法

1. 广告效果指数

广告效果指数（Adverting Effectiveness Index，AEI），是在抽样调查中，将有没有看过广告和有没有购买广告商品的人数统计列入类似表 20-2 的形式。

表 20-2　唤起购买效果的四分割

购买 ＼ 广告测试	有	无	合计人数
有	a	b	a+b
无	c	d	c+d
合计人数	a+c	b+d	N=a+b+c+d

注：a 是看过广告而购买的人数；b 是未看过广告而购买的人数；c 是看过广告而未购买的人数；d 是未看过广告也未购买的人。

从表 20-2 可以看出，在没有广告的测验中，也有 b/（b+d）比例的人买了商品，因此，从看到广告而购买的 a 人当中，减去受其他因素影响而购买的人数，才是真正受广告影响而购买的人数，由此的计算结果是广告效果指数 AEI。计算公式如下：

$$AEI = \frac{a-(a+c) \times b/(b+d)}{N} \times 100\%$$

2. 比率算法

（1）广告费比率 $= \dfrac{A \text{ 广告费}}{\text{销售量}} \times 100\%$

广告费比率越小，表明广告效果越大。

（2）广告效果比率 $= \dfrac{B \text{ 销售量（额）增加率}}{\text{广告费增加率}} \times 100\%$

广告费增加率越小，则广告效果比率越大，广告效果越好。

（3）广告效益法 $R = \dfrac{S_2 - S_1}{P}$

式中：R 为每元广告效益；S_2 为广告后的平均销售量；S_1 为未做广告前的平均销售量；P 为广告费用。

每元广告效益的得数越大，则效果越好。

四、网络广告效果的测定

网络广告效果，指的是网络广告作品通过网络媒体刊登后所产生的作用和影响。目前网络广告效果的测定方向与传统媒体的测定方向大体一致，评价体系都是建立在传播效果和销售效果的两个主方向之上。《Internet 广告》（Advertising on the Internet）的作者罗宾·杰夫和布瑞德·阿隆森把网络广告可达到的目标概略归纳为四项：提高知名度、认知产品、名单收集、达成交易。前三项目标即通常所说的传播效果的测定，后一项目标即所谓的销售效果的测定，由于网络媒体即时交互性的特点，使得网络广告效果的测定呈现出新的技术方法和操作导向，特别是在销售效果的测定方法上较传统媒体有独到的优势。测定网络广告效果的方法大致有以下四种：

（一）点击率

点击率是网络广告最基本的评价指标，也是反映网络广告最直接、最有说服力的量化指标，这种方法主要是通过消费者对网络广告的点击率或者回应率，以测定消费者对广告的接触效果。点击率的测定有利于广告主计算网络广告成本，如 CPM（Cost per Thousand Impressions，千印象费用）值，指网络广告产生每 1000 个广告印象（显示）数的费用。

（二）转化率

转化率是指观看而没有点击网络广告所产生的效果。美国网络广告调查公司 AdKnowledge 高级副总裁 David Zinman 认为，浏览而没有点击广告同样具有巨大的意义，营销人员更应该关注那些占浏览者总数 99% 的没有点击广告的浏览者。

（三）对比分析法

对比分析法主要是运用传统媒体的效果测定方法，结合网络广告目标测定广告效果。如可以把收到 E-mail 的顾客态度与没有收到 E-mail 的顾客态度进行比较，也可以测量用户对不同类型 E-mail 的心理反应。测定网络广告产生的传播效果。对比方法也可用于测量投放在不同站点的广告效果。操作方法有以下几种：

（1）看同样数量的 CPM 在哪个站点先完成。

（2）在编写指向链接的 URL 标签时，稍微增加一点东西，如站点网址为：www. xgcd. com，那么在 A 站点的广告链接可以写成 http：//www. xgcd. com?a，在 B 站点的广告链接，可以写成 http：//www. xyz. com?b，依此类推。或者设定特别的标签，如讨论组等。最后，在各网页设定一个单独的 ID 地址，用安装在相关网页上的网络计数器测量来自 A、B、C 各站的访问数量。

（3）在编写电子邮件的指向链接时，在自动弹出的新回邮件窗口时，自动填好"主题"一栏。在 A 站点的回邮件主题栏中加上：a 汽车广告在 B 站点的回邮件主题栏中加上 b 汽车广告，依此类推。在统计总体回函时，就可以从 A 站点和 B 站点的回函数量中清晰地判断哪个站点的汽车广告接触率高。

（四）加权计算法

加权计算法就是对投放网络广告后的一定时间内，对网络广告产生效果的不同层面赋予权重，以判别不同广告所产生效果之间的差异。这种方法实际上是对不同广告形式、不同投放媒体或者不同投放周期等情况下的广告效果比较，而不仅仅反映某次广告投放所产生的效果。加权计算法要建立在对广告效果有基本监测统计手段的基础上。如某企业在宣传方面选择了网络广告，并在一段时间内同时实施了三种方案，投放效果各有不同，基本情况如表 20-3 所示。

表20-3　三种网络广告投放方案效果比较表

方案	投放网站	投放形式	投放时间	广告点击次数	产品销售数量
方案一	A 网站	BANNER	一个月	2000	260
方案二	B 网站	BANNER	一个月	4000	170
方案三	C 网站	BANNER	一个月	3000	250

从表20-3可以看出方案一获得了最高销售量，似乎是最好的效果。但是衡量网络广告投放的整体效果必须涉及很多方面，如要考虑广告带来多少注意力、注意力可以转化为多少利润、品牌效应等问题。针对上例情况，就应该进行科学的加权计算法来分析其效果。

这种计算方法很简单，首先，可以为产品销售和获得的点击分别赋予权重，权重的简单算法是：（260+160+250）/（2000+4000+3000）≈0.07（精确的权重算法需要应用大量资料进行统计分析）。由此可得，平均每100次点击可形成7次实际购买，那么可以将销售量的权重设为1.00，每次点击的权重为0.07。然后将销售量和点击数分别乘以其对应的权重，最后将两数相加，从而得出该企业通过投放网络广告可以获得的总价值。

方案一总价值为：$260 \times 1.00 + 2000 \times 0.07 = 400$

方案二总价值为：$160 \times 1.00 + 4000 \times 0.07 = 440$

方案三总价值为：$250 \times 1.00 + 3000 \times 0.07 = 460$

计算结果可见，方案三才为该企业带来最大的价值。虽然第一种方案可以产生最多的实际销售量，第二种方案可以带来最多的注意力，但从长远看，第三种方案更有价值。

思考题：

1. 广告销售效果的测定方法有几类？具体方法有哪些？

2. 网络广告效果的测定目前有哪四种？

3. 简述广告原稿测试的内容。

案例 20-1　有关产品广告测试研究问卷

家庭月总收入

5500 元以下	终止访问
5500~7500 元	1
7500~9500 元	2
9500~12000 元	3
12000~16000 元	4
16000~20000 元	5
20000 元以上	6

记录年龄

年龄

20~24 岁	1
25~29 岁	2
30~35 岁	3

个人月收入

3000 元以下	终止访问
3000~4000 元	01
4000~5000 元	02
5000~6000 元	03
6000~7000 元	04
7000~8000 元	05
8000~9000 元	06
9000~10000 元	07
10000~11000 元	08
11000~12000 元	09
12000~13000 元	10
13000~14000 元	11
14000 元以上	12

性别

女	2

有无儿童在场

有 16 岁以下儿童在场	1
无 16 岁以下儿童在场	2

就业情况

全职/兼职	1
无职业	2

女士：

　　您好！我是东方市场研究公司的访问员。我们目前正在这一地区进行一项有关日用消费品的研究，请问您是否可以抽空参加我们这次研究呢？

　　谢谢合作！

被访者姓名：_____　　　　所属城市：_____

被访者详细地址：_____

邮政编码：_____电话号码：_____

访问时间：___月___日___时___分至___时___分　共计：_____分钟

首先，我想先问您几个简单的问题。

[出示卡片OO]

A. 请问您或您的家人中是否有在以下行业工作的呢？

广告公司……………………………………1

市场推广、促销机构……………………2

市场研究公司……………………………3

电台/电视台/报纸/杂志等机构…………4　　→终止访问

党政机关…………………………………5

公共关系公司……………………………6

新产品开发公司/部门……………………7

化妆品/美容产品的生产/销售单位……8

银行业……………………………………9

汽车业……………………………………10　→继续访问

以上均无…………………………………11

[出示卡片OA]

Ba. 请问在卡片上所列出的这些产品中，哪些是您不会考虑使用的呢？

[出示卡片OA]

Bb. 请问在卡片上所列出的这些产品中，哪些是您曾经使用过的呢？

[出示卡片OA]

Bc. 请问在卡片上所列出的这些产品中，哪些是您现在正在使用的呢？

	Ba	Bb	Bc
	不会考虑	曾经使用过	正在使用
口红	1	1	1
润肤露/霜	2	2	2
睫毛膏	3	3	3
发胶	4	4	4
香波/洗发水	5	5	5
沐浴露	6	6	6
肥皂	7	7	7
以上均无	0	0	0

访问员注意：如果被访者对 Ba 选择了"3"，则终止访问；否则继续访问。如果被访者，对 Bb 选择了"3"，则将她录入睫毛膏的潜在使用者配额中。如果被访者对 Bc 选择了"3"，则将她录入睫毛膏的现有使用者配额中。

配额：50% 为睫毛膏的现有使用者，50% 为睫毛膏的潜在使用者。

如被访者满足配额，请其进入放像室。

记录播放的广告录像带编号：

访问员注意：请将被访者带至另一间播放广告的房间，坐下后，向被访者读出："我们目前正在这一地区进行一项研究，内容是关于人们对不同的电视广告的反应和评价，下面，我想请您仔细看一些电视广告。"

按照上面方框中的代号要求兼职督导播放相应的广告录像带。

（兼职督导播放广告录像带上的前 5 个广告，然后按"暂停"键）

访问员注意：在兼职督导暂停后，向被访者读出："下面我会再次播放刚才那些广告中的一个，请您再看一遍好吗？"

（兼职督导播放广告录像带上的第 6 个广告，然后按"停机"键）

访问员记录该再次播放的广告的品牌及产品名称：_____

访问员读出：下面我想了解一下和其他的电视广告相比，您对刚才看到的这个广告的看法。请假设您在今后会有很多机会再次看到这个广告。

［出示卡片 A］

Q1. 假设您今后仍有机会再次看到刚才这个广告，请问每当您在电视上看到这个广告时，您对它的喜欢程度会是怎么样呢？请用卡片上的话告诉我好吗？（单选）

我会非常喜欢看这个广告……………………………………　1

我会比较喜欢看这个广告……………………………………　2

我不会介意看或不看这个广告………………………………　3

我会不太喜欢看这个广告……………………………………　4

我会非常不喜欢看这个广告…………………………………　5

Q2. 下面我会向您出示三张卡片，每张卡片上都会有一组 4 个用来形容这个广告的词语，请您在每张卡片上选出一个您认为最适合用来形容这个广告的词语好吗？

访问员注意：如果被访者显得拿不定主意，请用下列方式进行追问：您可能觉得这些词语都挺适合用来形容这个广告，或者都不适合，但仍请您尽量告诉我们，相比这下，您认为哪一个词语最适合用来形容这个广告？

［出示卡片 B］

请问您觉得这张卡片上的哪个词语最适合用来形容这个广告呢？（单选）

令人愉快的……………………………………………………　1

有趣的/让人感兴趣的…………………………………………　2

枯燥乏味的……………………………………………………　3

令人讨厌的……………………………………………………　4

［出示卡片 C］

请问您觉得这张卡片上的哪个词语最适合用来形容这个广告呢？（单选）

令人平静的/安抚的 ……………………………………………　1

特别的/与众不同的 ……………………………………………　2

普遍的…………………………………………………………　3

让人不愉快的…………………………………………………　4

［出示卡片D］

请问您觉得这张卡片上的哪个词语最适合用来形容这个广告呢？（单选）

温和的·····································1

使人有参与感的·····························2

平淡的/没有说服力的 ·······················3

令人不安的·································4

［出示卡片E］

Q3. 这是_____ （读出品牌及产品名称［全称]）的广告。

有时候人们在看过一个广告后，会记得曾经看到过这个广告，但却记不起它里面介绍的是什么品牌或是什么产品了，请问下面卡片上的哪句话最能代表您对这个_____（读出品牌和产品名称）广告的看法呢？（单选）

我不会忘记这是_____的广告·····················1

这个广告能让人记住这是_____的广告···············2

这个广告不太能让人记住这是_____的广告············3

这可以是一个介绍任何品牌的_____的广告············4

这可以是一个介绍任何产品的广告··················5

［出示卡片F］

Q4. 请问这个广告在内容的容易理解程度方面做得怎么样呢？（单选）

这个广告的内容非常容易理解····················1

这个广告的内容还算比较容易理解··················2

这个广告的内容让人较难理解····················3

这个广告的内容让人非常难以理解··················4

访问员注意：完成Q4后，向被访者读出下面的话：

"下面，我想请您看另外一个广告，然后我会像刚才一样了解一下您对这个广告的一些看法。"

要求兼职督导播放第二个测试广告"欧莱雅旋丽自鬈睫毛膏"。待被访者看完并倒好录像带后将其带至另一间房间完成剩余部分的问卷。

访问员读出：现在我想跟您聊聊您对刚才看到的广告的一些看法。

［出示卡片G］

Q5. 假设您今后仍有机会再次看到刚才这个广告，请问每当您在电视上看

到这个广告时，您对它的喜欢程度会是怎么样呢？请您仍然用这张卡片上的话告诉我好吗？（单选）

我会非常喜欢看这个广告……………………………………… 1

我会比较喜欢看这个广告……………………………………… 2

我不会介意看或不看这个广告………………………………… 3

我会不太喜欢看这个广告……………………………………… 4

我会非常不喜欢看这个广告…………………………………… 5

Q6. 下面我仍然向您出示三张卡片，每张卡片上都会有一组 4 个用来形容这个广告的词语，请您在每张卡片上选出一个您认为最适合用来形容这个广告的词语好吗？

访问员注意：如果被访者显得拿不定主意，请用下列方式进行追问：您可能觉得这些词语都挺适合用来形容这个广告，或者都不适合但仍请您尽量告诉我们，相比之下，您认为哪一个词语最适合用来形容这个广告呢？

［出示卡片 H］

请问您觉得这张卡片上的哪个词语最适合用来形容这个广告呢？（单选）

令人愉快的………………………………………………… 1

有趣的/让人感兴趣的 …………………………………… 2

枯燥乏味的………………………………………………… 3

令人讨厌的………………………………………………… 4

［出示卡片 I］

请问您觉得这张卡片上的哪个词语最适合用来形容这个广告呢？（单选）

令人平静的/安抚的 ……………………………………… 1

特别的/与众不同的 ……………………………………… 2

普通的……………………………………………………… 3

让人不愉快的……………………………………………… 4

［出示卡片 J］

请问您觉得这张卡片上的哪个词语最适合用来形容这个广告呢？（单选）

温和的……………………………………………………… 1

使人有参与感的…………………………………………… 2

平淡的/没有说服力的 …………………………………… 3

令人不安的···································· 4

Q7. 通常来说，每个广告里面总会有一些您所看到或者听到的内容会比其他内容更能引起您的注意。假设您今后会经常在电视上看到或者听到刚才最后的那个广告：那么请问在这个广告里：有哪些您看到的内容是您会特别留意、特别记住的呢？那么请问又有哪些您听到的内容是您会特别留意、特别记住的呢？

访问员注意： 不用进行任何形式的追问，只需逐字逐句地记录被访者原话即可。

_____

_____

[追问] 请问这个广告里还有哪些地方是您会特别留意、特别记得的呢？

_____

_____。

Q8a. 刚才播放的是"欧莱雅旋丽自鬈睫毛膏"的广告。有时候人们在看过一些广告后会记得曾经看到过这个广告，但却不记得它里面介绍的是什么品牌或是什么产品了，请问下面卡片上的哪句话最能代表您对这个广告的看法呢？（单选）

我不会忘记这是"欧莱雅旋丽自鬈睫毛膏"的广告 ·················· 1
这个广告能让人记住这是"欧莱雅旋丽自鬈睫毛膏"的广告 ········· 2
这个广告不太能让人记住这是"欧莱雅旋丽自鬈睫毛膏"的广告 ······ 3
这可以是一个介绍任何品牌的"睫毛膏"的广告 ······················ 4
这可以是一个介绍任何产品的广告······························ 5

[出示卡片 L]

Q9. 下面卡片上的哪句话最能反映您使用"欧莱雅旋丽自鬈睫毛膏"的情况呢？（单选）

最经常使用···············1
经常使用···············2 ⎤→欧莱雅旋丽自鬈睫毛膏的使用者，跳问 Q10a

有时使用···············3
过去曾使用过···············4 ⎤→欧莱雅旋丽自鬈睫毛膏的试用者，跳问 Q10b

听说过，但从未使用过···5
从前从未听说过··········6 ⎤→从未使用过欧莱雅旋丽自鬈睫毛膏者，跳问 Q10c

Q10. 现在请您回想一下刚才看到的"欧莱雅旋丽自鬈睫毛膏"的广告，请问您认为这个广告对您今后使用"欧莱雅旋丽自鬈睫毛膏"的情况会产生怎样的影响呢？（单选）

［出示卡片 M1］

Q10a. 问"欧莱雅旋丽自鬈睫毛膏"的使用者：

这个广告让我真的很想继续使用这个睫毛膏……………………1

这个广告让我很想继续使用这个睫毛膏…………………………2

这个广告对于我今后是否继续使用这个睫毛膏来说没有什么影响…3

这个广告在某种程度上让我不想继续使用这个睫毛膏了…………4

→跳问 Q11

［出示卡片 M2］

Q10b. 问"欧莱雅旋丽自鬈睫毛膏"的试用者：

这个广告让我真的很想再次选用这个睫毛膏……………………1

这个广告让我很想再次选用这个睫毛膏…………………………2

这个广告对于我今后是否想去选用这个睫毛膏来说没有什么影响…3

这个广告在某种程度上让我不想去选用这个睫毛膏了……………4

→跳问 Q11

［出示卡片 M3］

Q10c. 问从未使用过"欧莱雅旋丽自鬈睫毛膏"者：

这个广告让我真的很想去试一试这个睫毛膏……………………1

这个广告让我想去试一试这个睫毛膏……………………………2

这个广告对于我今后是否想去选用这个睫毛膏来说没有什么影响…3

这个广告在某种程度上让我不想去试一试这个睫毛膏了…………4

→跳问 Q11

Q11. 下面，我想请您回想一下您刚才看到的这个"欧莱雅旋丽自鬈睫毛膏"的广告。请您把这个广告的所有内容，包括您所看到的、听到的以及整个故事情节是如何串联起来的，都详细的描述一遍好吗？您说得越详细越好。

［详细追问］

访问员注意：详细追问直至被访者明确告诉说"再也想不起来了"为止。逐字逐句地记录原话，特别是最后的评论语句。并注意把每次追问得到的答案都分开记录，可在答案前用"P"表示。

［追问］请问您在广告里还看到些什么、听到些什么？它们之间又是如何串联起来呢？

_____

_____

_____。

［出示卡片 N］

Q12a. 请问这个广告在内容的容易理解程度方面做得怎么样呢？（单选）

这个广告的内容非常容易理解·················· 1

这个广告的内容还算比较容易理解·········· 2

这个广告的内容让人较难理解·················· 3

这个广告的内容让人非常难以理解·········· 4

Q12b. 请问您觉得这个广告中有没有哪些地方是和广告的整个故事情节不太协调的呢？（单选）

是 ·································· 1→续问 Q12c

否 ·································· 2→跳问 Q13a

Q12c. 那么请问是哪些地方让您觉得和广告的整个故事情节不太协调呢？ ［详细追问］

［追问］还有吗？还有吗？

_____

_____

_____

Q13a. 请问这个广告给您留下的关于"欧莱雅旋丽自鬈睫毛膏"的这个品牌的主要印象是什么呢？

<u>访问员注意</u>：如果被访者无法回答出任何主要印象，直接跳问 Q13c。

_____

_____

_____。

Q13b. 那么请问是这个广告中的哪些地方给您留下这样的印象（读出被访者在 Q13a 中提及的印象）呢？

_____

_____

_____。

本题请询问所有被访者

Q13c. 请问除了刚才提到的以外，这个广告还给您留下了关于"欧莱雅旋丽自鬈睫毛膏"的其他哪些印象呢？［追问］还有吗？还有吗？［详细追问］

_____

_____

_____。

Q13d. 请问看了这个广告以后，您觉得哪些人/怎样类型的消费者会去购买"欧莱雅旋丽自鬈睫毛膏"呢？［详细追问］

_____

_____

_____。

［出示卡片 O］

Q14a. 假设您现在想去购买睫毛膏，那么请问这个广告中所介绍的有关"欧莱雅旋丽自鬈睫毛膏"的信息对您来说的影响程度如何呢？（单选）

非常有影响·································· 1

有影响····································· 2

不太有影响································· 3

一点也没有影响····························· 4

［出示卡片 P］

Q14b. 请问您觉得这个广告所介绍的有关"欧莱雅旋丽自鬈睫毛膏"的信息的可信程度又是如何呢？（单选）

我知道这些介绍是真实的····················· 1

我倾向于相信他们的这些介绍················· 2

在准备相信之前，我必须先对这些介绍进行一些核实······ 3

我发现这些介绍很难让人相信················· 4

［出示卡片 Q］

Q14c. 请问和其他同类睫毛膏的广告相比，您觉得这个广告中有关"欧莱雅旋丽自鬈睫毛膏"的介绍是否与众不同呢？（单选）

非常与众不同····························· 1

相当与众不同····························· 2

不太与众不同···3

一点也不与众不同···4

不知道··5

以前从未看到过任何其他同类产品的广告·················6

[出示卡片 R]

Q14d. 请问这个广告是否告诉了您一些有关"欧莱雅旋丽自鬈睫毛膏"的新信息，而这些信息是您过去从未听说过的呢？请用这张卡片上的话来告诉我您的看法好吗？（单选）

许多新的信息···1

一些新的信息···2

没有什么新的信息···3

不知道 ··4

根本没有告诉我任何信息··5

Q15. 下面我想请您想象一下：假设您自己目前正在使用"欧莱雅旋丽自鬈睫毛膏"。请问根据从这个广告中得到的印象，您认为如果您使用"欧莱雅旋丽自鬈睫毛膏"会是怎样的情景呢？

[追问] 请问您觉得使用"欧莱雅旋丽自鬈睫毛膏"会给您带来怎样的感受呢？

_____

_____。

Q16a. 请问这个广告中是否有哪些地方是您特别喜欢的呢？[详细追问]

_____

_____。

Q16b. 那么请问这个广告中是否有哪些地方是您不喜欢的呢？[详细追问]

_____

_____。

[出示卡片 T]

Q16c. 请问这个广告和其他化妆品的广告相比，相似程度如何呢？（单选）和我看到过的其他化妆品的广告相比，

这个广告非常与众不同···1

这个广告有点与众不同···2

这个广告和它们差不多·······················3

我不记得看到过任何其他化妆品的广告··············4

[出示卡片 U]

Q16d. 请问这个广告让您觉得"欧莱雅旋丽自鬈睫毛膏"怎么样？

这个广告让我对"欧莱雅旋丽自鬈睫毛膏"兴趣大增　·········1

这个广告让我对"欧莱雅旋丽自鬈睫毛膏"增加了一点兴趣　······2

这个广告让我对"欧莱雅旋丽自鬈睫毛膏"减少了一点兴趣　······3

这个广告让我对"欧莱雅旋丽自鬈睫毛膏"兴趣大减　·········4

这个广告并没有改变我对"欧莱雅旋丽自鬈睫毛膏"的感觉　······5

Q17. 下面，我会读出一些其他消费者用来形容这个广告的句子，对于每一个句子，我想请您告诉我，您认为它是否适合用来形容这个广告的呢？（每行单选）

访问员注意：请从"√"处开始读出句子。

		是	否
	这个广告想我们记住"欧莱雅旋丽自鬈睫毛膏"的优点	1	2
	这个广告想告诉我们"欧莱雅旋丽自鬈睫毛膏"是一个流行的品牌	1	2
	这个广告想让我们再次想起"欧莱雅旋丽自鬈睫毛膏"	1	2
	这个广告想告诉我们"欧莱雅旋丽自鬈睫毛膏"是一个新产品	1	2
√	我喜欢这个广告中出现的模特	1	2
	这个广告比其他绝大多数睫毛膏广告都要好	1	2
	这个广告让我很想去试一试这个产品	1	2
	这个广告很混乱	1	2
	这个广告值得我们记住	1	2
	这个广告很有趣	1	2

Q18a. 下面，我将会读出一些其他消费者从这个广告中得到的对于"欧莱雅旋丽自鬈睫毛膏"的印象。针对每一个句子，请您用这张卡片上的话来告诉我，您从这个广告中是否得到了这种印象呢？（每行单选）

访问员注意：请从"√"处开始读出句子。

	给我留下很深的印象	有点留下这种印象	不认为给我留下了这种印象	完全没有留下这种印象	不知道
它使您的睫毛明显地鬈曲	1	2	3	4	0
它让您的眼睛更明亮	1	2	3	4	0
它适合您这样的女性	1	2	3	4	0
它可以使您的睫毛同时变长变鬈	1	2	3	4	0
它有独特的蛋白质配方	1	2	3	4	0
√ 它可以给您您所希望的效果	1	2	3	4	0
它适合亚洲人的睫毛特质	1	2	3	4	0
它容易上妆	1	2	3	4	0
它所运用的技术先进	1	2	3	4	0
它使您的眼睛显得更有神采	1	2	3	4	0
它是一种真正意义上的睫毛膏的创新	1	2	3	4	0
它使您的睫毛显得更加浓密	1	2	3	4	0

［出示卡片 V2］

Q18b. 下面，我将会读出一些其他消费者用来形容这个广告的气氛，以及它给人带来的感觉的词语。对于每一个词语，我想请您用这张卡片上的话来告诉我，您是否同意它是适合用来形容这个广告的。（每行单选）

访问员注意：请从"√"处开始读出句子。

	非常同意	有点同意	既不同意又不反对	有点不同意	非常不同意
这个广告是保守的	1	2	3	4	5
这个广告是时髦的	1	2	3	4	5
√ 这个广告是优雅的	1	2	3	4	5
这个广告是生动的	1	2	3	4	5
这个广告是摩登的	1	2	3	4	5
这个广告是有自信的	1	2	3	4	5
这个广告是性感的	1	2	3	4	5
这个广告是错综复杂的	1	2	3	4	5
这个广告是有个性的	1	2	3	4	5

Q19a. 除了品牌和包装外，广告中有没有其他地方使您意识到它是"欧莱雅旋丽自鬈睫毛膏"而不是其他睫毛膏的广告？

_____

_____

_____。

[出示卡片 W]

Q19b. 有时即使您将产品/包装从广告中抽出，您仍可以知道是什么产品的广告。如果我们将"欧莱雅旋丽自鬈睫毛膏"的外包装瓶子从这个广告中抽出，您能很容易地认出它是"欧莱雅旋丽自鬈睫毛膏"的广告吗？

非常容易·· 1

比较容易·· 2

不太容易·· 3

很不容易·· 4

不知道·· 0

[出示卡片 X]

Q19c. 如果这个产品在您经常购买化妆品的商店均有出售，那么在看了这个广告后，您下次购买"欧莱雅旋丽自鬈睫毛膏"的可能性有多大？

肯定会买·· 1

很可能会买·· 2

可能买·· 3

可能不买·· 4

很可能不会买·· 5

肯定不会买·· 6

不知道·· 0

[出示卡片 Z1]

Q20a. 请问在卡片上所列出的这些品牌的睫毛膏中，哪些是您曾经使用过的呢？（复选）[追问]：还有吗？还有吗？

[出示卡片 Z1]

Q20b. 请问您最经常购买的是哪个品牌的睫毛膏呢？（单选）

	Q20a	Q20b
	曾经使用过	最经常购买
Zhengmingming（郑明明）	01	01
Revion（露华浓）	02	02
Maybelline（美宝莲）	03	03
Yusai（羽西）	04	04
L'Oreal（欧莱雅）	05	05
Christian Dior（克里斯汀·迪奥）	06	06
Shiseldo（资生堂）	07	07
Lancome（兰蔻）	08	08
Estee Lauda（雅诗兰黛）	09	09
Miss de France（法兰西施）	10	10
Avon（雅芳）	11	11
其他（请注明：＿＿＿＿＿＿＿＿）	99	99
没有/不知道	0	0

［出示卡片 Z2］

Q21. 请问在卡片上所列出的这些品牌的化妆品中，哪些是您曾经使用过的呢？（复选）［追问］：还有吗？还有吗？

	Q21
	曾经使用过
Zhengmingming（郑明明）	01
Revion（露华浓）	02
Maybelline（美宝莲）	03
Yusai（羽西）	04
L'Oreal（欧莱雅）	05
Christian Dior（克里斯汀·迪奥）	06
Shiseldo（资生堂）	07
Lancome（兰蔻）	08
Estee Lauda（雅诗兰黛）	09
Miss de France（法兰西施）	10

续表

	Q21
	曾经使用过
Avon（雅芳）	11
Aupers（欧珀莱）	12
Kose（高丝）	13
其他（请注明：＿＿＿＿＿＿）	99
没有/不知道	0 *

Q22. 请问您记得以前是否曾经看到过这个广告？

是…………………………………………………… 1

否…………………………………………………… 2

不知道……………………………………………… 0

第二十一章　市场调查应用之三：商圈调查

第一节　商圈基础介绍

一、商圈的概念

商圈（Trade Area）是指经营某种产品或服务的某家或某类企业的顾客分布的地理区域。简单地说，商圈是指以零售店所在地为中心，沿着一定的方向和距离扩展的、能吸引顾客的范围。经营业态、商店规模、竞争者的位置、交通条件等许多因素影响着商圈规模和商圈形态。

二、商圈的构成及顾客来源

商圈由核心商圈（Primary Trading Area）、次级商圈（Secondary Trading Area）和边缘商圈（Fringe Trading Area，又称辐射商圈）三个层次组成（见图 21-1）。

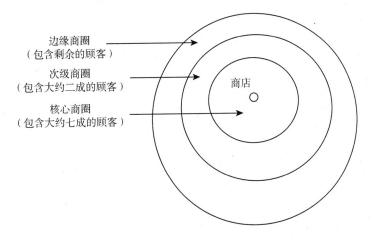

边缘商圈
（包含剩余的顾客）

次级商圈
（包含大约二成的顾客）

核心商圈
（包含大约七成的顾客）

商店

图 21-1 商圈的构成与顾客来源

核心商圈的辐射半径在 1 公里左右。顾客数占这一商店顾客总数的 55%~70%。该商圈的顾客在人口中占的密度最高，消费金额也最高，而且与其他商店的商圈很少发生重叠。

次级商圈占商店顾客总数的 15%~25%。其辐射的半径在 3~4 公里，对一般的日用消费品来讲，很少能辐射到该商圈的人口，关键是取决于其经营业态。

边缘商圈辐射的半径在 7 公里范围。一般情况下只有大型百货商场、专业店具备这样的辐射能力。

三、商圈的形态

(一) 集中型商圈

(1) 商圈内流动人口多（每分钟 30 人以上）。

(2) 商圈内住宅人口（24000 人以上）。

(3) 区内的建筑物高且密集。

(4) 商店集中且范围大。

(5) 与本产业有互补性的商店多，且规模大（如大型购物中心、超级市场、百货公司等）。

（6）交通频繁，车辆流量大。

（二）分散型商圈

（1）商圈内流动人口少。

（2）区内的建筑物普通、老旧。

（3）商店分散且范围小。

（4）与本产业有互补性的商店少，且规模小。

（5）交通不频繁，车辆流量少。

四、商圈范围的确定

（一）影响商圈范围的主要因素

商圈范围的大小对商店开发经营具有决定性的影响，商圈范围受外在因素和内在因素的影响，外在因素主要是指商店地段环境中的各种条件状况，其中地段的居民环境、交通环境、商业环境是影响商圈范围的主要因素；内在因素是指商店的经营规模、各种构成元素的组合以及促销广告活动等。

1. 外在因素

（1）居民环境。周边居民的居住密度越大，并且主要集中在商店附近，人口总量越多，商圈范围就越大。

（2）交通条件。地段交通条件越发达，交通辐射范围越广，那么居民到达商店就越便利，商店吸纳力就越强，商圈范围就越广。

（3）商业环境。商店位于商业区中，是其中的一部分，那么商业区对商店商圈的影响将是积极的。

2. 内在因素

（1）经营规模。商店提供商品和服务的种类越多，吸纳力就越强，当规模增大到一定程度时，再继续扩大经营规模，商圈范围也不会扩大。

（2）商店产品组合。经营日常用品的商店吸引顾客区域范围较小，商圈范围也小；经营高档、品牌商品的商店吸纳顾客的能力强，商圈范围广。

（3）促销广告。能提高消费者对商店的认知程度。

（二）商圈范围的确定

1. 对于存在于中心商业街区中的商店

商店的商圈范围与商业街区基本相同，通过调查分析商业街区的商圈特点，就可确定商店的商圈范围。一方面通过收集商业街区中主要零售店的商店记录信息，了解消费者的地址，如通过商店使用的信用卡、会员卡了解持卡顾客的地址，也可以通过运单、有奖竞赛活动及收银业务了解顾客的地址状况；另一方面通过对商业街区中的消费者进行问卷调查来了解消费者的地址状况，进行问卷调查时需考虑时间因素，应分平时、周末及其他节假日等不同的时间段进行调查，因为在不同时段消费者来源的区域可能有一些差异，只有经过完整、持续的消费者调查，才能准确地了解商店商圈的消费者的地址状况。通过商店记录信息和消费者调查了解消费者的地址后，就可在地图上将消费者分布的地理位置和密度标示出来，从而确定商店的商圈范围。

2. 对于非中心商业街区的商店

对于非中心商业街区的商店，确定其商圈范围，可遵循以下方式：

（1）预测分析商店的商圈范围。根据商店地段的居民环境、交通环境、商业环境、区位特征、未来规划特征以及公共设施状况，初步分析商店项目的经营规模和经营特征，从而分析项目商圈可能的区域范围及消费人群特点。初步了解项目商圈可能的区域范围内各个居民点的特点，了解各个居民点商业配套设施状况、居民的购买习惯、居民点与商店项目的空间距离及居民点居民到达商店项目的便利性和所需要的时间，商店项目与各居民点商业配套设施相比较，分析商店项目的竞争优势及对居民的吸纳能力，并初步判断居民点是否可以成为商店项目商圈范围的一部分。同时分析商店地段交通人群、其他公共设施所带来的人群大小以及旅游参观人群特点，分析他们在商店购物消费的可能性及规模的大小。综合商店项目周边区域各个居民点的特点和项目地段其他消费人群的特点，初步分析预测商店项目商圈范围大小。

（2）商圈调查。初步分析预测商店项目商圈范围大小后，还需要对预测的商圈范围进行调查，只有通过详细的调查分析，才能确定项目的商圈范围。商圈范围调查的主要内容有：消费者选择购物场所时对路途时间与距离的要求、商店对消费者吸引力的大小、潜在顾客的地址等。商圈调查可分为三种形式进行：一是家庭访问调查；二是实地调查；三是对项目地段中的交通人流、公共设施带来的人流及其他人流进行问卷调查。

（3）描绘商圈。根据商圈调查统计分析资料，计算出商店商圈范围内各个居民点的目标顾客所占的百分比，并根据居民点的人口密度计算出各个居民点目标顾客的密度，然后在一张以商店位置为中心的地图上，标示出商店商圈内各个居民点的目标顾客的密度，这样就可以从地图上了解商店主要商圈、次要商圈和边缘商圈的范围。

（三）商圈分析

消费者的人口统计、社会特征和心理因素决定了消费者购买商品或服务的决策过程，决定了消费者需要什么样的商品服务、需要商品或服务的价格水平、对路途时间和便利性的要求、对娱乐环境及服务水平的要求。因此通过分析消费者的统计特征、社会特殊和心理因素可识别消费者的特征和需求。

1. 人口统计特征

包括人口规模与密度、人口的年龄结构和性别特征、人口的受教育程度、人口的职业分布、人口的收入水平、商圈中商品零售总额等。

2. 社会特性

商店商圈居民的社会文化、社会阶层、家庭生命周期、时间分配等方面的特点。

3. 心理因素

商店商圈中的消费者对商店项目的认知程度、行为倾向以及期望的经营形式，即消费者对商店项目的知觉、态度和表象的过程。

第二节　商圈分析的理论基础

商圈分析理论有赖利法则、商业饱和理论、零售店拉力模型和赫夫的"概率模型"等。

一、赖利（Reilly）法则（赖利零售引力定律）

（一）赖利法则

赖利认为，由于大城市或者大社区的商店多，商品品种齐全，因此很容易将小城市、小社区的居民吸引过来，即便小社区的居民不得不在路上花费一段走路的时间，他们也会在所不惜。但居民不可能走特别远，最佳心理距离就用赖利法则的计算公式。

赖利法则是指：A 都市和 B 都市皆为市场的中心，这二个都市的商圈分歧点与都市的人口数成正比，而与距离的平方正反比。经由这个关系所决定的点就叫做分歧点。换句话说，A 都市的人口越多，A 商圈所及范围就越广，分歧点就越往 B 商圈靠。

$$Da = d / (1 + \sqrt{Pb/Pa})$$

$$D = Da + Db$$

Da 是指从 A 都市到分歧点的距离，是 A、B 两个都市吸引力的分歧点。如 A、B 都市之间距离为 42 公里，A 都市人口 100 万人，B 都市人口 81 万人，则 Da 可由公式计算出：

$$Da = d / (1 + \sqrt{Pb/Pa}) = 42 / (1 + \sqrt{81/100}) = 42/1.9 = 22.1 \text{ 公里}$$

即距离 A 都市 22.1 公里处为分歧点。

（二）赖利法则的假设前提

（1）两个竞争性区域的交通同样便利。

（2）两个城市的商店的竞争力相同。其他因素如人口分布状况等视为不变，或忽略不计。

（三）赖利法则的局限

（1）只考虑距离，未考虑其他交通状况（如不同交通工具、交通障碍等）。

（2）顾客的"认知距离"会受购物经验的影响，如品牌、服务态度、设施等带来的良好的购物经验通常会使顾客愿意走更远的路。

（3）因消费水准的不同，人口数有时并不具代表性。

利用赖利法则进行商圈分析虽较粗略，但在资料不足时仍可适用。

二、赫夫（Huff）原则

1966 年赫夫将过去以都市为单位的零售商圈理论改进为以商业街、市场、百货公司、商店等零售业为单位的新模型理论。赫夫利用赖利计算商圈时所使用过的"人口"、"距离"指标，增加商业集中区的"零售面积规模"指标，将各商圈之吸引力强弱或购物比率发展成为概率模型理论。其计算公式为：

$$P_{ij} = \frac{\dfrac{S_j}{(T_{ij})^\lambda}}{\sum\limits_{j=1}^{n} \dfrac{S_j}{(T_{ij})^\lambda}}$$

式中：P_{ij} 为 i 顾客光顾 j 商店的可能性；S_j 为 j 商店的吸引力（以商店面积表示）；T_{ij} 为 i 顾客从住所到商店所花的时间；λ 为用来衡量顾客因购物类型不同对路途时间的重视程度，该指数需要通过实际调研或运用计算机程序加以确定；n 为不同商店的数量。

假设一个百货商店有三个位置可供选址，在这三个区域，女士化妆品的总营业面积为 20 平方米、30 平方米以及 50 平方米。潜在顾客群的住所到达这三个区域所需时间为 7 分钟、10 分钟和 15 分钟。通过调研，顾客对旅行时间的重视程度为 2，将数字代入上述公式，得到：在区域 1，顾客购买的可能性为 43.9%，区域 2 为 32.2%，区域 3 为 23.96%。

用赫夫原则推估各邻近区域来店顾客人数，计算整体营业潜力。但应用时值得注意的是，顾客前来选购的可能性很大程度上依赖商品种类，因为商品种类不同，顾客对路途时间的感受也不同。另外，顾客每次光顾时购买的商品都不完全相同，这意味着商圈处于不断的变化中。

三、饱和理论

任何一个商圈都可能会处于商店过少，过多和饱和的情况。饱和指数表明一个商圈所能支持的商店不可能超过一个固定数量。超过这个数量就导致每家商店都得不到相应的投资回报。

饱和指数的计算公式如下：

$$IRS = C \times \frac{RE}{RF}$$

式中：IRS 为商业圈的零售饱和指数；C 为商业圈的潜在顾客数目；RE 为商圈内消费者人均零售支出；RF 为商圈内商店的营业面积。

饱和指数数字越大，则意味着该商圈内的饱和度越小；反之，数字越小，则意味着该商圈内的饱和度越高。在不同的商圈内，应选择零售饱和指数数字较高的商圈开店。

第三节　商圈调查

一、商圈调查的目的

商圈调查的目的包括：

（1）了解区域居民的人口特性、消费行为等。

（2）确定产品组合及促销重点：市场调查虽然无法精确显示出哪一项促销活动最具效果，但是可以从源头（客户群）提供一些信号。如：

1）消费者通常以何种途径获得商店商品信息。

2）使得消费者最终决定购买行为的广告形式为哪种。

3）消费者期望以哪种方式获得商店的商品信息。

（3）分析商圈是否重叠，计算在某一地理区域内应开几家店。

（4）找出商圈内的障碍，包括道路设施不便、人口拥挤、交通过度拥塞。

（5）法规方面考虑税金、执照、营运、最低工资等。

（6）其他因素：了解区域内同性质的竞争家数（竞争是否激烈）、将来的变动趋势、供应商位置、运输是否方便（交通状况）、可否利用物流中心一次补齐所需物品及停车场是否宽广等。

二、商圈调查主要内容

（一）商店周边特色及分布情况

1. 建筑形态

（1）主要商业街、主要干道上的建筑及其建筑高度。

（2）新大楼与旧式建筑的分布。

（3）1~3 年内可能改建的趋势。

2. 行业形态

（1）主要商业街、主要干道上的行业类型。

（2）以何种类型的产品为主，产品的档次如何。

（3）商店数及商店分布明细，包括将商店分门别类记录并将其统计填入明细表、统计主要干道、大马路上相同商店家数、商店汇集地带描述、将商店所在位置准确标注在商圈简图上（见表21-1）。

表21-1　商圈道路商店分布明细

编号	商店类别	代码	甲	乙	丙	丁	合　计
1	保健文胸专卖店	R					
2	超级市场	S					
3	银行、邮局	P					
4	服务店	X					
5	便利商店	C					
6	食品店	F					
7	婚礼服	W					
8	银楼、珠宝店	J					
9	旅行社	T					
10	花店、礼品店	G					
11	百货公司	I					
12	服饰店	D					

编号	商店类别	代码	甲	乙	丙	丁	合　计
13	饮食店	B					
14	医院、药房	H					
15	摄影店	☆					
16	电器用品店	E					
17	美容美发材料行	Q					
18	眼镜店	O					
19	娱乐场	A					
20	装潢家具行	L					
21	幼儿园、学校	K					
22	房屋中介	M					
23	皮饰、皮鞋店	N					
24	证券公司	P					
25	文教用品、书店	V					
	总　计						

注：甲、乙、丙、丁为主干道。

（二）竞争者调查

竞争者调查是为了了解竞争者的数量、强弱和饱和程度，可制作类似表21-2，以进行分析。

表 21-2　竞争者分析

竞争店	位置	营业面积	租金	营业时间	价位	来客数	日业绩	经营特色	优劣势及未来发展情况

（三）人潮状况调查

1. 抽样点选择

（1）办公人口或上班族汇集的地点（未来适合设店的地点）。

（2）人潮走向汇集地点。

（3）固定人口较集中流动的地点。

（4）可能形成未来的商店群的地段。

（5）预定 3~4 个抽样点，其中尽量以一个抽样点为同性质的商店。

2. 时间段的选择

（1）主消费群走动频繁点。

（2）次消费群走动频繁点。

3. 主要人潮走向调查

（1）将一周时间分成 2 段：周一至周五为一个时间区；周六、周日、法定假日为另一个时间区。

（2）将 7~12 点每两小时细分为一个小时间段。

（3）在每两个小时内，统计 15 分钟内抽样点实际经过人数、摩托车、汽车、助动车、脚踏车数（见表 21-3）。

表 21-3 人潮状况

抽样时间：　　　　　　　年　月　日　星期＿＿＿＿＿　　　　　　　　（15 分钟/次）

区　域	甲			乙			丙			丁		
时间分类	A	B	C	A	B	C	A	B	C	A	B	C
07：00~09：00												
09：00~11：00												
11：00~13：00												
13：00~15：00												
15：00~17：00												
17：00~19：00												
19：00~21：00												
21：00~24：00												

注：A 为行人；B 为汽车、摩托车；C 为脚踏车、助动车。

（4）对女性流动路线进行调查时，将女性人潮分为 15~24 岁、25~34 岁、35~44 岁、45 岁以上（见表 21-4）。

表 21-4 _____路线时段女性人潮分析比较

时段	流动路线	女性人潮年龄				总合
		15~24 岁	25~34 岁	35~44 岁	45 岁以上	
上班时间						
午餐时间						
下班时间						
平常时段						
总合						
百分比						

注：只统计有购买能力的人。

4. 人口、住家户数推算（集中型商圈可不用调查）

（1）固定住家的推算。

1）以该商圈建筑物来推算当地住家户数。

2）当地预估人口数＝户数×3。

3）外来流动人数＝各抽样点人口数平均－当地人口数。

（2）办公户数的推算：

1）计算该区的公司数。

2）该区办公人口数＝该区公司数×10 或 20。

3）该区办公人口为该区的半固定人口。

（四）交通状况

如表 21-5 所示。

表 21-5　商圈内重要道路交通状况

项目	路名			
交通重要性	重要			
	普通			
	不重要			
交通功能	交通枢纽			
	转运站			
	交通过道			
塞车状况	严重			
	普通			
	不严重			
公交车站牌影响	很大			
	普通			
	不大			
停车状况	方便			
	普通			
	不便			
门口50米内公交车可通往的区域与公交车号码				
备注				

（五）消费特征与人口特征

包括该区住户人口和外来人口收入状况，年龄、性别、教育程度、职业、消费习惯、对便利性和服务品质及商店环境的需求等。

思考题：

1. 商圈可分为哪几个层次？

2. 商圈形态可分为哪几种？

3. 商圈调查目的是什么？

4. 商圈调查的步骤和注意问题是什么？

5. 如何进行详细的商圈人口调查？

6. 商圈分析理论各有什么优缺点？

附录一 欧洲民意与市场调查协会国际市场研究标准及道德规范

　　说明：ESOMAR 是国际民意与市场调查协会，1948 年诞生于欧洲，当时的名称是"欧洲民意与市场调查协会"（European Society for Opinion and Marketing Research）。该组织现在仍沿用原名称的英文缩写。它有 4000 多个成员，遍及 100 多个国家。其宗旨是："促进舆论与营销研究的使用，以改善国际范围内的工商决策和社会决策。"随着营销研究和社会舆论研究的广泛开展，其所涉及的公众信任问题日益突出。于是，ESOMAR 在 1948 年发布了第一个有关伦理准则。随后，一些国家的营销研究社团和国际组织，如国际商会（ICC），也提出了类似的准则。1976 年，ESOMAR 和 ICC 都认为应该有一个统一的国际准则，即将 ICC 和 ESOMAR 准则合并。合并后的准则于 1978 年发布。现将具体内容介绍如下：

　　1. 营销研究必须始终客观地和依据业已建立的科学原则来进行。

　　2. 营销研究必须始终遵守研究项目所涉及的国家以及国际立法。

　　3. 在营销研究项目各个阶段中被试的合作是完全自愿的。当被要求合作时，被试不能被误导。

　　4. 被试匿名在任何时候都必须严格保障。如果被试应研究者的要求允许数据传递，而此时被试的身份将会暴露时：

　　a）被试必须被提前告知该信息的提供对象和使用目的。

　　b）研究者必须确保该信息不用于非研究目的以及接受者也同意遵守该准则的此项要求。

　　5. 研究者必须采取一切合理防范措施确保被试不会因为参加某一营销研究项目而受到直接伤害和不利影响。

6. 在访谈儿童和青年人时，研究者必须特别谨慎。就访谈儿童问题，必须首先得到其父母或负责的成年人的允许。

7. 被试（通常是在访谈开始时）必须被告知是否使用了观察技术或记录设备，在公共场所除外。如果被试希望，该记录或记录的有关部分必须销毁或清除。被试的匿名权不容因为采用某一研究方法而受到侵犯。

8. 被试必须能够无困难地核查研究者的身份及其正当意图的真实性。

9. 研究者不得有意或无意地做出任何有损营销研究职业声望和信誉的事情。

10. 研究者不得虚假声称其技能、经验或其组织的有关情况。

11. 研究者不得无理批评或贬损其他研究者。

12. 研究者必须始终努力设计成本合理和质量适当的研究方案，然后依据与客户议定的规格贯彻实施。

13. 研究者必须保证其所持有的所有研究记录的安全。

14. 研究者不得在知悉的情况下让没有适当数据支持的研究结论进行传布。他们必须始终致力于提供必要的技术信息，以用来评价任何公开发表的研究发现。

15. 当研究者在运用其研究能力时，他们不得从事任何非研究活动，比如，数据营销包括很多可以用于直复营销和促销活动的个人资料。任何非营销活动的组织与实施，必须始终与营销研究活动区别开来。

16. 研究者与其客户的权利与义务通常由其间的书面合同进行约束。双方如果提前以书面形式达成一致，则可以修改以下 19~23 项的准则条款；但是，该准则的其他要求不能以此方式变换。营销研究必须按照通常理解和接受的公平竞争原则来进行。

17. 如果为某客户正在进行的工作需要结合到同一项目其他客户的工作中时，研究者必须通知该客户，但必须说明其他客户的身份。

18. 如果某客户的项目任何部分被分包到研究者的机构外部（包括使用任何外部咨询），研究者必须尽快提前通知该客户。根据要求，客户必须被告知任何分包者的身份。

19. 如果没有与有关当事方提前约定，客户无权独享该研究者的服务及其机构内的其他服务项目，无论是全部的还是局部的。在为不同客户进行工作时，研究者必须致力于避免接受服务的客户之间可能的利益冲突。

20. 下列研究记录的所有权仍然属于客户，没有客户的允许，研究者不得透露给第三方：

a）营销研究大纲、细目及客户提供的其他信息。

b）从该营销研究项目中得到的研究数据和发现（联合性或多客户项目或服务例外。在此，同样的数据可以面对一个以上的客户）。客户无权知道被试的姓名和地址，除非研究者首先得到被试的明确允许（此项要求不能依据第16项条款进行更改）。

21. 相反，除非有特殊协议，下列研究记录的所有权属于研究者：

a）研究建议书和报价单（除非客户已经支付）。它们不得由客户泄露给任何第三方，为该客户同一项目工作的顾问除外（该顾问如果同时为该研究者的竞争对手工作，则不能例外）。该研究者的研究建议书和报价单特别不得被客户用来对来自其他研究者的研究建议书和报价单施加影响。

b）联合的和/或多客户项目或服务的报告内容。在此，多个客户可以获得同样数据，而且可以清楚地知道研究报告可以通过一般购买或订阅取得。未经研究者允许，客户不得将研究结论透露给任何第三方（客户自己的顾问用于与其相关的业务除外）。

c）研究者准备的其他所有研究记录（提供给客户的非联合性项目除外，研究设计和问卷成本已经由客户的支付所抵消的情况也例外）。

22. 在项目完成后，研究者必须遵守现行行业惯例，在适当的时间内保留这些记录。应客户要求，只要不违反匿名和机密要求（第4项），研究者必须提供研究记录的复件。客户的要求限于保存记录的协定时间范围内。客户要支付提供复件的合理成本。

23. 没有客户允许，研究者不得向任何第三方透露客户身份（除非没有法律要求必须这样做）或关于客户业务的任何机密信息。

24. 应客户要求，只要客户支付了可能发生的相关成本，研究者必须允许客户安排对于现场工作和数据准备工作质量的检查。任何此类检查必须遵守第4项准则的要求。

25. 研究者必须向客户提供任何所进行的关于客户研究项目的所有适当技术细节。

26. 在报告研究项目的结果时，研究者必须区分研究发现、研究者对研究发现的解释以及以此为基础所做的建议。

27. 如果客户发表了一个项目的任何研究发现，它就有责任保证所发表的东西不会有误导作用。客户必须就发表形式和内容提前向研究者咨询并征得其同意，还要采取措施纠正任何关于该研究及其发现的误导问题。

28. 研究者不得允许它们的名字与任何研究项目关联使用，以确保研究项目遵循此道德准则而进行，除非研究者确信那些研究项目的所有细节都符合该准则的要求。

29. 研究者必须确保客户知道该准则的存在及其遵守该准则各项要求的需要。

附录二 随机数字表

	1	2	3	4	5	6	7	8	9	10
1	63271	59986	71744	51102	15141	80714	58683	93108	13554	79945
2	88547	09896	95436	79115	08303	01041	20030	63754	08459	28364
3	55957	57243	83865	09911	19761	66535	40102	26646	60147	15702
4	46276	87453	44790	64122	45573	84358	21625	16999	13385	22782
5	55363	07449	34835	15290	76616	67191	12777	21861	68689	03263
6	69393	92785	49902	58447	42048	30378	87618	26933	40640	16281
7	13186	29431	88190	04588	38733	81290	89541	70290	40113	08243
8	17726	28652	56836	78351	47327	18518	92222	55201	27340	10493
9	36520	64465	05550	30157	82242	29520	69753	72602	23756	54935
10	91628	36100	39254	56835	37636	02421	98063	89641	64953	99337
11	84649	48968	75125	75498	49539	74240	03466	49292	36401	45525
12	63291	11618	12613	75055	43915	26488	41116	64531	56827	30825
13	70502	53225	03655	05915	37140	57051	48393	91322	25653	06543
14	06426	24771	59935	49801	11082	66762	94477	02494	88215	27191
15	20711	55609	29430	70165	45406	78484	31639	52009	18873	96927
16	41990	70538	77191	25860	55204	73417	83920	69468	74972	38712
17	72452	36618	76298	26678	89334	33938	95567	29380	75906	91807
18	37042	40318	57099	10528	09925	89773	41335	96244	29002	46453
19	53766	52875	15987	46962	67342	77592	57651	95508	80033	69828
20	90585	58955	53122	16025	84299	53310	67380	84249	25348	04332
21	32001	96293	37203	64516	51530	37069	40261	61374	05815	06714
22	62606	64324	46354	72157	67248	20135	49804	09226	64419	29457
23	10078	28073	85389	50324	14500	15562	64165	06125	71353	77669

	1	2	3	4	5	6	7	8	9	10
24	91561	46145	24177	15294	10061	98124	75732	00815	83452	97355
25	13091	98112	53959	79607	52244	63303	10413	63839	74762	50289
26	73864	83014	72457	22682	03033	61714	88173	90835	00634	85169
27	66668	25467	48894	51043	02365	91726	09365	63167	95264	45643
28	84745	41042	19493	01836	09044	51926	43630	63470	76508	14194
29	48068	46805	94595	47907	13357	38412	33318	26098	82782	42851
30	54310	96175	97594	88616	42035	38093	36745	56702	40644	83514
31	14877	33095	10924	58013	61439	21882	42059	24177	58739	60170
32	78295	23179	02771	43464	59061	71411	05697	67194	30495	21157
33	67524	02865	38593	54378	04237	92441	26602	63835	38032	94770
34	58268	57219	68124	76455	83236	08710	04284	55005	84171	42596
35	97158	28672	50685	01181	24262	19427	52106	34308	73685	74246
36	04230	16831	69085	30802	65559	09205	71829	06489	85650	38707
37	94879	56606	30401	02602	57658	70091	54986	41394	60437	03195
38	71446	15232	66715	26385	91518	70566	02888	79941	39684	54315
39	62886	05644	79316	09819	00813	88407	17461	73925	53037	91904
40	62048	33711	25290	21526	02223	75947	66466	06332	10913	75336
41	84534	42351	21628	53669	81352	95152	08107	98814	72743	12849
42	84707	15885	84710	35866	06446	86311	32648	88141	73902	69981
43	19409	40868	64220	80861	13860	68493	52908	26374	63297	45052
44	57978	48015	25973	66777	45924	56144	24742	96702	88200	66162
45	57295	98298	11199	96510	75228	41600	47192	43267	35973	23152
46	94044	83785	93388	07833	38216	31413	70555	03023	54147	06647
47	30014	25879	71763	96679	90603	99396	74557	74224	18211	91637
48	07265	69563	64268	88802	72264	66540	01782	08396	19251	86313
49	84404	88642	30263	80310	11522	57810	27627	78376	36240	48952
50	21778	02085	27762	46097	43324	34354	09369	14966	10158	76089

参考文献

［1］小卡尔·迈克丹尼尔等．当代市场调研［M］．李桂华等译．北京：机械工业出版社，2012

［2］阿尔文·伯恩斯等．营销调研［M］．北京：中国人民大学出版社，2011

［3］菲利普·科特勒．市场营销原理［M］．北京：机械工业出版社，2013

［4］雷培莉，姚飞．市场调查与预测［M］．北京：经济管理出版社，2008

［5］张红兵等．SPSS宝典［M］．北京：电子工业出版社，2007

［6］王秀娥．市场调查与预测［M］．北京：清华大学出版社，2012

［7］涂平．市场营销研究［M］．北京：北京大学出版社，2012

［8］蔡继荣．市场分析与软件应用［M］．北京：机械工业出版社，2011

［9］张文彤等．IBM SPSS数据分析与挖掘实战案例精粹［M］．北京：清华大学出版社，2012